香港文庫
新古今香港系列

The Secret
History of
New Territories and
Outlying Islands

新界及離島街道故事

魯金———著

新古今香港系列

總

序

香港，作為中國南部海濱一個重要的海港城市，有着特殊的社會經歷和文化特質。它既是中華文化值得驕傲的部分，又是具有強烈個性的部分。尤其在近現代時期，由於處於中西文化交匯的前沿地帶，因而還擁有融匯中西的大時代特徵。回顧和整理香港歷史文化積累的成果，遠遠超出整理一般地域文化歷史的意義。從宏觀的角度看，它在特定的時空範疇展現了中華文化承傳、包容的強大生命力，從而也反映了世界近代文化發展的複雜性和多面性。

梁啟超在《中國歷史研究法》中對有系統地收集史料和研究成果的重要性，曾作這樣的論述：

> 大抵史料之為物，往往有單舉一事，覺其無足輕重；及彙集同類之若干事比而觀之，則一時代之狀況可以跳活表現。比如治庭院者，孤植草花一本，無足觀也；若集千萬本，蒔已成畦，則絢爛炫目矣。[1]

近三十年來香港歷史文化研究，已有長足的進步，而對香港社會歷史文化的認識，到了一個全面、深入認識、整理和繼續探索的階段，因而《香港文庫》可視為時代呼喚的產物。

---

1 梁啟超：《中國歷史研究法》〔香港：三聯書店（香港）有限公司，2000〕，69頁。

（一）

　　曾經在一段時間內，有些人把香港的歷史發展過程概括為從"小漁村到大都會"，即把香港的歷史過程，僅僅定格在近現代史的範疇。不知為甚麼這句話慢慢成了不少人的慣用語，以致影響到人們對香港歷史整體的認識，故確有必要作一些澄清。

　　從目前考古掌握的資料來看，香港地區的有人類活動歷史起碼可以上溯到新石器中期和晚期，是屬於環珠江口的大灣文化系統的一部分。由此我們可以清楚地看到，香港的地理位置從遠古時期開始，就決定了它與中國內地不可分割的歷史關係。它一方面與鄰近的珠江三角洲人群的文化互動交流，同時與長江流域一帶的良渚文化有着淵源的關係。到了青銅器時代，中原地區的商殷文化，透過粵東地區的浮濱文化的傳遞，已經來到香港。[2]

　　還有一點不可忽視的是，香港位於中國東南沿海，處於東亞古代海上走廊的中段，所以它有着深遠的古代人口流動和文化交流的歷史痕跡。古代的這種歷史留痕，正好解釋它為甚麼在近現代能迅速崛起所具備的自然因素。天然的優良港口在人類歷史的"大

2　參看香港古物古蹟辦事處：〈香港近年的考古發現與研究〉，載《考古》第 6 期（2007），3–7 頁。

航海時代"被發掘和利用,是順理成章的事,而它的地理位置和深厚的歷史文化根源,正是香港必然回歸祖國的天命。

香港實際在秦代已正式納入中國版圖。而在秦漢之際所建立的南越國,為後來被稱為"嶺南"的地區奠定了重要的政治、經濟和文化基礎。[3] 香港當時不是區域政治文化中心,還沒有展示它的魅力,但是身處中國南方的發展時期,大區域的環境無疑為它鋪墊了一種潛在的發展力量。我們應該看到,當漢代,廣東的重要對外港口從徐聞、合浦轉到廣州港以後,從廣州出海西行到南印度"黃支"的海路,途經現在香港地區的海域。香港九龍漢墓的發現可以充分證實,香港地區當時已經成為南方人口流動、散播的區域之一了。[4] 所以研究中國古代海上絲綢之路,不應該完全忘卻對香港古代史的研究。

到了唐宋時期,廣東地區的嶺南文化格局已經形成。中國人口和政治重心的南移、珠江三角洲地區進入"土地生長期"等因素都為香港人口流動的加速帶來新動力。所以從宋、元、明開始,內地遷移來香港地區生活的人口漸次增加,現在部分香港原住民就

3　參看張榮方、黃淼章:《南越國史》(廣州:廣東人民出版社,1995)。

4　參看區家發:〈香港考古成果及其啟示〉,載王賡武主編:《香港史新編》(增訂版)〔香港:三聯書店(香港)有限公司,2017〕,3–42頁。

是這段歷史時期遷來的。[5] 香港作為一個地區，應該包括港島、九龍半島和新界三個部分，所以到十九世紀四十年代，香港絕對不能說"只是一條漁村"。

　　我們在回顧香港歷史的時候，常常責難晚清政府無能，把香港割讓給英國，但是即使是那樣，清朝在《南京條約》簽訂以後，還是在九龍尖沙咀建立了兩座砲台，後來又以九龍寨城為中心，加強捍衛南九龍一帶的土地。[6] 這一切說明清王朝，特別是一些盡忠職守的將領一直沒有忘記自己國家的土地和百姓，而到了今天，我們卻沒有意識到說香港當英國人來到的時候只是"一條漁村"，這種說法從史實的角度看是片面的，而這種謬誤對年輕一代會造成歸屬感的錯覺，很容易被引申為十九世紀中期以後，英國人來了，香港才開始它的歷史，以致完整的歷史演變過程被隱去了部分。所以從某種意義上看，懂得古代香港的歷史是為了懂得自己社會和文化的根，懂得今天香港回歸祖國的歷史必然。因此，致力於香港在十九世紀中葉以前歷史的研究和整理，是我們《香港文庫》特別重視的一大宗旨。

5　參看霍啟昌：〈十九世紀中葉以前的香港〉，載《香港史新編》（增訂版），43–66頁。

6　其實我們如果細心觀察九龍城在第一次鴉片戰爭以後形成的過程，便可以看到清王朝對香港地區土地力圖保護的態度，而後來南九龍的土地在第二次鴉片戰爭中失去，主要是因為軍事力量對比過於懸殊。

（二）

曲折和特別的近現代社會進程賦予這個地區的歷史以豐富內涵，所以香港研究是一個範圍頗為複雜的地域研究。為此，本文庫明確以香港人文社會科學為範疇，以歷史文化研究資料、文獻和成果作為文庫的重心。具體來說，它以收集歷史和當代各類人文社會科學方面的作品和有關文獻資料為己任，目的是為了使社會大眾能全面認識香港文化發展的歷程而建立的一個帶知識性、資料性和研究性的文獻平台，充分發揮社會現存有關香港人文社會科學方面資料和成果的作用，承前啟後，以史為鑑。在為人類的文明積累文化成果的同時，也為香港社會的向前邁進盡一份力。

我們希望《香港文庫》能為讀者提供香港歷史文化發展各個時期、各種層面的狀況和視野，而每一種作品或資料都安排有具體、清晰的資料或內容介紹和分析，以序言的形式出現，表現編者的選編角度和評述，供讀者參考。從整個文庫來看，它將會呈現香港歷史文化發展的宏觀脈絡和線索，而從具體一個作品來看，又是一個個案、專題的資料集合或微觀的觀察和分析，為大眾深入了解香港歷史文化提供線索或背景資料。

從歷史的宏觀來看，每一個區域的歷史文化都有時代的差異，不同的歷史時期會呈現出不同的狀況，歷史的進程有快有慢，有起有伏；從歷史的微觀來看，不同層面的歷史文化的發展和變化會存在不平衡的狀態，不同文化層次存在着互動，這就決定了文庫在選題上有時代和不同層面方面的差異。我們的原則是實事求是，不求不同時代和不同層面上數量的刻板均衡，所以本文庫並非面面俱到，但求重點突出。

在結構上，我們把《香港文庫》分為三個系列：

1. "香港文庫‧新古今香港系列"。這是在原三聯書店（香港）有限公司於 1988 年開始出版的 "古今香港系列" 基礎上編纂的一套香港社會歷史文化系列。以在香港歷史中產生過一定影響的人、事、物和事件為主，以通俗易懂的敘述方式，配合珍貴的歷史圖片，呈現出香港歷史與文化的各個側面。此系列屬於普及類型作品，但絕不放棄忠於史實、言必有據的嚴謹要求。作品可適當運用註解，但一般不作詳細考證、書後附有參考書目，以供讀者進一步閱讀參考，故與一般掌故性作品以鋪排故事敘述形式為主亦有區別。

"香港文庫‧新古今香港系列" 部分作品來自原 "古今香港系列"。凡此類作品，應對原作品作認真的審讀，特別是對所徵引的資料部分，應認真查對、核實，亦可對原作品的內容作必要的增訂或說明，使其更為完整。若需作大量修改者，則應以重新撰寫方式處理。

本系列的讀者定位為有高中至大專水平以上的讀者,故要求可讀性與學術性相結合。以文字為主,配有圖片,數量按題材需要而定,一般不超過三十幅。每種字數在十到十五萬字之間。文中可有少量註解,但不作考證或辯論性的註釋。本系列既非純掌故歷史叢書,又非時論或純學術著作,內容以保留香港地域歷史文化為主旨。歡迎提出新的理論性見解,但不宜佔作品過大篇幅。希望此系列成為一套有保留價值的香港歷史文化叢書,成為廣大青少年讀者和地方史教育的重要參考資料。

2. "香港文庫·研究資料叢刊"。這是一套有關香港歷史文化研究的資料叢書,出版目的在於有計劃地保留一批具研究香港歷史文化價值的重要資料。它主要包括歷史文獻、地方文獻(地方誌、譜牒、日記、書信等)、歷史檔案、碑刻、口述歷史、調查報告、歷史地圖及圖像以及具特別參考價值的經典性歷史文化研究作品等。出版的讀者對象主要是大、中學生與教師,學術研究者、研究機構和圖書館。

本叢刊出版強調以原文的語種出版,特別是原始資料之文本;亦可出版中外對照之版本,以方便不同讀者需要。而屬經過整理、分析而撰寫的作品,雖然不是第一手資料,但隨時代過去,那些經過反覆證明甚具資料價值者,亦可列入此類;翻譯作品,亦屬同類。

每種作品應有序言或體例說明其資料來源、編纂體例及其研究價值。編纂者可在原著中加註釋、說明或按語，但均不宜太多、太長，所有資料應註明出處。

本叢刊對作品版本的要求較高，應以學術研究常規格式為規範。

作為一個國際都會，香港在研究資料的整理方面有一定的基礎，但從當代資料學的高要求來說，仍需努力，希望叢刊的出版能在這方面作出貢獻。

3. "香港文庫·學術研究專題"。香港地區的特殊地理位置和經歷，決定了這部分內容的重要。無論在古代作為中國南部邊陲地帶與鄰近地區的接觸和交往，還是在大航海時代與西方殖民勢力的關係，以至今天實行的"一國兩制"，都有不少是值得深入研究的課題。人們常用"破解"一詞去形容自然科學方面獲得新知的過程，其實在人文社會科學方面也是如此。人類社會發展過程的地區差異和時代變遷，都需要不斷的深入研究和探討，才能比較準確認識它的過去，如何承傳和轉變至今天，又如何發展到明天。而學術研究正是從較深層次去探索社會，探索人與自然的關係，把人們的認識提高到理性的階段。所以，圍繞香港問題的學術研究，就是認識香港的理性表現，它的成果無疑會成為香港文化積累和水平的象徵。

由於香港無論在古代和近現代都處在不同民族和不同地區人口的交匯點，東西不同的理論、價值觀和文化之間的碰撞也特別明顯。尤其是在近世以來，世界的交往越來越頻密，軟實力的角力和博弈在這裏無聲地展開，香港不僅在國際經濟上已經顯示了它的地位，而且在文化上的戰略地位也顯得越來越重要。中國要在國際事務上取得話語權，不僅要有政治、經濟和軍事等方面的實力，在文化領域上也應要顯現出相應的水平。從這個方面看，有關香港研究的學術著作出版就顯得更加重要了。

"香港文庫‧學術研究專題"系列是集合有關香港人文社會科學專題著作的重要園地，要求作品在學術方面達到較高的水平，或在資料的運用方面較前人有新的突破，或是在理論方面有新的建樹，作品在體系結構方面應完整。我們重視在學術上的國際交流和對話，認為這是繁榮學術的重要手段，但卻反對無的放矢，生搬硬套，只在形式上抄襲西方著述"新理論"的作品。我們在選題、審稿和出版方面一定嚴格按照學術的規範進行，不趨潮流，不跟風。特別歡迎大專院校的專業人士和個人的研究者"十年磨一劍"式的作品，也歡迎翻譯外文有關香港高學術水平的著作。

（三）

簡而言之，我們把《香港文庫》的結構劃分為三個系列，是希望把普及、資料和學術的功能結合成一個文化積累的平台，把香港近現代以前、殖民時代和回歸以後的經驗以人文和社會科學的視角作較全面的探索和思考。我們將以一種開放的態度，以融匯穿越時空和各種文化的氣度，實事求是的精神，踏踏實實做好這件有意義的文化工作。

香港在近現代和當代時期與國際交往的歷史使其在文化交流方面亦存在不少值得總結的經驗，這方面實際可視為一種香港當代社會資本，值得開拓和保存。

毋庸置疑，《香港文庫》是大中華文化圈的一部分，是匯聚百川的中華文化大河的一條支流。香港的近現代歷史已經有力證明，我們在世界走向融合的歷史進程中，保留中華文化傳統的重要。香港今天的文化成果，說到底與中國文化一直都是香港文化底色的關係甚大。我們堅信過去如此，現在如此，將來也一定如此。

鄭德華

從獅子山眺望沙田市中心，畫面左側為望夫石，遠處為城門河。攝於二十世紀八十年代。

二十世紀五十年代馬灣西側海角上的燈塔。

從海面看坪洲島。約攝於二十世紀五十年代。

二十世紀中葉的長洲。

二十世紀中葉的長洲碼頭。

目

錄

大埔墟和吐露港

　　大埔現在已被稱為地區，而不稱墟市，這因為該處正在發展成為一個衛星城市。龐大的填海工程，已在該處進行。今日所稱的大埔區，是包括整個大埔海沿岸的廣大地區而言，不限於從前的大埔墟了。

　　大埔海英文有兩種叫法，其一為譯音，稱大埔海；另一為英語，寫作 Tolo，譯作中文則為吐露港。英人為什麼稱大埔海為吐露港呢？相傳英人最初認識大埔海，是由於發現該處有很多香粉從大埔海用船運來香港。香粉是一種樹脂，是用來製造神香及端午節的“香牌”與“香囊”的原料。這種樹脂，很像南美洲的一種香木樹脂，南美洲的香樹樹脂名 Tolu，因此把大埔海稱為吐露港，意指該處是輸出香木的港口。現時地圖上的英文作 Tolo，是一音之轉云。

　　查大埔海原名大步海，大埔墟亦稱大步墟。大步海之名，在唐末已經出現，當時海中，發現很多珍珠螺和珍珠蚌。珍珠螺即現時俗稱響螺的海產，珍珠蚌是大隻的海蚌。由於這種深海生物能分泌大量黏液對侵入體內的砂粒加以潤滑，日子一久，便成珍珠。在唐末五代十國時，廣東出現軍閥割據局面，成立一個小朝廷，稱為南漢。這個小朝廷聽說大步海有珍珠，

1

於是派軍隊來，接管大步海。《東莞縣志》載云：

> 媚珠池，在南大步海，舊傳南漢時於此採珠，其下多
> 珠，故名。

南漢採珠，是用軍事管理，強迫鄉人採珠的。

由於大步海多珍珠，故又名媚珠池。南漢小朝延派軍隊接管之時，設"媚川都"以管理大步。唐代的"都"的編制，等於民國後的"軍管區"，故"媚川都"實際上就是媚珠池一帶山川的軍管區。據《澠水燕談錄》載：

> 劉鋹據領南，置兵八千人，專以採珠為事，目曰媚川
> 都。每以石硾其足，入海至五七百尺，溺而死者相屬也。久
> 之，珠璣充積內庫，所居殿宇、梁棟、簾箔，率以珠為飾，
> 窮極華麗。

看了這段記載，很多人以為是"媚川都"的軍人下海取珠。因為古人行文，多以簡潔為尚，每每語焉不詳。文中於"媚川都"三字之下即說採珠的情形，使人以為這八千官兵是採珠的官兵。其實，是用軍隊強迫人民下海採珠的。

梁廷柟的《南漢書·余延業傳》說宋太祖攻陷郴州時，捉了余延業。太祖問他南漢的情形，他說出南

漢設媚川都採珠的事。其中有云：

> 置媚川都令民入海取珠，所居宮殿皆飾珍寶。又歲時遊幸，派豪民賷供宴犒。太祖大驚曰：「吾當救此一方民。」既而果命師來伐嶺表，平罷媚川都，禁民不得採珠。

可見當時是迫民入海採珠。

宋太祖雖然廢了媚川都，不再強迫人民採珠進貢給皇帝，但到了宋徽宗政和四年（1114 年），朝廷又再來大步海採珠，一直採了四十多年，到宋高宗紹興末年，又再禁止。到了元朝又再下旨採珠，不久又禁。時採時禁，是另有原因的。

除宋太祖是真正知道採珠進貢一事是勞民傷財之外，其餘各朝代的皇帝之所以禁止到大步海採珠，並非因為大發慈悲，而是因為採珠的成本太高，而所得的珍珠又不完美之故。古代的皇帝，沒有真正不喜歡珠寶的，但他們也會計算成本。例如到大埔海來採珠，要派大兵來駐守，支出大批官員的薪俸及軍餉，所得的珍珠又不多，而且亦都不晶瑩。以這筆開銷到市場上去買珍珠，比自己開採還可買到更多更美麗的珍珠，那就要放棄開採了。

珍珠不是一年半載可以生成，經過一次大開採之後，老珠蚌和老珍珠螺被採絕了，餘下的蚌螺都未夠老，蚌螺內的珍珠又細又不晶瑩，進貢到宮庭去，皇帝見了不滿意，經過幾年都是如此，於是便廢了採珠的制度。在《宋史》、《元史》和《明史》中，都記載着時開時廢的年代。例如元太祖至元十七年（1280年）曾下詔到大步海採珠，但到了延祐七年（1320年）又下詔禁止。明朝太祖洪武七年（1374年）又下詔開採，明成祖永樂十三年（1415年）又罷採。到了1459年，明英宗天順三年又再到大步海開採，到1522年明嘉靖元年又罷採，到了明末又再開採。清朝康熙初年再來大步海採珠，三十五年（1695年）又罷採。這些記載，顯示每隔四十到六十年間，採完又罷，罷完又再採。

從史籍中開採與罷採的記載，足以證明罷採的原因並非皇帝大發慈悲，而是因採來的珍珠一年比一年差，因而罷採。及經過四十年至六十年之後，認為老蚌已生珠了，於是又開採，採了一段時間，珠已採盡，便又罷採。史家的筆墨，除宋太祖用“禁”字之外，餘皆用“罷”字，顯示史家並不以為罷採的皇帝出於憐憫大步海居民之心，而是出於得不償失。但每個皇帝放棄到大步海採珠，都不是自發地罷採，因為皇帝根本不知計算成本，也不是很精明的。各朝到大埔海採珠的監軍，都由太監充任。這些太監懂得討好皇帝，雖採不到好珍珠，也用別的辦法獻上極好的明珠。故每次採珠，必定有人上書給皇帝，力陳採珠害多利少，皇帝見了才罷採的。故自元至清，都有很多請皇帝禁停採珠的奏章，其中以元朝延祐七年張惟寅的《上宣慰司陳採珠不便狀》最值得研究，因它是本港街坊志中的歷史文件，是直接描寫大埔海採珠的情形，以及請禁在大埔海採珠的文章，故應抄錄供讀者參考。

在未引錄原文之前，先談談張惟寅這個人。據《東莞縣志》載：

> 張惟寅，字儒賓，圓沙人，登辰長子也。博覽墳典，才譽飆起。南漢時劉鋹於邑募兵採珠，號媚川都，溺死者甚眾，宋太祖罷之。元初復置，人罹其害。惟寅上宣慰司陳採珠不便狀，竟下所司罷採，至今德之。

張惟寅是東莞人，當時香港一帶地區，仍屬東莞縣，故《東莞縣志》亦將大埔海作為"邑內"之地。他的《陳採珠不便狀》凡千餘言，茲分段引錄及加以評述於後：

> 惟寅竊見，上司委官採撈蚌珠，事有擾民不便者，草茆書生，敢陳管見，伏惟採擇。廣東廣州府東莞縣媚川池，前代載籍所不紀，獨宋太學生陳均，著《宋朝編年》，載宋太祖開寶五年五月廢媚川都一事……即廢劉鋹所置媚川都。趙太祖非不知珠之為寶，誠以蠹國害民之事，罷之不可不速也。五代之所謂都者，即今之所謂軍翼也……
>
> 夫珠生於蚌，深在數十丈水中。珠之所聚，必有惡魚水

怪以護之。取之之法，引石縋人而下，欲其沒水疾也。沒水者採撈蚌蛤，或得與不得，而氣欲絕者，即掣動其繩，舟中之人疾引而出之，稍遲則沒水，七竅流血而死。或值惡魚水怪，必為所噬，無所迴避。

這是張惟寅《陳採珠不便狀》的前兩段。首先要說明，元朝是由蒙古人統治的朝代，當時漢人的地位極為低微，莫說上書議論朝政隨時可召殺身之禍，就是民間的伶人在演戲時，偶然插幾句諷刺政治腐敗的曲詞，也都要殺頭。張惟寅上書力陳採珠之害，是一種冒險行為。上面第二段說採珠者會七竅流血而死。這是由於深入水底再上升時，來不及用呼氣法減除氣壓之故。他說稍遲拉繩將採珠人拉出水面而有此弊，並不確實。

張惟寅其實未深入了解採珠的情形，他這篇《陳採珠不便狀》所描寫的，全部得自傳聞，相信是採珠者將苦況告訴他，他激於義憤，才上書力陳不便的。下面是第三、四段的原文：

而況刳蚌逾百十，得珠僅一二乎？且珠池本處蜑蠻，日與珠居，而飢寒藍縷，特甚於他處。貧民不採珠以自給者，畏法故也。近日官司採撈，督勒本處。首目不道，號召蜑蠻，禱神徼福，投牲醪於海，以惑愚民。首目迎合官司之意，自行販賣；愚民一時畏威嗜利，冒死入水。雖能得珠，岂無死傷？此術可暫施，不可久用。若官司立為定額，歲時採撈，必須盡數，拘制蜑蠻，俾其父子兄弟皆就死地，人情豈堪？必相率逃去，官司必責首目以號召不至。首目懼罪，必與俱逃，官司根勾追捕，得而後已。

海門之地，控接諸番，又有深山絕島，如大奚山，大小蕉峒，皆亡宋時海賊郭八、高登所據巢穴，可以逃命。況蜑蠻種類，並係昔時海賊盧循子孫，今皆名為"盧亭"，獸形鳩舌，椎髻裸體，出入波灣，有類水獺，官司莫能徵賦，甚於猺人山獠。若勾呼稍急，不聚為盜賊，則亡入番邦。此劉鋹所以置三千兵為都翼，以相統攝者，正慮其逃散為患故也。名之曰"募之為兵"，實驅之死地。故不得不豐給衣食、羈縻其妻子。竊計：一歲採珠之利，不足以償養兵之費也。

張惟寅上書的時候，是元朝用另一種方法強迫大埔海居民採珠之時。當時的辦法是規定每年大埔海採珠，要交出一定的數額，故文內有"立為定額"之句。他將漁民稱為"蜑蠻"，又說他們是"盧亭"，甚至"獸形鳩舌"，這顯然不符合事實。不過，這樣的說法也是有作用的，起碼能把蒙古人蒙蔽，使他們以為沿海真是如此險惡。

該《陳採珠不便狀》最後一段云：

按海門珠池，偽劉所採，宋趙太祖所廢，孰得孰失，較然甚明。若不審其取捨，恐流弊於無窮。懇乞備申上司，早賜革罷，庶存活海濱百姓，幸甚幸甚！

　　張惟寅的建議被採納，所以延祐七年當局罷大埔海採珠。元朝皇帝能接納民間的意見，肯放棄在大埔海採珠，實在是非常例外的事。除了張惟寅上書請求放棄採珠之外，到了明朝，亦有一位巡撫林富上疏力陳採珠之害。明朝的採珠制度，和五代南漢時差不多，是由太監負責監督採珠的。太監到廣東來辦理採珠事務，亦用強迫採珠的方法，在珠池附近，強行徵用船隻，強迫每戶抽出壯丁充作船夫，並強迫漁民下海取珠。當時有錢人，就用金錢買丁來充當船夫。甘願作“豬仔”的，大部分是無賴，他們在採珠船隻上擔任船夫，與船上官兵勾結，乘機打劫商船、姦淫婦女。因此林富上疏力陳採珠之害，他甚至要求朝廷裁革採珠太監。他一共上疏兩次。

　　林富的《乞罷採珠疏》其中一段這樣寫道：

　　又訪得各處船隻不止數千，刷船之時，買免賣放，大開官吏地方總甲需索之弊。富者既以貨免，所刷多係下戶，船隻多舊且壞。所用撐船人夫，多僱無賴光棍，告修船買辦器具紛擾為甚。至船發行及封池回還，自稱官差，沿海打劫客商並附近村鄉，甚至污人妻女，其為患害不可勝言……採珠之後，各該府縣及沿海之民，至今疲憊未甦，一聞復有此役，俱欲逃竄，意外之變，亦未敢言等因。

明朝自永樂之後，皇帝重用太監，設東西廠兩大特務機關，作為皇帝的統治工具。故當時派到廣東大埔來採珠的，也是太監。這些太監並非普通的太監，是受過特務訓練的太監，他們來到廣東，徵船徵丁採珠，而有錢孝敬"老公公"的即可免。故林富其後又上疏請罷派太監來廣東，他的《乞裁革珠池市舶內臣疏》，力指當時來粵太監的不是，該疏云：

大埔墟和吐露港

> 珠池約計十餘年開採一次，守池太監一年所費不下千金，十年動以萬計。割萬金之費，守二池之珠，於十年之後，其得珠幾何？所謂利不能藥其所傷，獲不能補其所亡也。

文中的"守二池之珠"中的二池，其一是合浦的珠池，另一就是大埔海上的媚川池。當時皇帝派太監來廣東，給予"珠池市舶使"的銜頭，領兵長駐合浦和大埔海兩地，一面監視人民，不許私自採珠，一面等到十餘年後，老蚌長大了，然後開採。是以這些太監就成了土皇帝，在當地無所不為。林富是廣東巡撫，看不過眼，上疏請改革。

自從嘉靖末年，葡萄牙人來到澳門通商之後，葡人已懂得將波斯灣的珍珠運來中國出售。當時的廣東巡撫林富也是一位允許葡人在澳門經商的人物，是以他認為，與其花這麼多的經費，守住大埔海和合浦海兩珠池採珠，倒不如以那筆金錢在市場上購珍珠。市場上的珍珠，又明亮又大顆，價錢不貴，勝於自己開採。

自中西通商之後，皇帝已不重視大埔和合浦兩珠池，故到了清朝雍正之後，已不見有派兵守珠池的記載。大埔海的珠池和合浦海的珠池，已失去了它的吸引力。原因是外國商船運來的珍珠又平又靚，在市場上購買，勝於自採。

當時英國商人和葡國商人，常有珠寶進貢給皇帝。所貢的珍珠，比合浦、大埔所採的為美。加上當時南洋各國，每隔若干年都有貢使派來中國，這些貢使都帶來大批珍珠貢獻給皇帝。皇帝見了這些又大顆又靚的珍珠，而且是不費分文的，更是大埔、合浦無法採到的，是以便不再打採珠的主意。兩處珠池，不清自置。

鴉片戰爭之後，全世界的珍珠都運到中國來出售。各國的使節，都知道滿清皇帝喜歡珍珠，多帶來作禮物。清末的幾個皇帝，得珍珠極為容易，其中西太后雖貪婪成性，嗜珍珠如命，但早已忘記大埔和合浦有珍珠可採了。事實上，大埔和合浦的珍珠並不十分完美，當沒有外國珍珠送來比較，才覺可貴，一經比較，便知道遠不及外來的了。

但是，大埔海的一帶盛產珍珠的歷史事實，卻在五十年代，引起日本商人的注意。日本是目前世界上採用人工養珠技術最先進的國家，他們懂得把細顆的小珍珠投進珠蚌內。經兩年多，這顆小珠就可變成又大又圓的大珍珠。他們從《新安縣志》和《東莞縣志》中，找到媚川池即大埔海一帶，認為這一帶可以用作人工養珠場所，於是派專家來港研究。1955 年，日本一家養珠公司，派專家到大埔海探測該處海域養珠的可能性。因為時代不同，古代沒有海水污染的問題，現代由於船舶都用柴油作燃料，地理環境有所改變。經過年多的研究，他們認為附近的吉澳島，是最佳的養珠地方。該處的海水鹹度適宜珠蚌生長，而吉澳島海面最不受污染影響，因此就在吉澳島設養珠場，來港投資。

當時，港府為了保障養珠業的投資，特立法加以保護。因為養珠業在香港是首次經營的企業，假如養珠成功，可替香港帶來不少利益，故宜立法，使日商放心大量投資。

吉澳島位於吐露海峽外，在大埔海與沙頭角海之間。該處因為遠離所有輪船必經之路，東邊是大鵬灣，故受污染較少。日商在島上建了很多木筏，作為養珠蚌的珠池。這些木筏下面，綁着深約一丈的珠綱籠，珠蚌便放在這鐵籠之內。當時日商在吉澳島，既養珠又養蚌。

日商是準備在吉澳島長期投資的，所以既養珠又養蚌。原來當珍珠養大了之後，不能不將蚌殼撬開。而蚌殼既撬開，珠兒取出之時，這蚌就告死亡。如果沒有新蚌補充，便不能長期經營養珠業。當時日商在吉澳島，將木筏分成六七組，其中養蚌的一組，將小蚌放在水中的籠內，每天供應飼料，使之成長。等到蚌兒稍大，又再轉到另一木筏去，又再加入小蚌。總之，年年添入一批小蚌，約三年的時間，蚌才長成較理想的規格。故當時日商是準備以七年的時間耕耘，到第八年然後才收成的。

　　查養珍珠並非日本首創，我國在明朝時已有人養珍珠。據明人陳襄的《文昌雜錄》述明末時養珠之法如下：

　　禮部侍郎謝公言，有一養珠法：以今所作假珠，擇光瑩圓潤者。取稍大蚌蛤，以清水浸之。伺其口開，急以珠投之，頻換清水，夜置月中。蚌蛤採月華玩。此經兩秋，即成真珠矣。

　　這一則所記，正與日人養珠之法相同。不過明朝我國養珍珠的人，並非大規模的養珠，只屬個人嗜好，而且方法亦並不完備。試想將蚌蛤放在盆中頻頻換水，又怎及得上放在深水下的鐵籠中，讓天然海水使牠滋長呢？

但是，日商在香港投資養珠，並不成功。首三年期滿，取出珠蚌開啟蚌殼取珠，發現並不理想：珠的色澤並不光潤，而顆粒亦不大。他們以為未夠時間，於是再等一年。

日商是長線投資，故不急於收成，當第三年取出若干珍珠之後，加以化驗，研究它成長太慢的原因。當時日商在吉澳島的山上設有研究所一座，派有專家在所內工作，認真經營。到了第四年，再驗蚌內的珍珠，依然不如理想。當時日商以為第一批投入蚌內的珍珠，珠種不宜於該處的水土，因此從第四年開始，將各種珠種分投於各種蚌內，再觀察三年。日商前後經營了七年半，結果放棄了這個養珠場，因為珍珠生長緩慢。在日本的養珠場內，一般養三年的珍珠，已經很大顆了。而在吉澳島的養珠場，需要七年的時間，才能養成相等於日本三年養的珍珠，在經濟上不划算。

這一發生於現代的史實，反映出古代大埔海的媚川珠池時開時廢的原因，完全是珠蚌生長緩慢所致。古代的皇帝並非不想年年得到珍珠，只因大埔海的珠蚌不依照皇帝的願望產珠，要經過十多年才有珠出產，而產量不多，故而時開時廢。按照日本養珠三年收成的比例，大埔海要七年，則天然珍珠應要三十五年才長成。故古代帝皇來大埔海採珠，越封閉得久，收成越佳。南漢劉銀小朝廷是第一次在該處採珠的

13

人，是以能採到又大又晶瑩的上好珍珠。此後各朝代來採珠，結果都不理想。有些採珠太監是搜刮民脂民膏，向來廣州貿易的波斯商人購買上好的珍珠獻給皇帝，說是從大埔海採來，使大埔海的媚川池徒負虛名。

日商養珠失敗，退出經營，於是吉澳島上的設備，由漁農處接管。這些設備對香港來說是非常有益的。漁農處添置不少設備，在島上成立一個研究中心，作為研究本港魚類及海產之用。最近，這個中心正在研究海魚的人工繁殖方法，聽說頗有成績。

日商的養珠事業給香港帶來另一個利益，就是現時流行的海魚養殖場。當時日商在吉澳島養珠，也養蚌，聘請有經驗的大埔海漁民工作。這些漁民看見日本人養珠雖然失敗，但養蚌極為成功。那些小蚌，經兩年後即成大蚌。這啟發了漁民，用日本人的方法養海魚。故此日商退出經營之後，這一批漁民，就利用日商養蚌的方法，改養海魚。

他們也用木筏，將高約八尺的鐵絲網籠沉在海中，放些小魚進去飼養，等到小魚長大，又撈起到另一個籠內，減少魚的擠迫，所用的方法，就是日商養珍珠蚌的方法。經過幾年的飼養，有了經驗，於是海魚養殖業就在香港生下根，成為一門專有的行業。

現在全港九及離島，共有七十多個海灣設有海魚養殖場，有數以百計的漁戶及數以千計的木筏。這一行業的形成，是拜日商經營養珠業所賜，而最初的幾個養海魚的木筏，是在大埔海的幾個海灣出現的。大埔海古時是珍珠的發源地，現在則成為養海鮮的發源地。大埔海在蛻變中。

大埔海現時既非珠池所在，也不是海魚養殖場最多的地方，因為該處已建了一座船灣淡水湖，將大埔海的自然環境改變。

船灣是在大埔海內的一個海灣，這個海灣從前是漁船的避風港，因為船灣的形成相當特別，是由小滘半島伸出海面而構成。那小滘半島彎出海面的部分，形如一隻長船，故此叫這個海灣為船灣。船灣的入口處，有個小島叫白頭洲，它和岸邊的大尾督形成一處海門，將風浪阻隔，漁船避入灣內，可以避風。

船灣淡水湖就是在船灣入口處的白頭洲島和大尾督之間建一條主壩，將整個船灣封住，又將白頭洲島與小滘半島的東頭洲建堤壩相連，於是這個海灣就變成一個海水不能入去的湖。把湖中的海水排出堤壩之外，再注入淡水，就成為一個淡水湖，可供儲存食水之用。船灣淡水湖於 1967 年建成，當落成之初，由於湖的底部有很多海藻及浮游生物，當局放入一百八十萬條小魚到湖裏，利用這些魚阻止海藻的生長，以及將浮游生物吃去。這個淡水湖，直到 1972 年，仍然鹹度很高，並不算真正的淡水湖。當時化驗湖水的鹹度為一百萬分之二百五十六，到了 1973 年，減少為一百萬分之一百七十。這是由於夏季大量雨水注入，及大量東江水被人為存進去，改變了鹹度之故。1973 年淡水湖的主堤壩加高，儲水量進一步增加。

由於建了船灣淡水湖，大埔的漁船就只好以元洲仔附近的海灣作為避風港。事實上，元洲仔附近是不能避風的，故每遇颱風吹襲，大埔漁民損失特別慘重，因該處既非天然避風港，又無避風塘設備。

大埔漁民要求當局在大埔建避風塘，但當局由於正在發展大埔，將元洲仔上的木艇居民徙置，在大埔填海，故對漁民的要求沒有答覆。

當填海與拆遷元洲仔艇戶的時候，工程人員在元洲仔海邊整理地盤時，發掘出很多新石器時代的文物，有石斧和石錛等，又有不少陶片。證明該處很古以前便有人居住。

1977 年，大埔漁民憑自己的經驗，找到了三門仔附近一處土名"劏雞井"的海邊，認為該處最宜建成避風塘，向當局請求在"劏雞井"處築防波堤，以便漁船避風。當局不是不接納他們的意見，只因當時大埔正大力發展成為衛星城市，並且準備建大埔工業村，作為供給若干特殊工業之用，故對漁民的要求又拖延。

現時的大埔墟，其實並不是古時的大埔墟。古時的大埔墟在目前的汀角路那邊，稱大埔舊墟，現在的大埔墟，是新墟。大埔墟分新舊兩墟的原因，亦有一段過程。而大埔舊墟的開設。卻又有一件掌故。現在

先談大埔舊墟的歷史。上文說過,大埔古名大步,在
宋朝時還未開設墟市,該處一直被視為採珠的地方,
由軍隊駐守。

　　大埔舊墟之設,和一位孝子有關,這位孝子名
鄧師孟,又寫作鄧思孟。他是明朝隆慶年間人,他的
孝行是捨身救父。事緣當時有一名海盜林鳳,是潮州
饒平縣人,擁有賊船數百,盜眾盈萬,經常在廣東福
建沿海行劫。當時大埔有一鄉人名鄧師孟,他的父親
被林鳳擄去,林鳳要勒索鉅金,他去到賊船,對林鳳
說自己家貧無片畝田,哪有鉅款贖父,但自己年富力
強,願為林鳳做牛做馬,以自己的勞力代替贖金,請
林鳳先釋放他的父親,他就留在船上做工。林鳳見鄧
師孟是個壯年人,既然他願意出賣勞力代替贖金,便
留他在船上,放了他的父親。當他知道父親平安返抵
大埔之後,就跳海自殺而死。當時鄉紳認為他是大孝
子,是以立祠紀念。稱"鄧孝子祠"。

　　《新安縣志‧鄉賢》載云:

　　　鄧師孟,隆慶時,父被海寇林鳳掠去。孟謀之外父曰:
　　"吾家故貧,難贖,願以身赴。"外父難之。孟詣賊船,求
　　以身代父,詞氣懇摯,聲淚俱下。寇留之,因釋其父。將
　　別,囑曰:"諸弟堪事,勿以兒為念。"乃沉海而死。邑令
　　邱體乾修志紀其事,邑令王廷鉞始詳允入祀鄉賢。族人在大
　　莆墟立祠以祀之。

這就是鄧孝子祠的歷史。查新安縣志，是明萬曆元年才設立的，隆慶年間還未設新安縣，當時大埔墟還未建墟市，大埔墟是在新安縣建了縣治，然後才建墟的。

這裏且順帶談一談寶安縣的歷史。寶安縣在漢朝時，屬博羅縣所轄。晉代咸和六年設東官郡時，設寶安縣。到隋代廢了東官郡，將東莞、寶安兩縣歸南海郡。到了唐朝金德二年再置東莞郡，那時寶安縣仍屬東莞縣內。到明朝萬曆元年，將東莞縣一部分近海島的地區設為新安縣。到清初又裁去新安縣，但康熙八年再置新安縣。民國後，改新安縣為寶安縣。

上述的鄧孝子鄧師孟，是在明朝隆慶年間代父贖身，當時新安縣還未設縣治。後來萬曆元年，由於劉穩來香港附近巡海，剿滅林鳳餘盜。他到了南頭，南頭的父老請他設立縣治，他才向皇帝提出新安縣設縣。由於建成了縣級政治行政單位，而大埔在新安縣內，所以鄉人才在大埔建鄧孝子祠紀念這一位孝子。

劉穩設立新安縣時，寫了一首詩，詩云：

巡行邊海上，此地幾經過。

縣治從新建，人民比舊多。

風清無鼓角，夜永有絃歌。

覩洛如思禹，應知蹟不磨。

這首詩記述了他當時任海道出巡，來到寶安縣，徇人民的要求設立新安縣的情形。他這首詩，題為"入新安喜而有感"。

新安縣第一任知縣是吳大訓，他是廣西人，新安縣很多行政體系，都是由他草創。而第一位修《新安縣志》的人，則是上文所說的"邑令邱體乾"。邱體乾字時亨，江西臨川人。正是他在修第一本《新安縣志》時，將鄧師孟的事蹟，寫在縣志之內。

大埔鄧孝子祠，建於萬曆二十三年（1595 年），據《新安縣志‧壇廟》載之：

> 鄧孝子祠，在邑五都大步墟側，祀明孝子鄧思孟，萬曆乙未建。

文中的鄧思孟，與鄧師孟同是一人。

大埔建了鄧孝子祠，祠內的香火需人供奉，祠內的地主需人打理。同時，古代重孝道，凡為孝子立祠，必顧及孝子後人。鄧師孟雖死，但他的後人應得公糧。這些香火和公糧的經費，由誰捐出呢？初時是由大埔鄧族太公徵嘗撥出，但到了清初，鄧孝子祠已失修，香火與公糧都不繼。原來，在清初順治十八年時，清朝為了對付鄭成功在沿海打遊擊，實行"遷海"政策，將沿海鄉村盡行封閉，強迫村人遷入內地。當時新安且因近沿海，故將新安縣裁去，併入東莞縣。

19

那時大埔也在"遷海"界內，鄉人被迫遷入內地，鄧孝子祠便失修，香火與公糧都無着落。到了康熙八年"復界"，再設新安縣，那時便要重修鄧孝子祠，以及想辦法維持經費。

當時大埔鄧族有兩位父老，一名鄧祥，一名鄧天章，想出一個辦去來，就是向知縣建議在大埔設墟市，將墟市的收入，作為重修鄧孝子祠及香火公糧的經費。在重孝道的清代社會裏，這個題目是很動聽的，知縣不能不批准。因此大埔墟就在康熙十一年（1672 年）建成。

新界很多墟市，都是在康熙八年"復界"之後建成的，因為遷界時人民流離失所，復遷之後，人民重返家園，安居樂業。同時，政府鼓勵內地的人到沿海各地耕種，當時有很多外省人也來大埔附近建村耕種，這些人後來就稱為客家人。人口增加，必須有墟市溝通經濟，大埔墟之設，是有其實際作用的，並非單是為了維持鄧孝子祠的禮祀而建設。

這個墟市，並非今天我們所稱的大埔墟。今天乘火車到大埔墟下車的地方，是大埔新墟，康熙十一年建成的大埔墟是舊墟，舊墟失去了它的經濟地位已有八十年之久，自新墟設立之後，舊墟已被冷落。不過現時仍有痕跡可尋，它的位置在現時通往船灣淡水湖的汀角路的路邊，在新建成的政府合署附近。大埔舊墟的墟址，面向大埔海，在觀音河東北岸邊。從地理環境來說，水路和陸路的交通都很便利，水上漁民可以泊船到墟市的岸邊上買賣；船灣附近的鄉村，如汀角村、大尾督村，也可循陸路到大埔墟買賣；北部的粉嶺所屬各村，亦可從陸路來貿易；遠至沙田的瀝源村和沙田對面的烏溪沙十四鄉，亦可乘船到大埔去買賣。《新安縣志‧津》云：

> 瀝源渡，自瀝源往大步頭渡一隻，原承餉銀四錢。

又云：

> 烏溪沙渡，自烏溪沙往大步頭渡一隻，原承餉銀四錢。

大步頭即大埔墟碼頭，足見大埔舊墟當年之盛。

大埔舊墟自康熙十一年建墟，直到嘉慶年間，已成該區域的重要貿易中心。從沙田瀝源對岸的烏溪沙每天都有渡船開往大埔舊墟，便可知貿易之盛。但是後來又為何式微呢？

原來現時的大埔新墟所在處，古時是一條村鄉，名叫文屋村，居住村裏的人，大部分姓文。文屋村和大埔舊墟接近，中間隔一條小河，此河名觀音河。由於大埔墟興旺，連帶文屋村也興旺起來，很多在觀音河西南岸鄉村居住的村民，到大埔舊墟去貿易，來到河邊要等橫水渡過觀音河才能入墟，很自然地便有很多待賣的物品停留在文屋村邊，購物的人亦留在該處等橫水渡。這樣一來，買賣雙方在候橫水渡時，往往就在岸邊成交，省去來往渡河的麻煩。文屋村當時有一位鄉紳文元著，看見這種情形，便在觀音河邊連開幾間舖戶，便利貿易。因為觀音河西南岸有很多鄉村，如泮涌、碗窰、馬窩等村的村民，確實嫌過河入墟麻煩。文屋村外河邊既然有舖戶，便在該處擺賣農作物，賣出之後，亦購物返鄉。那時文屋村邊，已形成一個小市集。

奇怪的是，觀音河東北岸鄉村的村民，不久也到文屋村邊來買賣。大埔舊墟的墟主，認為文屋村搶去大埔舊墟的市利，入稟新安縣衙門，說文屋村建舖貿易，等於搶去鄧孝子祠的祀糧。新安縣便派兵到文屋村來，張貼告示，禁止文屋村建舖營商。

文屋村不能建舖營商，聚集在村邊的各鄉村民又不能在該處買賣，而大埔舊墟因有縣官撐腰，對於租稅每多苛索，令到原本擁護大埔舊墟的船灣約、汀角約、林村約和粉嶺約等各鄉，都有建立新墟市之心，只等機會。

同治十三年（1874年）的甲戌風災，是香港有史以來死人最多、坍屋最多的一次風災。這次風災把文屋村很多房屋都吹坍，文屋村人於重建房屋時，招商合作，以利重家園。一時附近七約鄉村大力支持。大埔新墟的雛形已形成了。

大埔舊墟的墟主自然又告到衙門去，理由仍然是維持鄧孝子祠的禮祀，而且從前已有禁止文屋村建舖的先例。但這一次卻不了了之。因為文屋村也有理由，他們的村屋給颱風吹坍，大批孝子賢孫要建屋供養父母。但他們沒有錢建屋，今得七約鄉民支持重建家園，況且大埔舊墟在觀音河東北岸，文屋村在河的西南岸，不會奪去大埔舊墟之利，理由也很充分。故當任知縣並不理會大埔舊墟的投訴。

當時新墟並未正式成為墟市，只是鄉人買賣之處，租稅都較便宜，故紛紛集中在該處擺賣而已，可以說是一個不合法的市場。

到了光緒十八年（1892 年），林村約、大坑約、粉嶺約、汀角約、船灣約、翕和約、梓樹灘約七約共同入稟要求建新墟市，命名為太和市。新安縣到來實地調查，看見大埔舊墟和太和市相隔一河，遂准其請。

新安縣知縣是在光緒十八年五月十四日到大埔舊墟來視察的。他批准了太和市的建立，於是這一個新墟市便正式動工建設。

從前建設墟市有兩大建築物不可少：其一是墟亭，另一為公所。墟亭是供擺賣貨物之用，其中有熟食攤位，便利遠道而來的鄉人在此吃飯。亭中設有公秤，以便買賣穀物豬隻時以此秤定標準重量。自然，在此買賣，亦要抽租，作為墟場的經費。公所則是議事的地方。太和市既由七約鄉民合辦，自應設七約的公所。

廣東瀕海各縣的墟市公所，多附設於廟宇左右，或設於北帝廟側，或設於天后廟側，亦有設於文武廟側，這是一種風俗習慣。考其原因，主要是因為公所既是議事的地方，地方上有時有很多事是很難處理的。正所謂公說公有理，婆說婆有理，在議而不能決的時候，唯一辦法就是在神前用玟杯占卜取決。又有些事，因眾口一詞，曲說成直，直說成曲，受委屈者只有在神前發誓，以明心跡。所以一般墟市的公所，都附建於廟宇之旁，既有正門，亦可從廟內進出。太和市於光緒十八年批准，光緒十九年建成墟帝和文武二帝廟，公所即設於廟內的左邊偏殿之處。

太和市正式開市的日期，是光緒十九年農曆七月八日，公曆是 1893 年 8 月 19 日星期六。此後，太和市的墟期就是二、五、八，即每逢初二、初五、初八、十二、十五、十八、廿二、廿五、廿八為墟期。

這個太和市，就是現在的大埔墟，當時通稱為新墟，以別於在觀音河東北岸的大埔舊墟。當 1909 年興建廣九鐵路英段的時候，英段路局特在該處建車站，這就是大埔火車站。現時我們乘火車到達的大埔，就是太和市，並非正式的大埔墟。大埔墟因太和市的建成，漸漸衰落，太和市取大埔墟的地位而代之。

太和市代替了舊的大埔墟，也有一段發展過程。上文說過，新安縣知縣到大埔來實地視察，認為舊的大埔墟和新的太和市中間隔了一條觀音河，認為不會奪去大埔舊墟之利，才准太和市建墟市。這條小河，事實上也阻礙了太和市的發展，因此當太和市漸漸興旺的時候，大埔七約的鄉人，就有人倡議建一座石礁，橫跨觀音河兩岸，以利交通。須知支持文屋村建太和市的七約鄉村，其中汀角約、粉嶺約、林村約、船灣約等數十條村落，都在大埔舊墟那一邊，鄉人從鄉村到太和市趁墟，也要過一條橫水渡，極不方便，如果建成一座石橋，就方便得多，因此一唱百和。

這座石橋，取名為"廣福橋"，現時乘汽車從大埔到粉嶺，轉出大埔西北方，就見到一座公路橋樑，橋的兩邊都有石欄杆，這就是橫跨觀音河的廣福橋了。現時橋面是在 1957 年擴寬的，成為雙線行車的路面。從前橋面很窄，只許單線行車。這座著名的廣福橋建成於光緒廿二年，即 1896 年。

上述太和市建成墟市，以及建造廣福橋等史實，目前仍有文獻足以證明，並非筆者得自傳聞。首先證實太和市開市的日期在 1893 年的，是碗窰村《馬氏族譜》。該族譜內有一段記云：

光緒十九年二月二十五日壬寅興工建市，建太和市。七月初八日開市，開市之日，白米每斗二毫七仙到二毫八仙。

光緒十九年農曆七月初八即公曆 1893 年 8 月 19

日。這是很明顯的證據。

現時大埔墟內，從火車站下車直出的街道，叫安富街。該街左邊有一條小巷，小巷的盡頭處，現時是街市，從前就是墟亭所在。在這菜市場附近，有一間"文武二帝廟"，這就是太和市建墟時的公所原址。在"文武二帝廟"的門額上，仍隱約可見"大埔七約鄉公所"已剝落的字跡。這間廟建於太和市開墟之時，有廟內一個鐵香爐為證，這香爐上鑄刻"光緒十八年"字樣。同時廟中有一對聯："德耀中天，翰墨添香昭日月；功崇外域，英風義勇貫乾坤。"旁有"光緒癸已年季冬吉旦立"字樣。

光緒癸已年就是光緒十九年，即 1893 年，這正是太和市正式成為墟市的一年。

廟內入門口右邊的牆上，現時仍嵌有石碑一塊，上有大字刻着"建造廣福橋芳名開列碑"。這塊碑石，不僅說明大埔市的廣福橋建造緣由，也證明今日的大埔，原稱太和市，該碑在光緒二十年立於廟內。

大埔文武二帝廟內的"建造廣福橋芳名開列碑"全文如下：

嘗聞捐金築道，斯仰有夷之行；助資造橋，聿昭無量之德。賦蒹葭之什，彌切溯洄；歌匏葉之章，曾嗟厲揭。所以成厥杠梁，古聖王勞心興作；達其道路，億萬姓竭力經營也。

念茲太和市橫水渡一處，溪流渺渺，河水洋洋。或傷行路之艱難，或歎窮途之險阻。或擔簦躡屩，致苦褰裳；或服賈牽車，幾虞濡軌。或披星戴月，漁樵莫問，相與躑躅乎岐途；或沐雨櫛風，舟子誰招，終且徘徊於澤畔。況縣關津大道，類多行旅之往來；鄉里如林，不乏人民之出入。倘非聚石為杅，安得臨流有濟？於是文湛泉先生倡而修之，七約眾衿者附而和焉。

爰集同人，共勷美舉。第工程浩大，非獨力所能成；材料甚繁，惟眾擎乃可舉。故廣設緣部，隨處勸題。今幸雁齒落成，須藉仁人之賜；虹腰在望，端資長者之金。允矣！功逾渡蟻；洵哉！德勝芻荊。使行人無病涉之勞，過客有安驅之樂。庶幾諸君，濟人駿惠，偕大道以齊輝；通路鴻思，與銘碑而永奠。是為引。

（捐資者芳名從略）

光緒二十二年歲次丙申仲夏月吉旦立碑

這塊碑文，並非廣福橋落成之後寫成，而是在籌款之時所寫的，是寫在緣薄前面的，作為集資建橋籌款的一篇序文，故碑文有“是為引”之字。

這塊碑文有“茲太和市橫水渡一處”字樣，說明今日的大埔原名太和市。同時，碑文有“文湛泉倡而修之”，說明提倡築橋的，是大埔文屋村的父老。因為大埔這新墟，是在文屋村邊開市，與文屋村有唇齒相依的關係。

太和市於光緒十九年建墟市，二十年就倡議築橋橫跨觀音河，二十二年就建成了廣福橋，可見當時大埔七約的各鄉村，對大埔舊墟殊不擁護。當新墟太和市未官准開辦之時，他們口口聲聲說不會影響舊墟的市利，但一經准許開市，就真個要把舊墟淘汰。從建廣福橋一事，就可以想見。

大抵舊墟因為藉口維持鄧孝子祠的經費，對於租稅，每多苛索，七約鄉民敢怒而不敢言，遇到文屋村有開市的計劃，便一齊支持。故新墟開市後，接着即建橋，橋成之後，大埔舊墟就冷落不堪。光緒二十二年，是 1896 年，當時大埔舊墟的墟主，也曾入稟新安縣辦陳市利被奪，要求禁止太和市開市。但是，第二年即有 "中英拓展界址" 的談判。1898 年，新界已列入香港版圖之內，大埔舊墟再也不能藉口為維持孝子祠的經費而禁止太和市開市。於是太和市就成為大埔墟。經過幾十年，大埔舊墟更加冷落不堪。現在年青的鄉人，相信已不知舊墟在什麼地方了。

大埔正在加速發展，將來的面貌，又將不知變成什麼樣子了。

后海灣和米埔紅樹地

打開香港出版的本港地圖，在地圖的北方偏西的地方，可以找到后海灣的地名。在后海灣近岸之處，有"紅樹地"的名稱。"紅樹地"外有米埔地名，因此這一大片紅樹地亦稱米埔紅樹地。有些地圖不稱"米埔紅樹地"，而稱"米埔鳥雀保護區"。這些地名與地域，都有不少有趣的事可談。

首先談談后海灣。很多人把后海灣的"后"字當作是"後"字。以為"后"字是"後"字的簡體字，香港不通行簡體字，故以為后海灣原名是"後海灣"，其實是不對的。

后海灣是原有的名字，后海灣就是后海灣，而非"後海灣"。很多人認為，后是皇后的后，難道后海灣以前有個皇后不成？難道曾經有過一位皇后來過該海灣，因而命名？

后海灣並非因有皇后來過而命名，這個后字是天后的后，天后是一位海神，后海灣因有一間著名的天后廟而得名，意思是說：該處海灣是天后廟的海灣。

然則后海灣的天后廟在什麼地方？有些到后海灣邊的流浮山去食生蠔的旅行人士，會沿着后海灣的海邊小路步行，來到土名沙江的地方，會見到一座天后廟面對后海灣，這間沙江天后廟，難道是后海灣命名的廟宇？其實不是。沙江天后廟不過是清末才興建的，后海灣命名之後，才有沙江天後廟出現，這間位於本港界線之內的沙江天后廟，並非命名的主體。

使后海灣得名的天后廟，不在本港界內，而是在流浮山對海的山邊，這地方名叫赤灣。

赤灣在蛇口的西南，它是一個半島形的山咀，使蛇口與流浮山構成一個海灣，這個海灣就是后海灣。由於赤灣有一座天后古廟，所以這個由赤灣山咀構成的海灣，就稱為后海灣。

根據深圳經濟特區的發展藍圖，蛇口將是工業區。而赤灣嘴是旅遊區，將來赤灣闢為"赤灣公園"，作為旅遊渡假勝地，原因就是赤灣自古以來，是一名勝地區。

赤灣上的天后廟，古時被稱為"新安八景"之第一景。可見該地自古就是旅行勝地。新安縣是寶安縣的古稱。被稱為"新安八景"第一景的赤灣，此景名"赤灣勝概"。

赤灣口的天后廟，是明朝時建成的，由於這座天后廟建於該處，故把該處的海灣稱為后海灣。為什麼這座天后廟如此有名呢？說起來亦有原因，因為明朝自三寶太監鄭和航海南洋各地之後，中國與南海各國都有交往，自永樂年間開始，常有中國使節派往南洋各國去，這些出洋的使節在航海出洋之時，必經過后海灣附近的伶仃洋。他們為求海上安全，都到赤灣的天后廟來上香祈禱，求天后娘娘保佑一路平安。天后自宋朝起即被視為航海主保之神，拜天后求保佑是一種風俗習慣。古時航海技術及船隻都不是進步，求神保佑海上安全是必然的心理現象，故出國的使船，都來赤灣天后廟祈禱。

據《新安縣志》載：

赤灣由南山落脈，兩翼盤護，天后宮殿在焉。前臨海，洪濤萬頃，一望無際。伶仃數峯，壁立海中，相峙如案。天后神甚靈應，凡船經此必禱祀之。嘉慶乙亥，廟貌更新。

這就是"赤灣勝概"這一名列"新安八景"第一景的輪廓。赤灣因有天后宮而成為名勝，但《新安縣志》在"古蹟略"上敘述赤灣的景物，只於風水好及天后宮靈應這一點，沒有談到這座天后宮究竟建於何時，令人失望。

現存最古的《新安縣志》，是王崇熙編的一種，這本《新安縣志》是廣東各縣縣志中編寫得最劣的一種，志內有很多地名並不統一，對於名勝古蹟亦敘述得不詳細。即如對赤灣的敘述，既未說明天后宮建於何時，也未寫出它的風景如何幽美，只說"從南山落脈"、"兩翼盤護"、"相峙如案"。這些"落脈"、"盤護"、"如案"，都是風水堪輿家的用語，他用這些語

后海灣和米埔紅樹地

31

言去寫赤灣天后宮，無非是說這天后宮靈驗是由於風水好而已，對後人用以研究史地可說毫無幫助。

幸而這本志書最後兩卷，輯錄了前人文字，編為《藝文志》，在《藝文志》中，有兩篇記敘文可作印證。這兩篇文章，一名《重修赤灣天后廟引》，是孫海觀所寫的；一名《重修赤灣天后廟記》，是蔡學元所寫的。孫海觀是新安縣的知縣，蔡學元是新安縣進士邑人。

蔡學元的《重修赤灣天后廟記》，對赤灣的天后廟的歷史，敘述得較為詳細，現抄錄於後，以說明天后廟與后海灣的關係：

赤灣地濱大海，左控羅浮梧桐之勝，右瞰虎門龍穴之險。其地秀傑，其神靈異。凡出使外國，與占城、爪哇、真臘、三佛齊諸國入貢，悉經於此。宋宣和間，給事中高允迪使高麗，中流震風，神降於檣，賴以安清。明永樂八年，中使張源出使暹羅，迺於此立廟。赤灣之有天后廟，自此始也。萬曆十四年，邑令王添築大門外月池，跨以石橋。橋前為牌樓，為膲十二。崇正八年，副總兵黎修前殿，以後殿為寢殿，大門及中殿左右各置官房。自時厥後，遞有增建。

我朝順治十三年，守備張公轉餉瓊海，艤舟虔禱，履險如夷，重修舊廟，旁增廂房十二，大門內增鐘鼓樓各一，環廟皆匝以牆。迄今百有六十載，中間葺而復圮者屢矣。往歲海氛未靖，瀕海郡邑日懼傷殘，制府百、都督童命師剿捕，駐轄赤灣，守禦三年，士民安堵。惟神助順，乘風克敵，醜類掃除，迺偕同官捐俸、倡首願、新棟宇，以答靈貺。
邑宰孫公復率紳耆，相度規畫，諏吉於甲戌年八月。鳩工庀
材，周圍易以甄石。因而高前門，廣內殿，黝堊堂垣，丹艧
櫨桷，規模式廓，視前有加。幾乎煥乎，凡以報禦災悍患之
功，而為一勞永逸之計者，非徒侈觀瞻已也。

方今聖天子德威遐佈，幽明劾職，海不揚波。向之蠢
然思動者，胥就蕩平，無復竊發。濱海之民咸樂其生，因得
以時，仰觀廟貌，禱祀益虔。此則官斯土者之力，亦生斯土
者之福哉！是役也，費動一萬餘金，功成二十七月。董其事
者：武德騎尉蔡乾成；武舉黃大鯤；解元吳懋修；貢生黃大
堅；職員陳雄邦；監生鄭損、杜輝宇；生員黃大斌、吳霄、
陳治平、陳大見；壽員鄭瓊枝，均與有勞。例得備書。

從上引的《重修赤灣天后廟記》可以知道，赤灣
天后廟是在永樂八年時，因張源出使暹羅而建廟的。
張源出使前建廟，是效法鄭和下南洋而建天后廟的
故智。

考鄭和於永樂三年（1405 年）率領大小兵船到南
洋去之時，從北方出發，經沿海各地，凡有天后廟的
地方，都泊船拜祭，祈禱以求一路順風，平安抵步。
故自此之後，凡出國到南洋去的官員，都向天后祈
禱，以保平安，漸漸已成一種風俗習慣。

本來當時佛堂門有天后廟，張源的出使船隊應該
到佛堂門天后廟去拜祭才合理。但是佛堂門的天后廟

位於海外，風高浪急，不利於龐大的船隊停泊，因此張源特在赤灣建一天后廟，便利以後出國船隊拜祭。赤灣之旁，有一個風平浪靜的海灣，可供數以百計的船隊停泊，而該處也是出洋的必經之路，赤灣一出，就是伶仃洋。

故赤灣天后廟，始建於永樂六年，即 1408 年。自從張保出使暹羅，建此天后廟之後，以後南洋各國來華貿易的船隊，也都到赤灣天后廟來拜神，慶祝他們平安到埗。

蔡學元的碑記內有幾句云：

> 往歲海氛未靖，瀕海郡邑日懼傷殘，制府百、都督童命師剿捕，駐轄赤灣，守禦三年，士民安堵。

這幾句寫的是張保仔的事蹟。張保仔當時在香港海面活動，常常攻入內河，掠劫鄉村。百齡因為澳門事件調來任兩廣總督。他在處理英軍佔據澳門各炮台的事件時，知道英軍是藉口保護澳門免被張保仔和法國艦隊進攻，才佔據葡人在澳門的幾座炮台。因此他辦妥澳門事件之後，也集中力量對付張保仔。當時他派大軍到赤灣駐守，軍隊便以天后廟為營。

百齡後來招降張保仔，大軍便離開赤灣天后廟。天后廟本來已年久失修，經過軍隊駐守，更毀壞不堪，因此當任知縣孫海觀發起重修天后廟。碑文"邑宰孫公復率紳耆"中的"邑宰孫公",就是知縣孫海觀。該廟於嘉慶甲戌年動工,歷時二十七個月才完成。嘉慶甲戌即1814年,八月開始動工,到1816年十一月才完成。孫觀海當時向鄉人募集建廟經費,寫了一篇短文在緣簿前面。這篇捐款緣記的文章,稱為"引",是古代集資募款的一種文體。文中也提到張保仔的事蹟,同時也提到赤灣當時是外洋船隻往廣州必經之地。

新安縣知縣孫海觀的《重修赤灣天后廟引》有一段提到天后在清朝被加封的封誥云:"我朝晉加徽號,勅封護國庇民靈佑顯著宏仁普濟群生教主太后元君"。只看這長達二十字的封號,就知道清朝對於這位海神的重視,無怪各地沿海地區,有那麼多的天后廟了。

該文又有一段寫道:

> 赤灣天后廟為省會藩籬之地,扼外洋要害之衝,護衛虎門、澳門以作保障,匯東北諸海以為歸宿。外而占城、爪哇、真臘、三佛齊番舶來賣,莫不經由於此。

說明了當時洋船入虎門,都必須經過赤灣洋。這些外來的洋船,未必都來拜天后,但一定在后海灣上停泊,以便到蛇口、南頭等地購買糧食,及在赤灣上汲取淡水。故后海灣成了洋船入虎門必到之地。孫海觀把這些現象都說成是天后廟的靈異,能吸引番船到來。劉穩有一首《禱天妃廟喜諸生會集》詩，詩云：

祈靈遙謁海神祠，冉冉春光欲暮時。

最喜山川堪入眺，何期童冠更相隨。

使星虛脫乘槎遠，勝日還於鼓瑟宜。

作吏風塵休暇少，詠歌莫惜獨歸遲。

　　是劉穩當年和他的一群學生到赤灣天后廟去遊覽時所作。

　　原來劉穩是寶安縣設縣的始祖。古時並沒有寶安縣或新安縣之設，新安縣全屬東莞郡所轄，一直到明朝隆慶年間都是如此。後來劉穩到沿海來部署，對付倭寇，他來到赤灣、蛇口、南頭及大埔等地，見到形勢險要，才向兩廣總督提出，在此設立新安縣治。

　　劉穩是明朝隆慶六年來廣東巡海的，隆慶六年即 1572 年。他來到現在香港海域，發現海面遼闊，東面有大鵬灣，西面有后海灣，附近海島無數。當時這些地方，都由東莞縣所轄，東莞縣城離開這些海域太遠，實難照顧得到，因此他向兩廣總督提議，另設一新安縣，管理這廣大的水域，以便對付從海上偷襲的倭寇。他的建議立即被接納，於次年（萬曆元年，即 1573 年）開始設新安縣。劉穩還有一首詩：題為《入新安喜而有感》，詩曰：

巡行邊海上，此地幾經過。

縣治從新建，人民比舊多。

風清無鼓角，夜永有絃歌。

覲洛如思禹，應知蹟不磨。

　　這首詩作於萬曆年間，即新安縣初設縣治時，他再到此間巡海時所作。詩中的 "縣治從新建，人民比舊多" 就是詠這一件事。

　　由於劉穩建議設立新安縣，因此新安縣人視他為大恩人，於萬曆四十三年，即新安縣建縣四十三年之後，為他設木主，奉祀於 "名宦祠" 之內。其實，劉穩除了更立新安縣之外，對於當時本港地區的海面治安，亦有所建樹，他的設立縣治計劃，是在南頭、官富場、大鵬三處地方設立兵營及巡海船隻，分三路保護本地區。遇到倭寇海賊侵入時，三路兵船，互相響應，合力圍攻。新安縣人是因為他防盜和保衛家鄉有功，才把他奉入名宦祠內，表示紀念他對地方有貢獻。當時同列名宦祠的，還有一位汪鋐。

　　汪鋐是明朝正德年間的海道使，他是在屯門擊退葡人的一位守土功臣，劉穩與他同祀名宦祠，都是因為他們保衛鄉土有功。

　　《新安縣志》有劉穩的小傳記云：

劉穩，號仁山，湖廣鄳縣人。隆慶六年任巡道。邑原隸東莞，離治百餘里，倭寇彝海冦往往為患，惡少嘯聚淫祠公行，部至禁祀撤像，以鄉約所額焉。朔望誦讀聖訓。徇鄉民吳祚等之請，以東莞相距遼闊，稽察難周，民易為奸，因轉詳大憲，設立今治。政暇集諸生講明道學，文風翕然不變。其後擢南京太僕貳卿，士民擁道遮留者以萬計。公慰以詩，復追送小金山，乃還。爰創立生祠，共捐租若干畝，以為祭田。萬曆四十三年，詳允入祀名宦。

照這篇小傳所述，劉穩當時除創立新安縣治之外，還致力於教育，並禁止舞神棍的人巧立名目去建造各種古靈精怪的廟宇，在地方上立了不少功。故當他離廣東北上時，新安縣若干父老和他的學生，依依不捨，一直送到長江岸邊然後回來。小傳中說劉穩臨別時向他們"慰以詩"，這首詩是七絕，詩云：

父老追隨兩月餘，臨行轉覺意踟躕。
茫茫雲水空相憶，雁過衡陽好寄書。

詩中說當時新安縣父老一直送他出五嶺之外，追隨了兩個多月然後分別，這種依依不捨的情懷，正足以說明劉穩對新安縣的建樹並非僅是創立縣治這樣簡單。他對於滋擾新安縣的海賊、倭寇和外夷，都曾加以還擊，保衛了鄉土和保護人民生命財產。

自從新安縣建立之後，赤灣的天后廟又成為進出廣東的洋船必來祈福之地，后海灣便熱鬧起來，很多人移居到后海灣邊，建成村落。這條村就以后海為名，稱后海村。該村在蛇口東北，至今仍在。

在后海灣的另一處地方，即深圳河出海口一帶，全是沼澤。有些本港出版的地圖稱之為"沼澤區"，有些地圖則稱為"紅樹地"，這一大片岸邊的土地，因附近有一條村莊叫"米埔"，故又稱為"米埔鳥雀保護區"。考該處的地勢，沼澤遍佈，稱之為沼澤區亦可。該處又是香港政府列為雀鳥保護區，禁止人們在該處捕捉鳥雀，是以亦可以稱為"米埔鳥雀保護區"。至於稱之為"紅樹地"，是因為該處生長了很多"紅樹"。在所有的沼澤中，遍佈紅樹，而那些水鳥，正是利用這些紅樹來棲息及繁殖，並以該處沼澤中的小動物作為食糧，於是這一帶就成為后海灣另一邊岸邊的特殊地區。

很多人認為這一帶的沼澤，是深圳河口的沖積地，如同珠江三角洲的沖積地那樣。其實這一帶並不是深圳河的沖積地，它是植物自然填海形成的天然填海地。像這樣的由植物自行填海的自然現象，我國很多地方都有，如海南島一些瀕海地區，都有此種植物填海區。米埔紅樹地或稱沼澤區的后海灣沿岸，就是由植物自動填海而成的。植物怎能自動填海？如果不是親自到該處去實地考察，確實不容易了解植物有自行填海的力量。這種能填海的植物，就是"紅樹"。

后海灣邊的紅樹地上的紅樹，就是自然填海的植物。紅樹所以能自動填海，其原因在於這種紅樹的種子生長特異，它是和一般樹木的種子生長不同的樹木。

　　一般樹木的種子，都是離開母體才發芽生根的。而紅樹的種子是在未離開母樹之時，已經發芽生根，正因為這種紅樹的種子先發芽生根然後才離開母樹，便產生自然填海力量。

　　我們知道大多數植物的種子，都是要離開母樹才能發芽生根的。例如穀，稻穀成熟後，採下來再培植然後才發芽生根。稻穀在禾穗上不會發芽，必須脫落後，跌在地上才能發芽。又如我們所吃的果子，吃了果子之後，果核落在地上才發芽生根而成果樹的幼樹。果子中的果核，不會在樹上便發芽生根。故此禾稻、果樹等植物，不起填海作用，它們的種子落在地上才能生根發芽，海面沒有陸地，落在海面，就被潮水沖走，很難生根。

　　紅樹則不同，這種樹在海邊的泥沼中生長，當潮水退時，它的果子中的種子，已在樹上發芽並生根，紅樹的果子向海水處下垂，果子的根向海面伸展，但仍然未離開樹體，故不會被潮水沖去。相反，它的果子的根越伸越長，伸到海底的泥土中，把泥土攀緊了，果子才脫離母樹。這時候，潮水退卻時，不能將泥土帶走，被這種小樹攔阻了大量的潮水帶來的泥土，於是這些樹越生越多，潮漲時沖來的泥土被它們阻截，就使泥土越積越多，而起填海作用。

　　后海灣紅樹地的形成，就是這種紅樹將海邊的泥土積聚起來而形成的。紅樹由於果子成熟後，在樹上發芽出根，垂到水面，把泥土抓緊，繁殖越多，積聚的泥土便越多，形成了一大片的沼澤地帶，是以有些地圖，稱之為沼澤區。

　　在這一帶的沼澤地帶上生長的紅樹，種類繁多，其中的一種最常見的紅樹，就是"水筆仔"。這種叫"水筆仔"的紅樹，高約三四尺，土人又稱之為"水蠟燭"。因為這種紅樹的果子，有如一支蠟燭一樣，亦似一支毛筆一般，是以既稱"水筆仔"又稱"水蠟燭"，主要是因為它生長在水邊，形如毛筆，又如蠟燭。

　　后海灣的紅樹地，目前是禁區，到該處去旅行考察，要向漁農處申請入境紙才能前去。筆者為了考察該地的植物自行填海現象，曾到該處去考察，發現能自動填海的紅樹，以"水筆仔"為最多。這種"水筆仔"，《中國高等植物圖鑑》亦有收錄，載於第二冊九百八十一頁，學名稱"秋茄樹"，錄出以證這種紅樹能填海移地：

　　秋茄樹，灌木或小喬木，葉對生，革質，矩圓形、倒卵狀矩圓形或橢圓形，長五至十二釐米，寬二點五至五釐米，頂端鈍或圓，葉脈不甚明顯；葉柄長半釐米至一釐米。花具短梗，三至五朵排成二歧聚傘花序；總花梗長二至四釐米；小苞片杯狀，包住花萼基部；花萼五至六深裂，裂片條形，長一點二至一點八釐米；花瓣五至六，早落，白色，二深裂，每一裂片又分裂成數個絲狀小裂片；雄蕊二十至廿五，子房下位，三室，結果時變為一室；柱頭三裂。果狹卵狀圓錐形，長達二釐米，種子一，於果離母樹前發芽，胚軸細長。

分佈於廣東、福建（寧德以南）與台灣；亞洲東南部也有。生於海灘紅樹林中。樹皮含豐富鞣質，可提製作栲膠。

這種“水筆仔”由於果子內的種子在未離母樹之前即發芽，而且果子狀如一支長筆，垂到水面。當它生了根之後才離開母樹，便產生阻止泥土被潮水帶走的阻力，使泥土越來越多；於是紅樹越多，所積的泥土就越廣闊，形成一大片泥沼地帶，產生填海能力。這種“水筆仔”又名“水蠟燭”，《廣東新語》載有“水蠟燭”，略謂：

水蠟燭，草本，生野塘間。秋杪結實，宛與蠟燭相似。有詠者云：“風搖無弄影，煤具不燃煙。”

后海灣畔的紅樹地，除了“水筆仔”之外，還有三四種紅樹，其中一種俗名“雞籠茄”的。這種樹的果子和茄瓜相似。廣東人稱茄子為矮瓜，它就像矮瓜，不過細長而不肥大。這種“雞籠茄”才是真正的

42

"紅樹"，它的學名就叫"紅樹"，也是一種種子在母樹上發芽，然後低垂到水裏去，產生填海作用的植物。

除"水筆仔"與"雞籠茄"之外，還有"紅茄苳"及"剪子樹"，這些樹都是種子生在母樹上發芽，待生根之後才離開母樹的。正是這一大群的"紅樹"把后海灣的海邊填成陸地。

現時的紅樹地，已分成兩個部分，近米埔邊緣的地區已經不是沼澤地了。米埔附近的鄉人利用這些紅樹來替他們服務，建成了很多魚塘，飼養鹹淡水的魚類。

鄉人發現這些紅樹有填海的功能，當這些紅樹生滿了海灘的泥沼區時，他們把這些泥沼挖成一個個的池塘，將塘中的泥和紅樹推成塘基。這樣經過幾年，塘基就越築越高，因為紅樹越生越多，將塘基加高加厚。池塘就越來越深，塘水也因下雨而漸漸變淡，成為養魚的魚塘。

接近米埔的一大片地區，現時已不是泥沼區，而是魚塘區和紅樹地區，該處約在清朝光緒年間已經建成很多的魚塘。

在魚塘區之外，紅樹又形成一大片泥沼。這大片的泥沼，在潮水高漲的時候為潮水淹蔽，當潮水退卻時，則現出廣闊的沼澤。這些沼澤裏，有很多小魚和小蝦。沼澤區內的紅樹林中，亦有一些較大的魚因來不及隨潮水退時游出大海，被紅樹所形成的小湖澤困着。因此每日也有附近鄉民到沼澤區去捕捉這些較大的魚維持生活。他們踏着泥濘，到處搜索，每日也能捕到幾斤鮮魚。至於沼澤中的小魚小蝦，以及紅樹村中的浮游生物，便是水鳥最佳的食糧。

由於每天潮水漲退兩次，每次潮漲帶來不少魚蝦等海產，潮退時牠們不能全退，因此鳥雀便不愁沒有食物。沼澤區前段是紅樹地築成的魚塘，紅樹可以讓雀鳥棲息，魚塘中的小魚又可供飽餐一頓，這一帶就成了雀鳥的樂園。雀鳥越來越多，這裏便成為獵雀的理想地帶。

從前該處未劃為鳥雀保護區，喜歡打獵的人便湧到該處去打獵，這一來，便將該區的雀鳥殺害太多。愛好大自然的人認為這樣毫無止境地獵取鳥雀，結果一定把各種雀鳥弄到絕種為止，於是提議劃為鳥雀保護區，禁止狩獵。

"觀鳥會"是極力主張禁止獵殺雀鳥的團體。該團體從前的成員大部分是西人，近年也有不少華人參加為會員。該會的宗旨是觀察鳥雀的生活，欣賞鳥雀的羽毛和生態，同時又研究牠們的一切。會員們常常集體到紅樹地去觀察鳥雀生活。他們常在該處露營，在黎明之前，持望遠鏡觀察該處各種鳥雀的動態。本港有很多外籍人士，初時只對鳥雀感興趣，加入觀鳥會之後，長期觀察鳥雀，拍攝影片並繪成圖形，再印證中外有關鳥雀的書籍，寫了幾本有關香港鳥雀的專書，漸漸成為本港的權威雀鳥專家。可見紅樹地劃為鳥雀保護區，並非只為保護鳥雀，而是讓人們有個研究的地方。由於紅樹地之前是沼澤地，位於后海灣旁邊，成為非法入境者藏匿之所，故經常有英軍巡邏。到該區去旅行，要先申請，獲批准才能去。

后海灣邊有一處蠔鄉，名叫流浮山。流浮山只是一個小山崗，現在是該處的警署所在之地。它被稱為流浮山，據說是因為從海外流浮而至。

其實后海灣附近一帶的海岸，都是植物填海造成的沖積地。這大片的土地，都可以說是"流浮"而來的。大抵這個小山崗原是海灣上一個小島，因岸邊的沖積地向外伸展，將小島聯結起來，便似此山從海上流浮而至。流浮山只是那小山崗之名，其實它是沙江村的一部分。沙江村是一條古村，村前有一座天后古廟，興建的年代已不可考，從廟內的匾額可知其重建於清光緒年間。這條沙江村面向后海灣，因后海灣是深圳河出口之地，又是對岸赤溪一帶的河流出海之地，故海灣中的海水鹹度比其他地區的海水為低，適合蠔的生長，村民多以養蠔為業。

《新安縣志》載之：

蠔出合瀾海中及白鶴灘，土人分地種之，曰蠔田。其法燒石令紅，投之海中，蠔輒生石上。或以蠔房投海中種之，一房一肉，潮長房開以取食，潮退房合以自固。殼可以砌牆，可燒灰。肉最甘美，曬乾曰蠔豉。

蠔是本地區的特產，但縣志只說蠔的生產地區是
"合瀾灘"和"白鶴灘"兩地，未提及現時的流浮山。
其實這不知所指的"白鶴灘"已經包括在流浮山的沙
江村一帶，因為古時后海灣兩岸的地區，都屬於白鶴
灘的範圍。

《新安縣志·山水》載流入后海灣水流的情形，有
如下的敘述：

> 後海距城五里，通於海，東南即沙岡。其水中分沙江、
> 水源二支，東南由大帽、紅水山匯歸穿鼻嘴，折而西。東由
> 梧桐山逶邐而來，流至白鶴洲，合流歸沙岡，繞護縣城。

"後海"就是后海灣，相信到了嘉慶年間，由於後
海村建於面對后海灣邊，后海灣也稱為"後海"了。
它指出后海灣是保護縣城的一個大海灣。這海灣由幾
條淡水河流入而成。近香港這一邊的有紅水河和大帽
山的林村河等匯入深圳河而到后海灣；近蛇口那邊的
有梧桐山的河流流入，至白鶴洲而歸沙岡。足證白鶴
灘就是白鶴州至沙岡一帶的通稱，此處就是出產生蠔
的主要地區，而沙岡便是沙江村的別稱。

縣志的記載說明了出產生蠔的地區，除合瀾海之
外，就是后海灣上的西邊海邊，即是現時流浮山一帶

和對岸蛇口附近的一帶海邊。蛇口對岸的海邊出產的生蠔，以曬乾為蠔豉的居多。該處附近產蠔最多的是沙井，故沙井蠔豉最著名。

流浮山下沙江村出產的蠔，以供應市民活剝煮食為主，故以生蠔馳名。生蠔屬海鮮，蠔豉屬海味。兩地相距不遠，卻因供應不同，而一以海味馳名，一以海鮮馳名。市民到深圳旅行，多購沙井蠔豉以歸；而到流浮山旅行，則以到該處去吃生蠔為主。

流浮山沙江村種蠔的方法，歷年有所改善，筆者發現種蠔技術改進分三個階段。第一階段就是一如《新安縣志》所說的"燒石令紅，投之海中"的方法。

古時修縣志多由該縣的知縣主持，而由縣內的老師宿儒協助。這些都是文人，沒有什麼實際的生活體驗，故對很多事物都是聽人談及就寫。例如養蠔的方法，他們就以為只是"燒石令紅，投之海中"這樣簡單，其實並非如此。流浮山一帶的蠔民，初時是用石頭來作蠔的寄生體，將石頭燒過之後，放在海邊的泥沼裏，這是取"蠔種"的方法。原來，每年春夏之交，后海灣一帶的海水鹹度適宜於蠔產卵，蠔產卵後，孵化成幼蟲，漂流在海面，這些幼蟲要找附着物才能生長成蠔。蠔民放下石頭，就給蠔的幼蟲附着其上，以利牠們生長。蠔的幼蟲很細，肉眼不能看見，當牠們附着在石頭上之後，慢慢才生出硬殼來。初生的硬殼，只有火柴頭那麼細小，然後漸漸長大。當大如一個一角硬幣的時候，已是第二年的夏季了。

在第二年夏季之前，蠔民必須將在海邊附近有“蠔種”的石頭，移到水較深的地方，然後又在上年放石頭的淺水地再放石頭，以便新蠔的幼蟲附在新的石頭上。原來蠔越長大，越要在水深的地方才能生長，所以每年要將附有蠔的石頭移動一次，又要在淺水處放上新的蠔種。

一隻大生蠔，起碼要養五年才能養成，因此長成的大生蠔，實際上需要搬動五次：由最初在水淺的地方接蠔的幼蟲，到小蠔形成時，將石頭搬到水略深的地方去。再過一年，蠔已長大一些，又要到水更深的地方才易成長。這樣每年搬一次，到第五年的年尾，蠔已長大成熟，這時才是蠔民的收穫期。由於每年搬動一次，又要投新石到淺灘，故此搬石頭就成為蠔民的生產工作。他們的勞動是十分辛苦的，日曬雨淋，涉水踏泥，並不是“投石海中”那麼簡單的。

后海灣的海邊雖然廣闊，但流浮山沙江村有這麼多的蠔民，如果沒有制度，就很容易引起糾紛。因為大家都把石頭放在海裏養蠔，阿甲的蠔會被阿乙認為是自己的；阿丙又可以把阿乙的蠔作為自己的……如此便會引起爭執。為免引起爭執，就有所謂“蠔田”制度。農人在陸地上種田，每一塊田有田基加以範圍，容易看見，但蠔民種蠔的蠔田在海上，淺水地帶還容易規劃，深水地帶的蠔田，又怎樣劃分呢？原來蠔民以竹作田基，在自己的蠔田上，由淺灘到深水之處，插長竹到海底，彼此以竹為記號，他們看見竹竿就認出是誰的蠔田，永遠不會爭執。這制度已有數百年歷史，相信在宋元時代已經存在這種制度。因為在明末清初的筆記中，已記載了蠔田的情形，可知到了明朝末年，這種制度已成熟，成為一種公制。

屈大均在《廣東新語》中介紹了蠔田及新安縣種蠔的情形，引錄一段，可供參考：

> 東莞新安有蠔田，與龍穴洲相近。以石燒紅散投之，蠔生其上。取石得蠔，仍燒紅石投海中，歲凡兩投兩取。蠔本寒物，得火氣其味益甘，謂之種蠔。又以生於水者為天蠔，生於火者為人蠔。
>
> 人蠔成田，各有疆界，尺寸不踰，踰則爭。蠔本無田，田在海水中以生蠔之所，謂之田。猶以生白蜆之所，謂之塘。塘亦在海水中，無實土也。故曰：南海有浮沉之田，浮田者，薕薄是也；沉田者，種蠔種白蜆之所也。

足見在明末清初，蠔田的制度已經確立，現在流浮山沙江村一帶的蠔田，制度井然有條，相信是古時相傳下來劃分蠔田的傳統。

屈大均寫了兩首打蠔歌，其一云：

> 一歲蠔田兩種蠔，蠔田片片在波濤。

蠔生每每因陽火，相疊成山十丈高。

另一首云：

冬月真珠蠔更多，漁姑爭唱打蠔歌。

紛紛龍穴洲邊去，半濕雲鬢在白波。

用石頭來種蠔，是第一代的種蠔法，后海灣畔流浮山沙江村一帶的蠔民，到五十年代仍用這種古老方法種蠔。這種方法勞動強度大，石頭又重又大，搬動頗費氣力。到了六十年代，蠔民開始改良，放棄使用石頭，而用三合土製成的"蠔板"和"蠔柱"。使用"蠔板"和"蠔柱"種蠔後，減少了勞動力，而產量亦提高。

新的種蠔方法，是用三合土製成一塊像瓦片般大的"蠔板"。"蠔板"的長度約一尺，闊度約七尺，厚度約三分。蠔民將這種三合土板塊插在淺水的泥灣上，代替古法的石頭。

蠔的幼蟲隨浪漂浮，且有物體就附着，三合土板亦適宜蠔的幼蟲生長，同樣能取得很多蠔苗。

另一種名叫"蠔柱"的，也是用三合土製成的，也是高約一呎，但闊度則只有三吋，而厚度則有五分，是一條半圓形的三合土柱，用來插在淺水的海邊作蠔的幼蟲附着物。使用"蠔板"和"蠔柱"之後，搬動就不吃力，第一年蠔苗附着板和柱上，移向較深水的泥沼上，再過一年蠔苗長大了許多，就可以將"蠔板"和"蠔柱"堆在一起，使產生互相附着的作用。到採蠔時，只要把上面的蠔拉起，下面的蠔就成串地被拉離水面，確實省去很多勞力。

這種新方法減低勞力，因此可以種得更多的蠔。從前只有到流浮山去才可以吃到活剝的生蠔，那是因為用石頭種蠔無法增加產量，每一個勞動力只能搬動一批石頭，多搬幾塊就吃不消，故不能生產更多。改用新法種蠔後，生蠔大量出產，因此可供應到市區的酒家去。蠔民將一堆堆的帶殼的生蠔送到酒家門前，食客要吃生蠔時才開殼取蠔，跟到流浮山去吃生蠔一樣能即剝即炮製。同時用新法種蠔後，產量大幅度增加，很多出售海鮮的海旁地區，也有生蠔供應。生蠔傾銷到市區每一個角落。

用"蠔板"和"蠔柱"種蠔的方式，維持到 1979年。現在流浮山沙江村的蠔民，已放棄這種方法，改用飼養海鮮的方法來養蠔了。

原來自從深圳設經濟特區之後，連流浮山下的蠔民種蠔的方法也受影響，蠔民也得益不少。他們改用新方法養蠔，是和成立經濟特區有關的。

從前后海灣彼岸被列為海防地帶，該處所產的生蠔，只能運往深圳出售，不能運到對岸的流浮山去。自設立經濟特區後，蛇口和流浮山交往頻密，雙方恢復聯絡，后海灣彼岸的生蠔，大量運到流浮山來，供蠔民採購。

流浮山下的蠔民，購買從蛇口運來的生蠔，他們將這些生蠔放在海邊飼養，放棄用"蠔板"和"蠔柱"吸取蠔苗的方法，直接將小蠔養成大蠔，減少勞力，而且將收成期縮短。

上文說過，無論用古老的石頭種蠔法，或用"蠔板"種蠔，都要五年之後才有收成。原因是蠔苗最初細如一火柴頭，把像火柴頭般小的蠔仔養成大生蠔，非五年的時間辦不到。現在把蛇口那邊運來的生蠔買下，將生蠔放養在海邊，其中較大的養一年就成大生蠔，稍細的養兩年就成了，不必等五年才有收成。把收穫期縮短到一年至兩年半之間，對於蠔民的資金週轉，起極大的輔助作用，既減輕勞動強度，又可促進生產，這是種蠔第三個階段的改進。

沙田山廈圍曾家大屋

沙田有一座被當局列為受保護古蹟的古老建築物，它就是山廈圍的曾家大屋。這座建築位於獅子山隧道口不遠處，附近有一座現代建築物，名為世界花園，與之成強烈的對比。

查山廈圍的曾家大屋，並不是區內最古的圍屋，只因沙田經過多年來的發展，附近各古老鄉村已被拆去，只留下曾家大屋受保護，才成為目前該區最古老的建築物。

《新安縣志》載官富司所轄鄉村，其中並無山廈圍村的記載。該區附近有記錄的鄉村，有隔田村、田心村、積存圍、小瀝源、沙田村等。足見在嘉慶年間，山廈圍這條圍村還未建成。考積存圍即現時的大圍；田心村在大圍對面；小瀝源村在沙田火車站附近，與沙田村為鄰；沙田村在現時火車站之外……這些鄉村的歷史，比山廈圍村更古老。但因沙田發展，各村先後被拆去，僅留下山廈圍村而已。

究竟山廈圍村建於何時？由於該圍村完整地保存下來，對於該圍村的歷史，很容易考證得知。又因本港有很多考古家前去考察和訪問，寫了很多專談該村歷史的文章，故能較詳盡地考證出來。查此村建於

1848 年，至 1867 年才建成，一共花去約二十年的時間，才建成這座雄偉的圍村。該村的建築，顯示本港開埠初期參與開埠建設的華人，對中國保留一種強烈的愛國思想和家鄉觀念，這是過去考古家們所忽略的。

根據羅香林教授在 1950 年到山廈圍考察時的記載，當時他訪問該圍村的族長曾廣仁先生，獲悉創建該圍村的始祖是曾廣仁的祖父曾三利公，對於創建圍村的經過，資料較為詳細而可信，現詳述於後：

曾三利生於清嘉慶十三年，即 1808 年，是嘉應州長樂縣圓田村人。長樂縣民國後改稱五華縣，故有些學者稱他為五華縣人。曾三利又名曾貫萬，在家鄉耕種維生，但因連年失收，無法生活下去。到廿三歲那年，他聽到香港開埠，需要很多勞工參加建設工作，便從家鄉隻身來港，在香港筲箕灣一個石礦場上做工。

1842 年時，香港建屋和鋪路，需要大量的石材作為主要建築材料，故能容納大量的採石工人。採石工人的工作分有很多等級，其中一種為開石礦的工人，把石山的石爆炸成石塊，這是爆石工人；一種為搬運石塊的工人；而另一種則是將爆開的石塊，鑿成平滑的四方形石磚，或圓形的石柱，或扁平的石板，這一類工人稱打石工人。曾三利來港，即從事打石工作。由於他的工作技巧比別人好，能依照建築圖則將石塊鑿成劃一的厚度和長闊度，故被英商視為第一流的打石師傅，很快就被當時正加緊建設的公私英商賞識。

初期香港的建築物以木石為主，大部分建築物的地基和牆壁都用石塊砌成，這些石塊的厚度和橫開度必須劃一，故需要精密的打石技術。

曾三利就是有精細技術的打石工人，他對尺寸規格把握得極準確，因此最為英人賞識，很快就被指定為規劃石塊的技術人員，很多建築商指定他供應各種尺碼的巨石。故到 1846 年時，他已在筲箕灣開了一家"三利石廠"，由一位打石工人而成石廠的老闆。

由於本港開埠初期，極需要石塊作建屋之用，他的石廠生意極佳。為了大量生產石塊，他叫他的胞弟回鄉招請熟練的打石工人來港，再開一間"新三利"石廠，把石礦場開出來的石頭鑿成石塊。兩間石廠容納數百工人工作，成為香港初期最大的工廠，因此獲利甚豐。

山廈圍的曾家大屋始建於 1848 年，很多人覺得曾三利不可能在短短的六七年間，便賺到這麼多錢，能建成一座如此宏偉的圍村，認為他當時，一定另有致富的途徑。

照梁廣漢的《香港前代古蹟述略》一書記載：

……且更兼營販賣淡水予沿海船戶，獲利甚豐。恰巧此時有海盜劫得某漁船鹹魚十六甕，登門求售。曾萬里就以每甕八百錢的代價買下，後來發覺鹹魚之下，全是金銀，此時，他還賣剩十二甕。他幸運地得到這大量意外之財，有如錦上添花一樣，使他們頓成巨富。

　　這段記載疑點甚多：第一，本港開埠初期，漁船隨處都可汲水，漁民沒有花錢買淡水的必要；第二，鹹魚不可能用甕來盛載。漁船取得鮮魚，或投進艙內，或用竹籮盛載。南方空氣潮濕，鹹魚不能用甕來醃製，相信鹹魚是鹹菜之誤。鹹菜係用甕缸來醃製的，漁民也喜以鹹菜作佐膳之物。假如曾三利真的同海盜買來十六甕東西，這十六甕必不是鹹魚，而是鹹菜。不過這只是傳說而已，不必深究。

　　從前很多人致富，都被說成是上天所賜的，所謂"在富由天"的觀念仍極流行。很多富人都不願公開自己致富的秘密，大都說成是得到上天所賜的意外之財而致富。要考證曾三利致富的原因，實在困難。總之，他由此發達就是。曾三利發達之後，並不打算在港島上興建曾家大屋。若照別人的想法，他是在香港發達的，應該在港島建大屋才合理。但他覺得，自己是中國人，大屋應該建在中國地方。當時香港的幅員只限於香港本島，九龍和現在的新界仍是屬中國的地方。是鄉土觀念和思國之情，使他計劃將大屋建在遠離港島的地方。

　　由於長樂縣（今五華縣）離香港太遠，他在港經商，把大屋建於故鄉不太實際。相傳他曾聘堪輿師在新界地區睇風水，覓地建屋。地師看到現時山廈圍所在地方，認為風水極好，他又覺得該地離港島不遠，仍屬中國境內，因此就決定在該處建屋。該處的土地，原屬新安縣治下，他就向新安縣政府領了這大片土地作為建屋之用。但該處對開的一大片田畝，都是隔田村人的田地。曾三利是農民出身。農民有依田而居的習慣，因此他向隔田村買了這些田地。

沙田的稻田，是由一條發源於城門山上的小河灌溉的。這條小河，今稱城門河，從前名大浦。這條河並不闊，廣東人稱大川為江為河，小川則稱為涌為滘。這條城門河是小川，但又比一般的涌為大，故名大涌。大涌兩邊都是禾田，隔田村就在這條大涌的對岸。這條河把村前的田隔開，故名"隔田"。

隔田村一部分禾田在城門河的另一邊，來往耕種極不方便，有很多禾田因人力不足而荒置。恰巧曾三利要在該處建屋買田，而且肯出高價買下那些來往不便的禾田，村民都樂於把田地賣給他。有了田地，曾三利就可以全力建築他的大屋，為他的理想而大興土木了。他有兄弟二人，當建築山廈圍村的時候，他的主要工作，仍是管理三利石廠。興建大屋的工作，則由他弟弟主持。長樂縣屬嘉應州，該州多客家人聚居。客家人原是從中原移居廣東的漢人，他們從江西、福建移居廣東，先在鄰近地區聚居，嘉應州就是接近兩省的地區，故為廣東最大的"客語"地區。

"客語"即客家話，這些來自中原的漢人，被原居廣東的人稱為"客家人"，他們所說的語言保留濃厚的鄉音，自成一種語系。由於他們自中原移居廣東，為了防衛來自山區的流賊進攻，也為了防衛少數民族的騷擾。故此他們的鄉村築構，採用"圍村"的形式。這種形式的鄉村，並非他們原居地所有，而是來居廣東之後所創建的。

圍村的形制，是將整條鄉村的外圍，全部圍以高牆。鄉村由一城牆圍護着，只要守住了城牆和城門，就不怕敵人攻入。

因此圍村的各處門口，都建成炮樓；圍牆的四角，也建了碉堡。村人住在村內就十分安全。

由於村外圍以城牆，故此鄉村方圓的屋宇，就不能參差不齊，要建成劃一的高度和面積。村內的街道也必須整齊而能東南西北相通。同時，村子最重要的建築物，必須建於村內的中心地區，便利統一指揮拒抗強盜的入侵，也便於集合和解決村民的糾紛。

鄉村以同姓的人聚居為主，故鄉村的核心組織是鄉中大宗祠。這種圍村的體制，就是以大祠堂為中心，各子孫的屋宇以祠堂為中線，向左右伸展，建一列房屋居住。子孫多了，再向前後發展，前面建一列屋，後面建一列屋。子孫再多時，又再在前後建屋。他們稱一列為"棟"，故大條的圍村，有八棟到十棟的村屋，又形成八條至十條小巷。故無論圍村多麼大，它的中心位置，必須是祠堂所在，而管理鄉村的父老主要亦都住在該處。這是客家人從外省來到廣東開村定居，因地制宜而定下的形制。考全國各地鄉村的制度，只有一些古代高級官員獲得封賜食邑，才會建成此種形式的大圍村。沒有官職的民間百姓，很少採用此種制度。客家人建此種圍村，完全是為了保護自己，以免被強盜及原居於該處的本地人欺凌，故所有客家村落多建成圍村。

曾三利是客家人，他在山廈圍處建屋，也採用客家的圍村制度。故此可以從圍村的制度上，看出曾三利建屋的目的，是打算在該處開村立族，讓子孫百代都能在該村生活下去。按照客家村莊圍村的制度，因先要建一座圍繞全村的城牆，故又要開一條護城的玉帶河及以利防守。山廈圍村的玉帶河，就是引大涌之水而來，將全村的城牆圍繞。現時山廈圍的四周，仍有護城河的遺蹟可尋，雖然這條護城河因淤塞而乾涸，已被填平，但仍可見到村前路邊凹下的河基。

村門城牆上仍有一條鐵練，這是從前用於收放吊橋的鐵練。如今護城河已填平，吊橋亦已廢毀，但這條鐵練可作證物，證明從前是有一條護城河保護該村莊的。

山廈圍是三棟的圍村。上文說過，圍村的中心地帶是祠堂所在。在三棟的圍村中，祠堂分成三進，使住在三列村屋內的子弟，都能到達中心地帶祭祖及議事。故曾三利的木主，亦安奉在這中心屋宇之處。

到山廈圍去遊覽，就會發覺它的制度和所有的客家村相同：圍村的入口處，共有三個大門。正中的一個最大，門頂作圓拱型，四周是用大石塊砌成的，上有石刻橫額，上刻"一貫世居"四字，是希望世代子孫，都能一直住於這裏。看到這面石刻橫額，使人聯想他的願望已達到了。沙田有很多鄉村，都因沙田發展成新城市而拆遷，現在獨保留山廈圍村，這不是已經達成了"一貫世居"的願望嗎？

這道拱門後，就是曾三利生前居住的地方，亦即山廈圍的心臟地帶。故進去之後不久，就見"大夫第"的橫匾掛在一道大門的門楣上。而在"大夫第"匾下，有副石門額，上刻"祥徵萬福"四字。據說兩旁舊有木刻門聯，可惜在戰爭時期已失去。

這"大夫第"三字，表明曾三利曾獲滿清皇帝誥封為"大夫"。曾三利是一位打石工人，怎會被皇帝封為"大夫"呢？原來，清朝立國不久，就有"捐錢得官"的制度：富有的人，捐款給國家救災或建設，皇帝為了獎勵他熱心公益，便封他一個官銜以資紀念。這種制度，名為"捐官"。通常捐錢而獲封誥的官，多屬虛銜而沒有實際職務，但亦有例外。富人捐獻給國家，得了官銜之後，再捐鉅款，打通各路關節，往往亦可以得到實際的官職。

本港同治甲戌風災時，曾三利曾捐款救災，也捐款給廣州救災。在同治甲戌年（1874年）的一場風災中，廣東各縣都災黎遍地，當時曾三利捐款救災，曾獲兩廣總督嘉許。後來他再捐鉅款給清政府，因此獲封“奉直大夫”的官銜，故此他的正屋門額上，就有“大夫第”三字的匾牌。從門額位於“祥徵萬福”石刻之上可知，曾三利是於建屋之後才獲清帝誥封。

現時曾家大屋的“大夫第”之內，掛有曾三利和他夫人的畫像，曾三利的畫像是油畫，夫人的畫像是木炭畫。曾公的油畫有“開基十六世祖貫萬公遺像”字樣。夫人的畫像，書“祖妣曾大母朱氏宜人遺像”。兩遺像下，有木刻壽屏十二幅，即曾三利七十一歲拜大壽時，由著名的翰林院編修戴鴻慈所撰。這些珍貴的文物，說明該處是曾三利公生前居住之所。目前曾家族人稱這地方為正廳，是族人議事之地，故又稱議事處。這種制度，和嘉應州各鄉的圍村制度正相同。嘉應州各圍村族長議事的地方，都在圍村中心地帶，而且多為“祖堂”所在地。“祖堂”即宗祠，議事處多設於“祖堂”之前，其後即為供奉列祖列宗的木主神位之所在。

曾家大屋亦不例外，正廳之後，即為上廳，這就是祖堂所在地。上廳正中一座神龕上，有木主，刻“曾氏十六世祖考妣誥授奉直大夫諱貫萬號三利，五品；曾母朱氏安人神主”。神龕兩旁有聯曰：“南北真傳惟一貫，古今道學第三家。”這種制度足以說明，曾三利公建山廈圍大屋的時候，極懷念故鄉，故一切制度都依家鄉圍村的制度建設。同時，這也證明他懷念祖國。除捐款給國家之外，曾氏還在祖屋中請老師宿儒教育子孫讀書識字，以參加當時國內舉辦的各種考試。"古今道學第三家"之聯語，雖是歌頌曾氏家族的通話，但山廈圍亦當之無愧。

曾家大屋的正廳牆上，有一"文魁"匾額。這塊匾額是同治九年，族人曾蘇中舉的紀念品，足證曾三利不忘教育子孫的責任。

據羅香林先生在《大地勝遊記》內所載：

曾三利公生子六人，長名立傳，四名習傳。至孫輩始多讀書。今約有裔孫二百餘人。廣仁初讀唐書，由三利公所聘秀才歐陽慕韓任教。歐陽為惠州客人，學問尚好。李仲莊先生之先代李道參公，亦嘗在大屋任教。李先生原居烏蛟田附近之禾坑，後乃徙居南涌。

可見曾三利不忘教育他的子孫，不忘國內的科舉。

在山廈圍曾家大屋之前，有一條大涌，也就是上文說過的城門河。這條小河，發源於城門山，流入沙田而出海。它將沙田的禾田分隔開兩部分，一部分近曾大屋，一部分近隔田村。這條城門河現已建成現代化的公路橋樑，但附近現仍保存一座石橋，此石橋與山廈圍曾家大屋極有關係。

當曾家大屋建成之後，曾三利的子孫，要到沙田去趁墟，必須經過這條小河才能到達。初時人們以橫水渡過河，後來覺得不方便，就想辦法建築橋樑，以利往來。這座橋樑，由曾三利的兒子曾文光發起創建，名為"瀝源大涌橋"。沙田古稱瀝源，因當時該處有村名瀝源村，故這條河原名亦叫瀝源大涌。建橋其上，因名"瀝源大涌橋"。此橋建於 1915 年，當時港府已着手開發新界，廣九鐵路已經通車。

廣九鐵路英段，也有一條橫跨大涌的橋樑，但這是鐵路橋樑，而且遠離曾家大屋。若使用此橋過河，要繞到大圍去，不似在村邊建橋方便。故曾三利公的兒子曾文光，提議建築石橋。當時建此橋樑的費用，需要數千元。

建此石橋的經過，可以從橋頭的石碑中考正出來，此橋有 "創建沙田瀝源大涌橋碑序" 碑刻一方，其文云：

天地無平而不陂，有邱陵必有川澤，水陸無往而不依賴舟楫，亦賴橋樑；橋樑者，所以濟舟楫之未備也……如我瀝源海口之大涌也，內為眾潦之奔騰，外則海潮之泛濫。車馳馬騁，自多冠蓋遊行；隴畝山林，不少農樵來往。但恨沙灘水漲，感沒頂難過。風雨波揚，赤身莫渡……幸藉同鄉善士，共深桑梓之情，尤賴英國皇仁，厚賜金錢以助。雖經營之匪易，喜告竣之落成。庶幾砥柱中流，永作金湯千載；橋樑築就，長為磐石萬年……佇看富豪蔚起，行方便之津

梁，慶今日同登彼岸。暨刻路左之碑石，留他年不朽芳名，
是為序。

　　碑序之後刻有捐款建橋者的芳名。從這些芳名中
可以考出很多有趣的事：發起募捐的是曾文光；而報
效建橋圖則的是鄧曾氏；英國政府捐助一千元；曾三
利祖嘗捐助四百元；香港鄧曾氏捐助四百元；曾文光
捐助一百二十五元；曾訪龍捐一百元；香港曾元昌三
宅捐銀五十元；曾九和堂捐三十元；香港何麥氏助銀
三十元。碑後所刻的年月為“民國四年歲次乙卯六月
吉日”。

　　報效繪製瀝源大涌石橋圖則的鄧曾氏，是曾三利
的女兒，她的丈夫是鄧元昌先生。鄧元昌是當時的造
船商與建築商，故此他捐助繪製圖則的經費，並且還
捐了四百元。

　　碑上捐款人有“香港何麥氏”之名，何麥氏是何
東爵士的夫人。何東夫人和鄧元昌是有親戚關係的，
由此他和曾三利亦算是親戚。當曾家大屋提議建行石
橋時，看在親誼的份上，她也捐助三十元玉成其事。

　　此外碑上有“曾九和堂”、“曾之昌三宅”和“曾
訪龍”之名。這些都是曾族的人，顯示曾三利的子孫
有些當時已在香港建屋居住。這是由於商務羈身，為
了就近管理，不能回山廈圍居住之故。但他們都視山
廈圍為祖屋，每逢時節都回祖屋團聚。

建橋捐款最多的是"大英國政府"，其實應是香港政府。碑刻之所以要刻上"大英國"及"英國皇仁"這樣，說明當時新界鄉人，對香港政府的概念還未形成，視香港政府為大英國政府。香港政府捐助建橋費用，被視為是英國的捐助。假若此橋建於今日，文字上當不會這樣記載。曾三利公生於嘉慶十三年戊辰，卒於光緒二十年甲午。以公曆計算，是生於 1808 年而卒於 1894 年，享年八十六歲。他去世的時候，山廈圍仍未劃入香港版圖。瀝源大涌橋建造時，距廣九鐵路通車只有四年而已。

城門水塘和城門村

　　城門水塘位於荃灣與沙田之間的山上，從荃灣去較為方便，因碼頭有巴士直達；從沙田去則較遠，要從石梨貝（編者按：原稿作"石籬貝"，本書統一用今稱"石梨貝"）水塘前下車，步行約一小時始達。這個水塘所屬的植林區，近已劃為郊野公園，是旅行勝地。

　　城門水塘並無城門，為什麼稱作"城門"呢？原來該處從前真的有一座城寨，但這城寨並不宏偉，只在山嶺與山嶺之間的峽谷中，建起一座城樓，城門就在該處，所以該地稱為"城門"。

　　城門水塘上的城門，早在清初時已經拆毀，但因為該處是城門所在，故留下城門之名，鄉人將這座山，稱為城門凹山，後來有外來移民到該處建村，也名這為城門村。

　　《新安縣志・山》載云：

城門凹在六都，通淺灣。

　　淺灣就是現時的荃灣。同時，縣志"都里"的"官富司管屬客籍村莊"條內，有城門村、淺灣、葵涌、青衣等村莊。城門村名排列在淺灣、葵涌兩村之鄰，足證城門村位於現時的城門水塘所在地區內。

城門村因建於城門凹山下而得名。這條鄉村是客家村，客家是外來的移民，並非原始居民，是以又可說明城門村是在城門已拆毀之後才建村的。

為什麼城門拆毀之後，人們仍稱該地為城門凹山，甚至建成的鄉村也取名為城門村呢？原來這座城門，有一段可歌可泣的事蹟。人們為了紀念這座有血有淚的城門，因而城門雖毀，仍對它念念不忘。

原來城門水塘處的城門，有一段抗清的歷史。在山上城樓建造，是為了反對滿清的統治。

自滿清入關之後，很多明朝遺民都反對滿族人的統治。江、浙、閩、贛、粵、桂各省的明朝遺民，有不少都擁護明末諸王繼續抗清。當時由於崇禎皇帝自殺而死，明朝失去了正統的國家領袖。封建時代的人們重視正統，而明朝皇室內諸王子都有繼承正統的資格，所以諸王子都可以被推舉繼承正統而為"皇帝"。遺民擁護一位國家領袖作復國旗幟，以便對抗滿清的統治。順治三年，大學士蘇觀生等在廣州擁立唐王為帝，改元紹武。

當時東莞縣有位張家玉，是明朝的翰林院庶吉士。唐王請他任禮部侍郎及兵部侍郎，希望他領導當地義士，繼續抗清。張家玉雖然未接任，但抗清之心不減，他在東莞、新安等地組織武裝力量，以應付清兵的進攻。張家玉手下有幾位將軍，其一為陳文豹，另一為李萬榮，一為韓如琰。他集中這幾位將軍的部眾，固守東莞、新安、博羅等縣。李萬榮就是當時負責守衛香港附近地區的參將。按照當時的估計，這一群明朝遺民認為清兵會從海上進攻廣州。因為照宋元的歷史來看，當時元兵攻陷廣州各地，是水陸夾攻，故此他們認為清兵也會水陸夾攻。因此張家玉主要的兵力，在新安、東莞的瀕海地帶佈防，李萬榮負責在本港海域地區佈防，因此在荃灣山上築一城樓。

為什麼李萬榮選擇荃灣山上築一城樓呢？原來明朝遺民視滿清為異族，他們所處的環境，正似宋遺民視元兵入中原為異族一樣。因此張家玉、李萬榮等人都重溫了宋末二王的歷史。他們發現宋帝是被元兵追逐，來到新安縣現時宋王台附近，最後元兵從水路偷襲淺灣，宋帝被迫從水路逃到香山縣而赴崖門，在崖門為張世傑所截。宋末最後一位皇帝就在崖山投水而死。因此他們認為固守淺灣極為重要。淺灣即為今日的荃灣，故此李萬榮在荃灣的山上築一城樓以便固守，在城上架炮指向荃灣和沙田海面。因為該處地勢極佳，可以監視沙田與荃灣海上的各種活動。張家玉沒有接任唐王在廣州成立政權的任命，原因是他適逢大孝在身，當時他的祖父去世不久。《東莞縣志・前事略》載云：

唐王聿鐭召張家玉為禮、兵二部侍郎。家玉以有大父喪，父母痛悼嬰疾辭。

足證他並非不反抗清兵，只是因父母痛悼祖父之喪而生病，不得不回東莞家中。也正因此如此，他就在鄉中部署抗清的軍力。張家玉的父親張兆龍：

> 臣男家玉獨樹義旗，一時響應。東莞則有……參將張瓊、陳瑞隆、張文揚、李萬榮……皆屯軍數千，聽臣男約束。

李萬榮當時擁兵數千，就是據守在城門水塘現址的城門山的城樓上，負責守衛新安縣現屬香港範圍內的各地區。

順治三年（1646年）十二月十五日，清兵攻陷廣州，唐王被斬，蘇觀生從死。這時清兵從廣州南下攻博羅、東莞、新安各縣，張家玉便起兵保衛家鄉，在增城、博羅、歸善（今惠陽縣）、龍門、新安等縣轉戰，抵抗清兵。李萬榮得城門水塘的城砦據守之利，出而牽制，令清兵在這些地區苦戰了幾年，仍然無法完成統治。

後來張家玉在增城一戰中箭身亡。張家玉的主力被殲滅，其餘部眾被殺的被殺，逃亡的逃亡。其中一部分，逃到荃灣，歸附李萬榮。因此李萬榮遂成為張家玉部下最後一位抗清將領，他能夠頑強地對抗清

69

兵，完全是得城門山上的地利，清兵無論從沙田或荃灣來攻，他們都可以據山勇戰。

《東莞縣志》載張家玉死後，李萬榮反攻大鵬千戶所的情形如下：

> 大兵攻博羅，家玉脫走龍門，大召募得兵四萬，遂至增城。十月初十日，自辰至末與大兵血戰而敗，家玉躍入野塘以死。九月，山賊李萬榮犯新安大鵬所，據其城。

文中所稱大兵，是指清兵。因編纂該縣志者是前清遺老陳伯陶，他仍以清朝官員的觀點去寫歷史，所以稱清兵為大兵，稱李萬榮為山賊。但從他所記述的歷史，也知道張家玉死後，唯一仍堅持作戰到底的是李萬榮。

李萬榮要替張家玉報仇。他攻佔了大鵬城之後，繼續向清兵進攻，一直攻入東莞縣，攻入盛產黑葉荔枝的茶山鄉內。

張家玉死後，李萬榮不再固守城門山上的城樓。他率領部眾傾巢而出，攻佔了大鵬城，再攻茶山，復攻東莞縣的吉街，又攻琥珀鄉。

李萬榮的部眾，並無軍餉支持，故每攻一地，必然要掠取糧草牛馬，要取得衣物金錢，這是以戰養戰的方法。因此，寫史書的人就視之為強盜及山賊，故張穆寫《茶山鄉志》時，寫道：

四月，李萬榮等賊，傾巢自蓮花徑下，眾數千人，各鄉不能固，乏食者多從之。遍百多間，踞地為窟，死亡無算。

又云：

時東新兩縣地，俱被擄殺，而茶山最甚。房舍盡成灰燼，牆腳木料亦被土賊拆賣充飢。骷髏遍野。二三年間，白日只有蠅聲，深夜惟聞哭聲而已。

當時東莞各地，先被清兵殺掠，再被李萬榮反攻，經年陷於戰亂當中，自然死人無算，這是國家多難時的慘劇。張穆寫《茶山鄉志》時，是在滿清皇朝已抵定之後，自然要把一切責任都歸在李萬榮身上。我們若參考其他的記載，便知道清兵亦要負一部分責任。《東莞縣志·古蹟》載云：

到滘大墳，在到滘鄉。明季張家玉據到滘，兵敗。祖母陳氏、母黎氏、妻彭氏、妹石寶及鄉兵男女，駢死者數千人。事平後築大墳攢葬。至今鄉人於每歲三月二十八日奠祭。

又道：

明季李萬榮之亂，峽內諸鄉，多被殺戮，而最慘者為茶圍鄉，殺死無算。事定後，鄉人濮葦航等遣僧撿遺骸叢葬於象嶺東嶽廟左……稱為難人墳。

　　到滘大墳和難人墳，都是當時死難者的合葬塚，不過到滘鄉因有張家玉的親屬合葬其中，便說成是忠魂烈鬼。象嶺的難人墳，則被說成是山賊李萬榮所殺。其實當年清兵每到一地，都大殺大掠，哪些是被清兵所殺，哪些是被李萬榮所殺，實在無法鑑定。事後把遺骨合葬在一起，只因象嶺墳中無知名之士，便稱難人墳而已。

　　賴洪禧有詩詠曰：

農人為指古松楸，短短圍牆土一坵。
四海不容爭尺地，九泉何處覓封侯。
青燐雨漬寒蟲夜，白骨風香野渡頭。
齊向清明陳麥飯，牛童馬走亦千秋。

　　這是詠明末東莞公墳的詩，詩中說出了發時實際的情形，是為了「四海不容爭尺地」，所以「牛童馬走亦千秋」。總之，在國難當頭的時候，無論受害者被誰殺了，雖是販夫走卒，總歸死於國難時期，亦值得紀念。

　　李萬榮從新安縣向東莞進攻，每到一地，都有很多貧農擁護，他的部眾便越見強大，是以轉戰各地，無往不利。有時遇到清兵頑抗，處於劣勢，他也能突圍而出，《新安縣志》和《東莞縣志》都有詳細的記載：他當時在茶山一帶，也曾被清兵圍困得水洩不通，眼看要被殲滅，結果因有群眾支持，被困多日，後亦突圍而出。後來清兵增援，大舉進攻，他不得不率領部眾，退回新安縣，守住大鵬城和城門山上的城砦。清兵用封鎖政策，不許糧食運來該處，迫他投降。

《東莞縣志》有關李萬榮的記載，有如下幾則：

先是，順治元年，黎忠國起海上，羅亞福殺之，餘黨復推鄭、石、馬、徐為首，號四姓。又有寧州賊鍾八、紅旗賊梁秀蘭，復相繼為海寇。又山寇李萬榮起黃麻圍，姚金、羅欽贊、袁遇登、姚皮二相繼應之。山海之間，自是焚殺劫擄無虛日。

順治四年九月，山賊李萬榮犯新安大鵬所，據其城。

十月，李萬榮劫茶山。

十二月二十三日，李萬榮劫吉街。

順治五年四月，李萬榮等賊傾巢自蓮花徑下，眾數千人。各鄉不能固，乏食者多從之，遍百里間，踞地為窟，死亡無算。

李萬榮圍攻琥珀鄉，鄉人黃雲燦、黃石印禦卻之。石印有智略，時隱居亭岡，雲燦及丁、黃、彭三姓，推為謀主。石印命三姓畢婚嫁、均糧食、築砦柵。萬榮擁眾至，預伏壯丁三千於美人照鏡嶺下，而自與雲燦接戰彭塘橋。自辰至未，互有殺傷。雲爍佯退，賊追之，伏發，賊大挫，退營亭岡。窺伺兩月餘，乃請入鄉議和。會糧食火藥將罄，石印以米覆糠，覆以粉丸鍋灰，分曬屋上，縱令觀。萬榮乃解圍去。時相從避亂者眾鄉不容在外被殺二千餘人。賊去後叢藏亭岡，俗名之曰難人墳。

順治八年，大兵剿東莞橋頭、北柵諸鄉。先是張家玉敗後，張安國據大嶺山，生員陳文據橋頭，與爰斐等相應。兵巡道臨諭厚街一帶洶洶。安國懼，散其眾歸。文與斐不聽命，遂剿其鄉。殺文，斐走大鵬而死。

以上是李萬榮全盛時期的活動情形，從這些記載中，可見李萬榮有幾個得力的部下，那就是姚金、羅欽贊、袁遇登、姚皮二等人。他們被稱為"山賊"，是因為盤踞城門山、大鵬山一帶為根據地，與海上的鍾八、梁秀蘭等以船舶為基地的"海賊"有別。

同時，亦說明了李萬榮攻入東莞，是企圖和張家玉的舊部取得聯繫。當時張家玉雖死，但大嶺、橋頭等鄉仍有他的舊部繼續領導鄉人抗拒清兵。不料清朝大兵來剿，張安國怕死，只留陳文和爰斐兩人繼續抗戰。陳文被殺。爰斐逃往大鵬城投入李萬榮陣營中，後來病死。

後來李萬榮被圍三月，糧盡而投降，但主要還是由於部下不和。他殺了得力的部下羅欽贊，少了個好幫手，勢力已弱，不能不降。

《東莞縣志》有關李萬榮後期活動，有如下記載：

> 順治十年春，東莞大饑，斗米八百錢，多道殣。李萬榮以饑故，復掠東莞吉街、塘邊、殷圍等鄉。男女被殺無算。賊去後，鄉宦濮葦航遣僧拾枯骸叢葬於茶山象嶺東嶽廟側。
>
> 十一年正月十八日，廣州大雪，總鎮吳某討李萬榮於大鵬所，以水師不利回兵。
>
> 十三年，總兵黃應傑攻大鵬所，李萬榮投撫。先是，賊首李萬榮據大鵬所城，羅欽贊盤據梅沙、葵涌等處，四出劫掠。其後兩賊不睦，萬榮殺欽贊。是年總兵黃應傑率師，以劉烘為鄉導，圍萬榮於大鵬山三閱月，糧盡，李萬榮投撫，地方始平。

據統計，李萬榮據守城門山和大鵬山達十三年之久，由順治元年到順治十三年，即自 1644 年至 1656 年。當他被解決後，由於大鵬城是官府所建的城，自然不會拆去，但城門山上的城，是"山賊"所建的"土匪城"，自應拆去。故城門山上並無城牆的遺址可尋，但因山上有城門達十多年，城雖拆去，鄉人仍稱之為城門山。

李萬榮雖然被迫投降，但反清的活動並未停止，因此順治十八年，便有"遷界"政策。康熙元年開始將沿海鄉村盡行拆去，強迫鄉人入內地居住。當時城門山下一帶的鄉村，全部都被拆去。香港境內所有的田畝都成荒地，所有的鄉村都變成廢墟。一直到了康熙七年，朝廷才取消"遷界"的規定，准許鄉人回來居住及耕種。

經過七年流離失所的生活，很多原來住於本港各鄉的鄉民，餓死的餓死，轉業的轉業，不少鄉村仍然沒有人回來，不少田地仍然沒有人耕種，官府因此便招人來本地區建村耕地。這時候，大批客家人從廣東邊區各地整批地移到本港各地區來，其中一批來到城門山下，就建了一條村莊，這村莊就叫城門村。城門村是由客家人移居而建成的鄉村，因此這條村在《新安縣志》內，被列入官富司管轄客籍鄉村之內。該縣志將鄉村分別為客籍村莊與本地鄉村，並非對客籍有什麼岐視，而是用這種方法分別開來，能清楚地表明，哪些鄉村是"復遷"之後由外來移民建立的。

城門村在本港開埠之後，由於村民因到香港謀生，已經日漸荒蕪，到了建築城門水塘的時候，就連村莊的遺址也不留痕跡了。

城門水塘在某些歷史書籍上稱為"銀禧水塘"，在一些戰前出版的地圖上，也稱"銀禧水塘"，直到1978年出版的《香港街道與地區》一書中，才統一名之為"城門水塘"。

城門水塘的興建，始於1923年。當時本港工務局內一位副工務司軒打臣，建議在九龍興建大水塘，以解決香港的食水問題。原來，當時香港有三個水塘,第一個是薄扶林水塘,第二個是大潭水塘,第三個是黃泥涌水塘。這三個水塘供應港島方面的食水。到 1899 年,界限街以北的地區列入本港版圖後,九龍方面的食水必須設法供應。故於 1900 年,當局建議在石梨貝上興建九龍第一個水塘。這個水塘於 1902 年開始建築,於 1911 年才完成,當時儲水量僅得三億五千二百五十萬加侖,作為供應九龍方面的食水之用。

當時港島和九龍的食水是分開供應的,即港島三個水塘供應港島居民用水;九龍的石梨貝水塘,只供應九龍方面的食水。故石梨貝水塘又名九龍水塘。副工務司認為,港島居民多,三個水塘不足以供應全部用水,應設法在九龍多建水塘,將九龍方面的水運到港島來。他建議建城門水塘,將水由海底水管運到港島來。他的計劃立即獲得了政府接納。

軒打臣的計劃是三管齊下:一方面在荃灣城門山至菠蘿坳建一座水塘,將城門河的水,引入水塘中存起來;另一方面,將城門水塘的水,經過山上的隧道,引入石梨貝水塘內;然後,在石梨貝水塘處,建內管於地底,一路引水經海底而到港島。

這種構思在當時來說是很大膽的,因為城門水塘在荃灣,如從城門水塘敷設地底輸水管直通海底而到港島,水管太長,費用龐大。但引城門水塘的水到石梨貝水塘,地底及海底輸水管就可以縮短,減少成本。只是城門水塘和石梨貝水塘隔一座走私嶺，怎樣將水引入石梨貝水塘呢？他的構思是在走私嶺處鑿一條輸水隧道到石梨貝水塘去。

這項龐大的工程分兩個步驟進行：第一步是雙管齊下，先由石梨貝水塘築地底水管到尖沙咀，再由尖沙咀海底，築海底水管到港島；同時，在城門水塘上開工。由於石梨貝水塘早已儲水，只要在該水塘處建一座抽水機房，就可以將濾水池上的水經地底及海底水管輸水到港島，故不必等待城門水塘建成才敷設。城門水塘是將城門山上一座山谷建作水塘，故工程較易進行，只要在四邊山與山之間築起堤壩，就可以成為水塘。當時城門村只留下幾戶人家，給予補償就可遷出，當工程進行時，村址已經不留痕跡。現在到城門水塘去旅行，已無法找到城門村的故址所在了。

軒打臣在設計這項工程時，曾返倫敦考察倫敦的供水設備。倫敦是當時世界上公認的自來水設計最先進的城市。他請教過很多著名的水務專家，又請他們來港實地研究，才定出實際的計劃，因為這是本港首次實行將水管設於海底的工程，這種工程從前未曾試過。

城門水塘由 1923 年開工，到 1925 年已完成自菠蘿坳起的全部引水道。長達二千九百呎的北堤，與長達二千尺的南堤，於 1926 年完成。

另一條地底輸水管長達二萬四千零三十呎，亦已由石梨貝通到尖沙咀全部敷成。但是，這些工程並未立即解決食水供應。故此到了 1929 年大旱時，居民眼巴巴望着快將完成的城門水塘與輸水系統，卻無法解決供水困難。

1929 年本港大旱，實行七級制水，居民要到街上的水櫃去擔水使用，全城的水喉都不開放，那時甚至要用船隻到珠江取水供應。港人對城門水塘的祈望更加殷切，只怨這個水塘計劃提得太遲，假若早兩年提出——就不會有七級制水了。

這裏附帶談談什麼叫七級制水：第一級是屋內水喉全日供水二小時；第二級是停止屋內供水，只有街喉供水；第三級是將街喉減少若干供水，但仍可廿四小時到街喉輸水；第四級是街喉晚上不供水；第五級是街喉只供水七小時；第六級是供水五小時；第七級是供水四小時。

經過 1929 年嚴重水荒之後，城門水塘各項工程更要加快進行，海底輸水管的敷設工程於 1930 年初即告完成。這條海底輸水管全長五千九百一十四呎。水管是用鋼製成，厚度為七吋一分，管內直徑十二吋，管外用雙層厚麻布包裹，然後再髹上防水漆。

這是香港與九龍之間海底工程的創舉。當時測量人員曾測知九龍的海岸線比香港為高，故在工程進行時要測定位置，又要在水底以沉箱的方法，建成橋躉，使水管能平穩放在海底而不受潮水的衝擊。工程師測定海底沉箱的位置後，定下用十五座大柱薹承接水管，另加十一條小支柱的方案。但是，怎樣將水管放下海底去呢？當時的機器並不如今日的進步，潛水作業的工人極少，在本港只找到一位潛水作業的專家。當時已有浮台起重機，水管共分六十三節，每節水管放下水底時，要有工人潛至海底將其扶正，並進行夾口工作。一個潛水作業的專家並不夠用，後來又向青島方面請了兩位專家來港，才將工作完成。這三位潛水作業的專家，都是華人。

當時每天只能放下一百呎水管到海底，但工程已算是超時完成，一共只花了兩個月的時間，便將海底輸水管全部接上。在港島上，工程人員將海底輸水管與其他輸水管連接，連接的地方建有水掣。當時共有兩個水掣，一個在皇后碼頭下面，一個在滙豐銀行之側，只須將兩水掣一開，九龍方面的水就源源不絕流到港島來。

海底輸水管工程完成之日，港府即擇吉舉行引水典禮。根據歷史資料，將城門水塘和石梨貝水塘的水引到港島去的引水典禮，於 1930 年 3 月 30 日舉行。當時極為隆重，皇后碼頭上張燈結綵，當局邀請全港紳商名流觀禮，由署理港督修頓爵士主持引水禮，當任工務司柏禮士致開幕詞。柏禮士致詞時盛讚軒打氏設計此項工程之偉大。他指出，當時研究在海底建大薹穩定水管，曾花了很多心血，所有海底水管的材料，都是從英國運來的。他亦盛讚華人工作人員對海底輸水管的貢獻。致詞之後，由修頓扭開水掣，只聽得水聲汨汨，但看不到水從九龍流到香港來，因為水在水管之內。為了讓觀禮者看到九龍方面的水流到港島，修頓和柏禮士，帶領觀禮者從皇后碼頭步行到滙豐銀行之側。當時滙豐銀行側，即現時中國銀行的位置，是本港大會堂所在，大會堂前有一座噴水池，這時池中並無水噴出。修頓在滙豐銀行旁扭開水掣，於是九龍方面的水，就在大會堂前的噴水池噴出來，全場為之鼓掌歡呼。

從此，1930 年 3 月 30 日就成為九龍食水供應的紀念日。當舊大會堂未拆卸時，每年此日，即使是天旱制水，噴水池也噴出水來，以示紀念。後來大會堂拆去，噴水池也拆去，這個日子已漸漸為人忘記。今日算起來，港九兩地通水，已經有五十一年的歷史了。由於有這條水管輸水，以後當局就在九龍多闢水塘，解決水荒問題。

本港建築水塘，通常是在基本工程完成後，就開始儲水。此後則會繼續加高堤壩，以及加建其他設備，故實際上很難考證城門水塘的工程在什麼時候全部完成。有人認為工程在 1937 年全部完成，但實際上此水塘早於 1937 年之前已完成基本工程，否則不會把這個水塘稱之為“銀禧水塘”。

城門水塘基本工程完成的時候，剛剛是英皇佐治五世登位廿五週年。當時香港曾盛大慶祝，全市搭牌樓，張燈結綵，並且有會景大巡遊。為了紀念這盛大的日子，官方將城門水塘命名為"銀禧水塘"。

1935年的銀禧大典，是香港經濟從蕭條走向繁榮的轉折點，當時的會景巡遊及盛大慶祝，曾吸引很多遊客來港看熱鬧，因此使香港繁榮起來。其實這只是表面上的看法，實際上是當時世界經濟開始復甦。因為經過1929年的世界經濟恐慌後，1931年美國實行新經濟政策，歐洲各國經過蕭條後復甦，廣東方面的政局亦較穩定，香港對華貿易和轉口貨運增加，也隨着走向繁榮。這些都和銀禧大典無關。但因銀禧大典舉行之後，香港實際上走向繁榮，是以當局認為慶祝大典有助於繁榮，為了紀念它，故把城門水塘名為"銀禧水塘"。現時這個命名已經不再使用，官方出版的地圖冊及文書上，都稱城門水塘。這可以從宣佈城門水塘為郊野公園的文告中加以證實。

城門水塘在抗日戰爭時，是一處重要的軍事防線，於此可證明明末李萬榮據守城門山是頗有眼光的。

當日軍攻佔廣州之後，英國已認為日軍終有一天要向香港進攻，因此要在香港築一條防線以保衛香港。這條防線稱為"城門要塞"，是仿照法國的馬其諾防線而建築的。

"城門要塞"這條防線，現時到該處去旅行，仍然可以看到它的痕跡。因為整條防線，現時已列入"針山郊野公園"和"城門水塘郊野公園"範圍內。經過三十多年之後，該處仍有一些炮位、炮壘、地道與戰壕的遺蹟，只要細心考察，就可以見到當年這條防線的外貌。

由於城門山、走私嶺、針山三座大山，可以鳥瞰沙田與荃灣兩處地區，就是說，這是青山道和大埔道的制高點。而沙田和荃灣，都是進入九龍的必經之路。在這地方建一條防線，就可以把來自北方的日軍阻擊於九龍市區之外，使之不能夠經易地攻進九龍。

"城門要塞"就是利用這地形建成：當時英軍在城門水塘的山頭上，築有極多堅固的炮壘，在炮壘與炮壘之間，建成戰壕，相互連絡；又利用城門谷的樹林地帶，建一條走廊，通到走私嶺；在走私嶺上，亦建了很多重炮陣地；走私嶺與針山之間，有地底隧道相連；針山的山頭，也是重炮陣地，炮位一半指向青山道，一半指向大埔道，控制沙田與荃灣的入口處。

日人伊藤正德在他所著的《日軍戰史》一書內，對當時攻略香港前夕，英軍的部署，有如下的描述。

香港的英國軍隊正在把香港和九龍作要塞化的備戰：在維多利亞山上，向海的一面裝上二百門大炮；向着九龍的一面，築下由碉堡與地道陣地為主的高地防線，守軍一萬多人，儲備又足。日本方面也認為英軍參謀長卜克查的堅守半年的論調，絕不是虛張聲勢。

當日軍攻打香港的時候，也是由城門水塘進攻，瓦解了城門水塘的要塞，然後才攻入九龍的。《日軍戰史》將這個要塞描寫得非常脆弱，這當然有點誇大，不過記錄下來，亦可見城門要塞的重要性。該書描寫日軍進攻城門水塘，有如下的敘述：

步兵在炮兵掩護下，攻主九龍新界。第二二八聯隊的坑埃隊長若林東一，到英軍主要陣地二五五高地附近偵察，發現英軍的佈防的虛弱本質。於是在九日（十二月）黃昏時分，若林東一率領他的步兵，向城門水塘進攻。日寇的毛力隨即治着城門水塘，分兩路壓取九龍半島。到了十二日，就完全將整個九龍半島佔領了。

可見當時日軍攻打九龍，亦要先瓦解城門水塘上的防線，才能攻入九龍市區。日人伊藤正德的描寫，不免過於誇張，說若林東一所率領的二二八聯隊的日軍，很容易就瓦解了城門防線。實際上，這條防線曾予日軍重創，日軍要花三天時間，才能攻下。

日軍佔領香港時期，城門水塘至石梨貝水塘一帶，全部列為禁區。日軍為了誇耀戰功，特在石梨貝水塘近的公路邊豎了一個鐵牌，表彰二二八聯隊的隊長若林東一攻打城門要塞的功績。這個表功牌，到香港重光時才被人拆去。

戰後初期，城門水塘仍有英軍駐守，自城門谷至走私嶺一帶，尚未開放。到六十年代，此處才開放為旅行地區，並於其後闢作郊野公園。

城門水塘內有一條堤壩，名為菠蘿壩。這條菠蘿壩，在未闢為郊野公園之前，即已被闢作"自然教育徑"。

"自然教育徑"是戰後才出現的新名詞。它的意思，是利用自然環境，作為一種活的教材，讓遊人到該處去旅行時，獲得益處，增加很多自然常識。"菠蘿壩自然教育徑"，是本港最早設立的自然教育徑之一。

菠蘿壩是城門水塘入口處的一條堤壩。"自然教育徑"就以這條堤壩旁邊作為起點，沿着水塘邊，共設十九個觀察站，每個觀察站都有一條四方木柱作為標誌。四方柱高約三尺左右，柱頂寫有一個阿拉伯數字，每一柱代表一站，例如"1"即第一站；"2"即第二站……在沿柱的地方，可以觀察該站特有的自然現象：例如第二站是觀察三種野生植物的地點。這三種野生植物是銀合歡、馬纓丹和假敗醬；而第三站則有含羞草可以觀察。

菠蘿壩自然教育徑的"菠蘿"二字，得名亦有原因：據說從前城門村人，多以種植菠蘿為業。菠蘿壩所在之地，原是種菠蘿的田地。當建築水塘的堤壩時，這一區域本來沒有什麼名稱的。只因工作人員在工作時，須將這一大片種菠蘿的田地加以整理，為了方便工作，便稱該處為菠蘿地。工人們說："今天到菠蘿地開工去！"及到此堤建成，工人就叫這條堤壩為菠蘿壩。

本港從前盛產菠蘿，《新安縣志》有"物產"內亦有記載。記云：

> 菠蘿高尺許，葉長如劍，有刺，挺地而生。每一樹止結一子，至夏成熟，其色黃赤，味甚甘香。土人慮有熱毒，去其皮以鹽擦之。

其實吃菠蘿用鹽，並不是慮其熱毒，而是因為菠蘿多吃了會使舌頭痕癢，與鹽伴吃就不會。現時果店賣菠蘿片，都配以鹽水一盅，供食客用以浸蘸然後食用。

菠蘿壩自然教育徑內，至今仍有菠蘿生長，郊遊者不可不知，可以到該處去看看。這些菠蘿在第十六觀察站內，是從前鄉人留下的東西，自設立自然教育徑後，已加以人工培植，生長得極為茂盛。

《菠蘿壩自然教育徑》一書載云：

第十六站

在此可見之菠蘿，身矮，葉狹長有刺，而旋疊狀聚生於莖上。菠蘿之果，由一百至二百個漿果合成，汁多味美。

傳說早溯哥倫布發現美洲前，在南美有種植，後由西班牙人帶至歐洲，再而傳及世界各國。

《菠蘿壩自然教育徑》又載云：

遠在水塘興建之前，原有八村村民，分別聚居於目前引水區內，政府在工程開始前數年，已協助彼等分批遷徙新界各地安居。

鄰近水壩之山坡，村人長久以來專用之種植菠蘿。故菠蘿坳及菠蘿壩俱由是得名。

故老相傳，昔年每逢六月及七月，係菠蘿收穫之期，往往今日摘取，翌日即遠運十千米（六哩）外之深水埗街市出售。有時更沽之於對海港島中環街市。

當年城門水塘與深水埗間，尚無車道交通，菠蘿運送，徒賴肩挑步行，荷重有達七十二克（約等於一百二十斤或一百六十磅）者。彼等於破曉前（上午四時）便即離家，呼喝而奔。天僅破曉（上午六時）已抵深水埗，賣去所負，採辦日常用品食物，絡繹而返。通常上午十時左右，踏上歸途，正午便抵家門，尚能趕用午飯。下午時間，復將當晨收摘之菠蘿，加以挑選，預備明晨送出。

考當日運菠蘿入市所走的路徑，正是由城門水塘到石梨貝水塘去的路徑。這條路徑目前已是該區的熱門旅行路線。在走私嶺的山上，有一條彎彎曲曲的山路。這一邊直出大埔道，那一邊直達城門水塘。當年城門鄉人將菠蘿運出深水埗，以這條路最為便捷，故估計是一條運菠蘿的古徑。菠蘿壩上目前仍可找到一些昔年城門村所種植的其他植物，以及一些旱田的台基遺蹟。其中最顯特別的植物，是風水竹。

我國南方鄉村，多喜在村邊種植竹林。這些竹樹林被稱為"風水樹"，原因是竹可以防風，又可以保護土壤，使之不易受雨水沖去。菠蘿壩自然教育徑內，有一叢大竹林。這片竹林，就是城門村邊下的"風水樹"。

《菠蘿壩自然教育徑》載云：

當地居民，昔時多喜利用竹枝製帚，打掃曬穀地堂。彼等稱椰衣帚易夾藏穀粒，竹帚則無此弊。

草竹同科（禾本科），兩者的花都十分相似，惟竹花不常見。事實上，有等竹類，十年方盛開一次。而開花過後，竹身立見枯謝。

竹樹開花，從前鄉人認為是不祥之兆，他們不知竹樹與禾稻同科。禾開花結子之後，即告枯死，新一代又生長出來。竹樹也是一樣，開花後結子如穀，稱為竹米，竹樹隨後便枯死。這是植物的生態，與兆頭無關。城門水塘上的竹樹，每十多年開一次花。開花的竹枯死後，新竹不斷生長，故歷數十年而不衰，現在已成一片綿長而廣闊的竹林。

目前該處有很多樹木，但幾乎所有的樹木都不是城門村留下來的，只有少數是從前鄉村的遺物。這是因為築水塘時，工人砍去不少樹木；戰爭時，日軍又砍去不少作為柴薪之用。其中的松樹、台灣相思樹，都是戰後由漁農處種植的，但有一種馬尾松，則是從前的遺物。可惜在 1973 年一次大山火中，大部分樹木被燒去，連幾株年老的馬尾松也燒掉。現時所見的，又是新植的幼樹。

目前能在城門水塘的菠蘿壩自然教育徑上找到從前城門村的古樹，只有酸棗而已。在教育徑的第五站上，可見到幾株特別高大的棗樹。這樹的樹皮十分粗糙，且帶有無數裂紋。樹葉是由七至十五片小葉組成的複葉，每年春天（約在陽曆 4 月）開花，花是紅色的，約於秋後即結果。果子生時青色，比北方的棗子略細，但仍可吃，只是味帶酸而已。

由於這是從前城門村留下的植物，故樹齡當有六七十歲。政府為了保護這種植物，曾明令宣佈，禁止採伐酸棗。凡持有酸棗樹的樹枝，或持有酸棗樹的任何部分，均屬違法。

棗樹在北方，亦被視為一種風水樹，很多屋宇門前都種植棗樹作遮陰之用，或在庭院中種上棗樹以納涼風。魯迅先生在一篇題為《秋夜》的散文中，也描寫過他的居所前有兩株棗樹。可見城門水塘上的棗樹，也是城門村的風水樹，是該村的遺物。

在酸棗樹林附近，有很多芒草。這些芒草也可以視作城門村遺物，因為從前鄉村用以煮食的燃料就是芒草。有芒草生長的山頭，附近一定有鄉村。原因是鄉人就近取草作燃料。芒草的生長速度極快，附近只要有三四個山頭有芒草，人口不多的鄉村就取之不盡，不愁缺乏燃料。據說，芒草叢適宜於毛雞結巢而居，因此附近也常有毛雞飛來飛去。毛雞也是受保護的鳥類。現時可見的城門村遺物，僅此幾種而已。

石湖墟‧巡撫街‧雙魚嶺

　　石湖墟在上水，當局準備將石湖墟與粉嶺的聯和墟，發展成一個新的城市。這個新城市還未命名，當局正在徵詢各界人士意見給新城市命名。根據上水和粉嶺鄉紳的意見，他們屬意於一個名字，是為"雙魚市"。鄉紳們舉出很多歷史掌故，指出命名"雙魚市"極為合理。其中理由之一，是上水與粉嶺之間，有一處地名叫"雙魚嶺"，新城市位於"雙魚嶺"地區，故名之為"雙魚市"極合理云。

　　查石湖墟是一個古墟市，聯和墟是一個新墟市，聯和墟建墟於新界列入香港範圍內之後，石湖墟則建墟於鴉片戰爭之前。

　　現在兩個墟市建成一個新市鎮，一新一舊，名為"雙魚"，亦頗合理，何況還有地名和掌故可資補充？筆者亦同意"雙魚市"這一命名。

　　石湖墟內，至今仍保有一條街道，此街即"巡撫街"，這是香港所有大小街道中，唯一最古的街道。港島的街道命名，始於 1842 年，即在鴉片戰爭之後。但石湖墟的巡撫街，命名於 1842 年之前，故可以稱之為最古老的街道。

　　巡撫街是石湖墟建墟的時候就存在的，從街道的名稱，就知道這條街道的古老。巡撫是清代相當於現時省長一級的官職。這官職在香港現時的官職制度上，是找不到的。香港政府也不會將一條街道，以一個英國制度沒有的官銜來命名。因此從街道的名稱上，就很容易了解，這是一條是古已有之的街道。此街道的誕生，比九龍城的龍津道還要早。

據嘉慶年間出版的《新安縣志》載云：

石湖墟，舊志天岡，今移石湖。

這幾個字，為石湖墟的出處，以及它的來龍去脈，提供了一條線索，就是說，石湖墟在嘉慶年間已經存在。而這個墟市，照前一代的縣志記載，原為天岡墟，其後才搬到石湖墟來。

至於石湖墟的名稱，又是根據什麼來起的呢？原來從前上水那邊，有一條大石澗，這石澗稱為“石湖陂”。石湖陂的水，流經此地而入梧桐河，因此把這個墟市稱為“石湖墟”。

《廣東通志・山川略》載云：

石湖陂，在石湖墟。

由於這條水澗在該處，因此該處又名“上水”，現在仍有人把石湖墟稱為上水的。

究竟出於什麼原因，原來在天岡墟的墟市，會改設在石湖墟呢？這個原因，和元朗的開墟相同，是因為這些地區，在康熙年間受遷海政策所影響。區內鄉村被清兵強迫搬入內地。其後清朝皇帝取消了遷海政策，不僅准許原有的鄉村恢復舊時的面目，而且鼓勵開墾，還鼓勵外來移民來此耕種。附近一帶人口增加了，村落增加了，為了方便鄉人出售農產品及買回日用品，便要增開墟市，因此就增設了元朗和石湖兩個墟市。元朗的墟市在今日元朗舊墟，石湖墟的墟市在上水。當建墟市之初，為了紀念提議取消遷海政策的一位巡撫，故在墟上建起一間巡撫祠，又把墟市的一條大街稱為巡撫街，將墟市的收入撥出若干，作為巡撫祠的管理費用。

巡撫街的命名，就是為紀念這一位向皇帝建議放棄遷海政策的人。此人是廣東巡撫，姓王名來任。筆者在介紹其他街坊歷史時，也曾多次提到王來任其人，但對於王來任的事蹟，還未詳細介紹。由於石湖墟的巡撫街，是紀念王來任而命名，故留待在本章，才作詳細的介紹。

一般人只知王來任在廣東巡撫任內，因向清朝皇帝建議取消遷海政策而受歌頌。其實，王來任對廣東最大的功德，並不在於＂遷界＂問題，而在於革除廣東的＂六大害＂。

清初廣東有＂六大害＂，這＂六大害＂的形成，亦有其歷史根源。由於是歷史遺留下來的東西，故此沒有人提議革除，直到王來任出任廣東巡撫，才大膽地向康熙皇帝奏請革除。

現在先談談“六大害”形成的歷史背景。我們都知道，廣東由於地理的關係，每次在改朝換代的時候，總是成為各朝代末路帝皇和貴族反抗新興王朝的基地。例如宋末的時候，元朝已在中原建立了朝廷，而廣東仍然維持宋代的末朝正統。滿清入關，統治了中原之後，廣東同樣成為抗清的最後堡壘，很多明末遺民，都集中到廣東來，作最後努力，對抗清兵。廣東在中國的最南部，海上交通又最發達，同時和越南、暹羅以及南洋各地素有交往，廣東的北部，全屬山區，有險可守，容易抵抗從北方來攻的敵人。故此歷史上，當每改朝換代時，廣東地區不是出現軍事割據，便出現反抗新政權的政府。

滿清統一中國時，以廣東反抗最頑強，故此清兵攻入廣州後，即下令屠城三日，原因就是痛恨廣東人的頑抗。及廣東被控制之後，不久又有三藩之亂，廣東又再出現軍事割據反抗清朝統治的局面。等到三藩之亂平定，滿清皇帝為了加強統治，便縱容清兵加強各種鎮壓行為。清初廣東的“六大害”，就是由於清朝加強統治及鎮壓而形成的。

《廣東通志·宦續錄》有〈王來任傳〉，載云：

王來任，字宏宇。正黃旗漢軍，天聰八年舉人。康熙四年巡撫廣東，疏陳廣東六大害：一——夫役，廣東頃因用兵，差徭繁數，額夫不足，率權取民間。後乃沿為故例，遂有「旬夫」、「長夫」、「短夫」、「加夫」諸名色，其折銀始自二三兩，多至三十餘兩。凡官兵往還、傳送軍器、修造衙門、應付使客，或數千名，或數百名，少亦數十名，大為民屬。請旨禁革。其應用夫役，俱於驛傳報銷，候部核議。

"六大害"中的第一害是夫役危害民生。這種夫役，是古代的稅制的一種。中國古代稅制，除田賦及各種課稅之外，另設一種義務勞動的制度，即人民有義務為國家盡勞動服務之責，稱為強役或夫役。這種義務勞動的徵收，按丁口抽取，但有錢人可以出錢請人代為勞動，其後就變為一種以金錢代勞動的稅制。清兵攻入廣東之初，為了軍事上的需要，每到一地，強迫當地居民進行義務勞動，例如建築城堡、開道路、挑運軍糧及兵器等。

故〈王來任傳〉中提到"廣東頃因用兵"之句，這就是指清兵攻入廣東初期，為了軍事上的需要，在民間強迫人民義務勞動以達到鞏固統治的目的。由於加強了統治，這種強迫廣東人義務勞動的制度就一直沿用下來，變成在和平時期仍要執行的苛例。凡軍隊調動，就要人民提供義務勞動。軍隊調動時需要挑運各種軍需的夫力工作十日，就要由當地民間供給，按丁口分派，出錢給軍隊請夫力運輸。這種十日為期的義務勞動，稱為“旬夫”。如當地將軍要建造衙門，運送木石及磚瓦的挑夫和建築工人，都一律取自民間。參與開關驛道、修築城牆等工程的工人，亦是一樣取自民間。這種勞動日期很長，常常需要一年以上，故名“長夫”。有時官員到訪，或南洋各國派來使臣朝貢，所有的轎夫和挑夫，都取自民間。這種義務勞動，稱為“短夫”。此外有說不出名目的勞動，也要人民負擔，這些非常性的勞動徵收，名為“加夫”。因此夫役稅有時多至三十餘兩銀，即使平時亦抽二兩至三兩白銀。此種苛例，對廣東民生影響極大，主要是影響農村的生產。當農村正在開耕的時候，軍方突然下令需要徵集義務勞動的人，有錢人可以用現金代替勞動，但貧農無現金可代，便得荒廢田地，去參加義務勞動。如此便影響糧食生產，使很多耕地荒蕪。王來任這個巡撫，首先要求康熙皇帝廢止此種苛例，規定各地軍隊不得強迫人民義務勞動，各軍隊運輸改由驛站負責。

至於王來任革除廣東的第二害則是“船役”。上引的“王來任傳”第二段載云：

二——民船。異時官使船每取辦民間，已而官取河船應用，仍從民間徵銀給之。每一縣河船多者率數十，每一船歲費一二百金。胥吏藉是搜括鄉里。今募省會官共捐銀造河船二百二十八備官使，其故河船及一切民船，俱禁不復用。

原來清兵攻入廣東之初，為了軍事上的需要，常強行封用民船。例如要運兵渡海進攻某地，就在各縣徵用民船。這樣的徵用成了慣例，地方官吏便藉詞苛索，每一個縣要造河船若干艘，負責河船運輸費用若干，無形中又成為一種苛例，強迫人民每年繳納一筆河船費用。王來任認為這是廣東的第二害。

河運是古代的運糧制度，又稱漕運，在和平時期，漕運由政府備船運送糧食。這些船，名叫河船，又稱漕船。只有在戰爭時期，為了急需，才徵用民船使用，歷代都是如此。由於清兵攻入廣東時濫徵民船，故大局平定後，各地方官吏和將軍都視運輸米糧及軍隊為當地人民義務。每年定額之後，分攤全縣丁口繳納河船費，納了船費之後，又強行徵用民船運糧。總之，這種制度除了加重人民負擔之外，也阻礙了漁民的生產。漁船被徵用後，就不能出海捕魚。王來任主張由省會各官，捐錢製造二百二十八艘河船，作為漕運之用，以後各縣不得苛索船捐及徵用民船。

至於廣東當時的六大害中其餘的四害，亦可從〈王來任傳〉中知其大概。該傳第三段云：

三——採買。自將軍提鎮以下託名軍需，徵取百物，州縣委之里排，里排取之百姓。四——私抽。民間無賴，

石湖墟‧巡撫街‧雙魚嶺

冒入旗營，橫行鄉里，私抽稅銀，凡車牛、米穀、雞豚之屬，無一獲免，並請禁絕。五——誣盜。州縣獲盜不即審訊，奸胥點隸教令攀引私仇及諸富人。嚴刑之下，冤濫者眾。請凡獲盜者，必立究黨羽，毋得遲延，妄害良善。六——擅殺。各營塘報每遇盜發，輒稱盡行剿洗，其被擒者，即行誅戮，時有濫殺，無從究問。請官兵出剿，務別善惡，其所俘獲，悉應解審，毋使擅殺。疏上敕部議，次第施行，粵民大悅。

這六大害中的四害，完全是清初清兵入主廣東時加強鎮壓所造成的。例如採買這一害，王來任在疏中指明這是"將軍提鎮"這一類軍官所為。就是初時軍官每到一地，只說軍隊需要，就可以強取民間的東西，不論一針一線、一雞一鴨，皆予取予攜，不必付錢，形同強搶。積習下來，到了康熙年間，這一類軍官便視之為慣例，每年總有幾次，說是軍隊需要，便強搶民間物資，令到廣東人民無以為生，故此請皇帝革禁。至於第四害中的"私抽"，這也是清初行之於廣東的苛例，清兵入粵，不能不利用很多"鬼頭仔"，作為通風報訊的人員，這些"鬼頭仔"，冒充清兵漢旗中人，狐假虎威，四出苛索。

王來任稱之為"民間無賴，冒入旗營"，其實這是清兵利用"鬼頭仔"實行統治的結果。清兵與這些無賴勾結，抽刮民脂民膏，形成"私抽"的苛例。試想，如果沒有清兵作後台，那些無賴又怎能“冒入旗營”呢？

至於第五害誣良為盜、第六害濫殺，都是和清初清兵入粵時的政策分不開的。清兵入粵時，利用當地無賴作他們的走狗，四出搜刮。不甘被他們搜刮的，就動不動指為叛逆，用刑迫供。清兵攻入一地，例必剿洗，把該地的人民盡行指為叛黨，濫殺無遺。這種種手段，一直到康熙年間仍然施行。王來任來廣東任巡撫，看見以上的六大害對廣東的生產危害極大，因此奏請革除。

自清兵入粵以來，沒有一位滿清官吏肯研究廣東當時的民生疾苦，王來任是第一位深知廣東情況的官員，他又敢於提意見，廣東人因此視之為青天大人，為之感激涕零。很多鄉村因革除六大害而恢復正常生產，村民感激之餘，為他設立生祠，當作菩薩來供奉。

道光年間廣州人樊封，寫了一本《南海百詠續編》，書中有一首詠“王都堂祠”的詩，所詠的正是王來任的祠廟。他在詩前寫道：

王都堂祠，在西關荷溪之西，廣民建祠祀前廣東巡撫王來任者。遺愛碑奉毀，祠亦圮廢，居人稱其地曰都堂園云。

詩曰：

萬口歡呼積痼裁，十州深慶賈琮來。

老臣遺疏無他語，特請天恩海禁開。

《南海百詠續編》中詠王都堂祠的詩，第一句"萬口歡呼積痼裁"就是指王來任疏請革除廣東六大害的事。由於這件事真正能解決民間疾苦，故全廣東各縣人民都為之歡呼。不過，王來任革除廣東六大害，少不免和當時廣東的藩王尚可喜不和，很多軍人都視他如眼中釘。及至康熙皇帝加強實施遷海政策，要將沿海各地鄉村盡行焚毀，強迫居民遷入內地，王來任認為這種政策等於加深沿海居民痛苦，阻礙生產，因此上疏反對，力言不可施行。這些軍人就乘機攻擊他。

康熙皇帝一意孤行，對他的建議不予理會。不料王來任完全不理皇帝的心思，一疏不見收效，再上一疏，前後上了五疏。這一來就激怒了康熙皇帝，把他革了職。

王來任未革職前，眼見沿海居民流離失所，流亡入內地，痛苦不堪，便首先命李士禎在廣州泮塘一帶，撥地給這些流亡人士建立"徙置區"，又在第一津左近特許設立一個市場，供這些移民買賣貨物，稱之為移民市。《南海百詠續編》有詠"移民市"詩，詩云：

牽船群解傲張融，澤國迢遙屬禁封。

蝦菜莫愁無覓處，披簑權作荔枝農。

詩前題記云：

移民市，在西關第一津。國初時番禺縣安插無業蜑民於沜塘、西村諸處，此其貿易之集場也，今訛作宜民。

第一津在廣州市西門口，解放前該處有條全市著名的爛馬路，稱"西門爛馬路"，移民市就在這條爛馬路處。那時該處留有一個"天光墟"，正是這移民市的遺蹟。

王來任建議革除六大害，得到康熙皇帝的批准，但他建議放棄遷海政策，卻不被康熙皇帝接納，這是有其特殊的原因的。

原來廣東的六大害，雖然由清兵造成，但當時入粵的清兵是由藩王尚可喜所率領，這些害民的苛例是由尚可喜所執行。順治晚年，已有削藩之意。因為清兵打江山時，要靠吳三桂、尚可喜、耿仲明等人打天下，封他們三人為藩王。後來三王割據一方，各自為政，順治引為隱患。康熙繼承順治的遺志，亦準備削藩，恰巧王來任上疏除六害，這六害來自平南王尚可喜的軍隊，故康熙立即批准，一方面收買廣東人心，一方面打擊尚可喜。

遷海政策的目的是對付台灣鄭成功對沿海的騷擾。同時，為了執行遷海政策，康熙也可派多些親信來廣東活動，掣肘尚可喜。因此他不接納王來任的建議。王來任"不識時務"，一疏一疏地上到北京去，康熙便把他革了職。

王來任革職後，回到北京，住在鼓樓大街。到過北京旅行的人，都知道北京有一座鐘樓，有一座鼓樓。鼓樓大街在鼓樓之前，王來任的寓所就在該處。當時廣州紳商知道王來任被革職的原因是屢次上疏要求放棄遷海政策，因而赴京請願，要求康熙皇帝恢復他的官職。到北京請願的紳衿凡百餘人，其中包括十三行的富人潘世祥。這在當時是一件大事。但可惜的是，潘世祥等人到北京時，王來任已經病死了。

《南海百詠續編》王都堂祠條註云：

公正黃旗漢軍，由部郎保薦，康熙四年擢廣東巡撫。到任之日，即因藩府驕侈病民，疏陳廣東省六大害：一曰差役折色；二曰民船徵稅；三曰官員採買；四曰藩府私抽；五曰州縣匿盜；六曰營役擅殺。疏凡萬言，皆洞切民瘼者。奉旨允行，一時強藩豪吏為之斂手。未幾台逆盜邊，海禁令行，粵民失業者尤眾。公騰章力爭，謂粵地海多於山，民以海為命，概禁其出入，是迫之為盜，非計之得也。前後五疏，咸格於部議。粵人稱為王青天。七年以星誤罷職，廣民潘世祥等百餘人詣闕請留。既至而公卒，痛哭於鼓樓大街公宅前而還。公有遺疏，惟請弛海禁以甦民命。會廷臣亦以為言，詔如所請，沿海落戶無不立廟尸祝之者。今東、順、香、新四邑，遺祠尚多。

樊封寫《南海百詠續編》時是道光年間，離康熙初年已有百餘年，對王來任的事蹟，是憑古籍而錄，故與《廣東通志》所記亦相同。王來任於康熙四年（1665年）來任廣東巡撫，而於康熙七年遭革職。上引一段文字最後兩句中的"東、順、香、新"，就是指東莞縣、順德縣、香山縣和新安縣。石湖墟在新安縣，當清帝取消遷海政策之後，石湖墟建立墟市，便在墟場上建一座巡撫祠來紀念王來任。這座巡撫祠所在的街道，便稱為巡撫街。有些鄉村父老至今尚傳說王來任曾到過石湖墟，因此把這條街稱巡撫街。其實這是傳說，考王來任未曾到過石湖墟。

王來任既是在臨死時才上疏給皇要求取消遷界政策，故他未到石湖墟。但父老如此相傳，亦未必無因。可能繼王來任來廣東接任巡撫一職的劉秉權，曾到過石湖墟也未可料。

劉秉權字持平，奉天人，隨順治帝入關，官至國史院學士，於康熙七年來廣東接任巡撫。這時康熙已經接納王來任的遺疏，答應"展界"。所謂"展界"就是將已經劃定要遷入界內的邊界，擴展回原狀。劉秉權在展界時曾到過石湖墟也有可能，因《廣東通志》曾這樣稱讚他：

　　時方巡海展界，招徠安插男婦十六萬有奇，墾田二萬五千餘頃，聖祖仁皇帝優獎之。招復灶丁而鹽課足餉，請減屯賦而戍卒安業。

這些記載，雖然沒有說到他來過石湖墟，但他是負責號召各地農民到已經荒蕪的"展界"地區開墾耕種的官員，又是招請往日在產鹽區工作的灶丁恢復食鹽生產的人。本港的官富場是一大產鹽區，他執行這些政策時來過香港一帶，是極有可能的。

筆者認為石湖墟的巡撫街是紀念王來任的街道，其原因是王來任先有革除廣東六大害的功勞，繼有在臨死時仍替沿海居民請命的功德，故人們在石湖墟設祠紀念，並特這祠廟所在的街道命名為巡撫街。此街應與劉秉權無關。也許劉秉權確曾到過石湖墟，但當時石湖墟於尚未建成墟市，而且還未有巡撫王來任的祠廟，故命名不可能與劉秉權有關。

查當時上疏反對強迫沿海居民遷入內地者，不只王來任一人。在王來任未來廣東任巡撫之前，已有多人上疏。只是他們都不敢堅持反對的意見，怕的是會得罪康熙皇帝。但到了大病將死之際，就不妨大膽一些，以臨危請命的姿態上疏，可以暢所欲言。在王來任之前，亦有一位臨危請命的兩廣總督，上疏請康熙皇帝放棄殘暴的遷海政策。這位兩廣總督名叫李率泰。

《東莞縣志·前事略》載云：

自（康熙）元年以來，大臣歲來巡界，以台灣未平故也。是年，前總督李率泰遺疏請寬邊界，其略曰："臣先在粵，粵民尚有資生，近因遷移，以致漸漸死亡，十不存八九。為今之計，雖不復其家室，但乞邊界稍寬，則耕者自耕，漁者自漁，可以緩須臾死。"瀕海民至今德之。

李率泰是滿洲人，他在順治十年即以兵部侍郎之職總督兩廣，是一位滿清重臣。他生前也不敢上疏勸康熙皇帝放棄遷海政策，到了臨死，才以"遺疏"向皇帝進言。他上疏的時候已經不在廣東，而是到了福建，負責監視台灣的活動。他聽到皇帝要下令在廣東沿海遷界，明知這種政策沒有實效，徒然是勞民害民，仍然不敢上疏勸告，只吩咐幕僚在他死後才將奏章送到北京。可見當時各大臣都不敢正面忤逆康熙皇帝之意。李率泰是在康熙四年死於福建的，他的遺疏到了北京，康熙仍是不理，一意孤行。

究竟當時的遷界對香港附近的居民有什麼影響呢？《東莞縣志·前事略》有如下的記載：

康熙元年春，平南王同副都統科爾坤、侍郎介山等至莞，會勘遷民。先是，台灣投誠官房星海倡遷海之議，奉旨令徙內地五十里。……築長壍為防山，列墩台為守海，樹椿柵為闌居民。片帆不許出海，違者罪至死。

又載：

時靖康場所屬盡遷，副將曹志會同總統督兵驅迫，遷民野棲露處，艱苦萬狀。有司雖日事安插，死者仍相枕藉。

康熙三年又記云：

三年三月，東莞邊民有觀望未即入界者，副將曹志盡執殺之。

又云：

五月續遷近海居民。先畫一界，以繩直之。其間多有一宅而半棄者，有一室而中斷者。濬以深溝，別為內外，稍踰跬步，死即隨之。

這些記載，足以說明遷界的殘酷。當時執行這種殘酷政策的是副將曹志。他將不肯遷入內地的鄉人一律處死。其中最沒有理由的，就是有些房屋一邊在界內，一邊在界外，他也要將這間屋拆去一半，並在拆去的屋宇地上掘一條深坑作為壕塹，恐怕住在這屋另一半的人越界。其殘忍無理之處，可以想見。由於遷界如此殘忍，死人不計其數，故此曾引起很多被壓迫的人起而反抗。這些反抗的被壓迫者結成一股力量，四出掠劫。於是界內的鄉村經常被這飢餓的一群人洗劫，同樣受苦。故王來任的遺疏被康熙接納，放棄遷海。沿海居民對他特別感激。

石湖墟的唯一大街被命名為巡撫街，其原因亦在於此。總之，王來任被認為有功德於沿海居民，故各沿海縣鄉，多有王來任祠之設。就以本港範圍內各地為例，除石湖墟外，其他地方亦設有王來任祠。《新安縣志・壇廟》載云：

　　王巡撫祠，祀國朝廣東巡撫王來任，一在西鄉，一在沙頭墟，一在石湖墟。

　　錦田鄉有一間"周王二公書院"，也是和巡撫王來任有關的一座建築物。這間書院名為"周王二公書院"，其中"王"字，就指王來任。"周"字即周有德。周有德是康熙年間的兩廣總督，他也曾主張放棄遷海政策，因此錦田鄉建書院時，連周有德也一併紀念。

　　乾隆十年，新安縣知縣唐若時曾為錦田鄉重建"周王二公書院"寫了一篇碑記。至今這碑記仍在書院之內，錄出可供參考；

　　錦田，鄧氏之世里也。周王二公，有德於其人，而鄉世祀之者也。蓋國家啟運之初，東南海孽未殄，執政為邊疆計，遷民內地，畫界而守之。濱海之民蕩析離居，不能脅匡以生溝壑，而歡瑣尾者，殆不忍言述。如是者七年，王公巡撫粵東，繕疏入告，為民請命。天子惻然心動，下所司會勘。而王公既歿，總制周承詔，悉呼眾，感以便宜，令復其業。時有早復一日，早救一日民命之疏，遷徙者歸來，如慶更生。既奠厥居，不忘二公之德，廟祀尸祝，遂遍海濱。其在錦田者，鄉父老子弟，祭饗於斯……

錦田鄉的"周王二公書院"現時仍保存完好，是本港唯一仍在祭祀王來任的廟宇。書院內仍有周有德及王來任的靈牌。喜愛旅行的人到錦田去旅行，就可以見到王來任和周有德的神主牌位，亦可以看到封建社會對有功於社會的官員的敬重。

從前封建社會有它的一套制度，用以讓官員嚴於自律。這套制度就是在各地設"官宦祠"，用來表示對當地清廉官員的敬重之意。同時，各縣每若干年必修一次縣志。修縣志的時候，執筆者對於好的官吏都加以褒揚，對貪官奸官都加以批評。這種制度對做官為了發財的人，有一定的抑壓作用，使之不敢過份抽剝當地鄉人。巡撫祠與周王二公書院，都是"名宦祠"的一種。它能起一種鼓勵官員愛民如子的作用，也是給繼任的地方官看的。

王來任的功績在於除六害和臨死時爭取展界。周有德的功勞又在什麼地方呢？他是執行展界工作的兩廣總督，換句話說，他是實際上用行動來解決當時困難的一位大官。

考康熙皇帝批准取消遷界，下令復界之際，原旨是派一位欽差大臣雷某到廣東，會同平南王尚可喜到遷界的地區去查勘，查過實情，然後將展界的方案稟告皇上，再行定下復界的原則。周有德認為這樣做等於見死不救，原因是當時鄉人所受的痛苦極大，如果再來一次"公文旅行"，死人更多。是以他上疏給康熙，請立即執行復界政策。

關於周有德的功勞，《東莞縣志》載云：

> 八月，兩廣總督周有德，與都統特進戶部侍郎雷某，會同平南王勘邊，見遷民流離狀，疏請即復。疏中有云："若待會勘事竣，始請安插，恐時日稽緩，開墾艱難，牛、種不能早辦，有誤春耕。"至是遂令復業，時倒縣立解。老稚歡呼，共頌王周兩公仁政云。

當時康熙皇帝不知遷政策害民之深，還派了一位戶部侍郎到來勘查。周有德認為不是辦法，因為當時已經是農曆九月，如果再查再報，要到次年三月方能決定復界的一切，那時春耕期已過，鄉人更加痛苦。所以他要求康熙不可再勘查。這是一項大膽的行動，但為了解除人民痛苦，他已在所不計，尚幸康熙皇帝了解農民耕種的情形，立即批准執行。

《東莞縣志》把這位戶部侍郎稱為"雷某"，顯有貶意。大抵當時這位被派來勘查的雷某，辦事非常呆板及緩慢，才令周有德看不過眼，上疏請求立即執行，不必勘查。故陳伯陶編縣志時，用"雷某"二字。同時，他認為王來任的功勞，比周有德為大，故有“共頌王周兩公仁政”之句，把王來任排在周有德之上。

錦田的“周王二公書院”，將周有德排在王來任之上，一方面是因為周有德的官職大過王來任。另方面，周有德是直接執行復界政策的人，他反對先勘查再復界，直接造福於本地區，故將周有德排名於上。

查周有德有功於廣東，除了執行復界時積極幫助鄉人復業開耕之外，還有另一功勞，只因這功勞與東莞縣和新安縣無關，故兩縣的縣志並未記載。他的另一功績，是革除散兵遊勇害民的陋習。

原來周有德在康熙八年主持復界工作不久，恰巧他的父親去世。依照清朝的制度，父母去世，兒子必須辭官歸里奔喪，以盡孝道。周有德的父親去世，他就不能不辭去兩廣總督的職務，返鄉奔喪。但當時正在進行復界，沿海各地有很多地區被軍人霸佔。如果沒有他在廣東，不少地區無從恢復耕種。因此各縣鄉紳，包括各縣知縣，都希望他不要回鄉奔喪，以便繼續執行復界工作。但是父喪而不奔喪就不合法度，除非獲皇帝特准，才能例外。

當時廣東紳衿、朝野官員一致都要求他不要離開廣東。他們認為，只有由平南王尚可喜向康熙皇帝請求，才有希望。終於由尚可喜上疏，求皇帝特准他在廣州守孝，不必辭職奔喪。康熙果然同意。周有德便在廣州守孝。

這種例子在清代是不常見的，可見周有德在當時深得民望。他拔出公款給農民買穀種和耕牛，趁着冬季開墾從前荒蕪了的田地，春天來了就可以播種。同時，周有德對那些在遷界時佔住民間村落的散兵遊勇，一律下令各歸原本的單位，不得再佔用民居。這項命令不限於已復界的沿海地區，而是全廣東都適用。

原來，在遷海時期，很多漁民不能出海捕魚，受不住飢餓的煎熬，其中不少挺而走險，流為強盜。很多農民亦因無法生活而聚眾為盜。當時各縣都要求派兵保護，但這些軍隊佔駐各縣，到盜賊已平，仍然不走，使各縣要支付一筆額外的費用，維持這批軍人的生活。

這些軍隊在剿匪的時候，每每乘機盜取民間的財物，加上手握生殺之權，對各地民生影響極大。周有德在辦理邊界時已發現這些軍人影響民生，故此也着手處理這一群軍人。據《廣東通志》載：

周有德，漢軍鑲紅旗人，順治五年以宏文院編修隨英親王征大同叛鎮，事平授侍讀。歷遷宏文院學士。康熙六年擢兩廣總督。七年，聖祖軫念民生，遣都統特錦等會勘廣東海界兵防，俾民復業。是時遷界民人頗苦失業，聞沿邊設守，許遷戶仍歸舊地，靡不踴躍歡呼。有德因疏，言海邊遼闊，若俟勘界既周始行安插，尚需時日，窮民迫不能待。請即於勘度設兵之時，檄牧令按遷戶版籍給還故業，俾得裕其生計。得旨允行。

是年有德丁外艱，平南王尚可喜以沿海兵民並籍經營安輯，疏請留之。命在任守制。先是從化、清遠、增城、三水、河源等縣，因蜑戶周玉、李榮叛亂，總督盧崇峻奏撥藩下及督提兩標兵分駐防守。賊平後，居民以客兵離處為累。八年，有德疏請撤分駐之兵，各歸原標。部議報可。粵民德之。

至於雙魚嶺，它是石湖墟附近的一座山嶺。由於它的形狀像兩條魚相對的樣子，故以雙魚嶺稱之。目前，雙魚嶺屬邊境禁區。

《新安縣志‧山》載云：

> 雙魚嶺在縣東上水河上鄉，兩山相並，如魚戲水。

足見這一座山嶺在古時已很有名。近代談雙魚嶺歷史的人較少，故知道這座山嶺名字的人不多。關於這座山嶺，有很多民間傳說。

地政測量處編印的《香港街道與地區》下冊第四十五圖，繪出河上鄉的地形，圖中一條河流，從羅湖附近經河上鄉而至坑頭大布。這一條河名叫雙魚河，就是從雙魚嶺發源的。河上鄉之得名，因該村在雙魚河上游之故。

新界各鄉村父老，多認為雙魚嶺是新界風水要地，因此把很多傳說都附會在雙魚嶺上。其中最著名的附會，是說宋末二王從北方逃到南方時，來到現時雙魚嶺前。群臣都認為雙魚嶺風水極好，說可以在此處建行宮，恢復大宋江山，因此便從雙魚嶺出發，沿雙魚河而入九龍，在宋王台處住下。他們說，雙魚嶺如魚躍龍門，故引來龍氣，使宋帝昰到香港來。這當然是附會傳說，只可姑妄聽之。查當時宋帝昰，並非從廣州逃來香港的。他們是乘船準備由虎門入廣州，但元兵已經控制了珠江流城。他們的船隊不敢入廣州，被迫先在惠州甲子門停下來，然後乘船到九龍灣。

宋帝昰並非從雙魚嶺到九龍。《東莞縣志·前事略》曾記其事：

> 帝舟次惠之海豐，圖復廣州，呂師夔等以軍餉不斷退走，以梁雄飛守之。時經略使劉應龍導帝舟至廣州港口。轉運使姚良臣作行宮，迎帝入州治。元兵守江者拒之，不果入。帝舟還大海，駐師秀山，尋次於惠之甲子門。

當時張世傑、陸秀夫等人擁立帝昰作為宋朝的正統政權。實際上這個政權在船艦上的時間多於在陸地上，故史家多稱之為"行朝"，指宋帝昰的朝廷設於船艦之上，經常移動。他們依水而生，不會從陸路上進入本港新界。

陳仲微的《二王本末》差不多全書都以"帝舟"或"帝舟次"來說明宋末二王的行蹤。如："景炎二年十二月，景炎帝舟遷於謝女峽。"又云："景炎帝舟趨於官富。"再查《宋史‧二王紀》亦有同類的記載。總之，當年宋末兩位幼帝——帝昺及帝昰，都是從水上來到香港，而不是由陸路經過雙魚嶺而入雙魚河的。

當年宋末兩位幼帝，想從潮州入廣州，但無法進入珠江，只好到處航行，曾到過惠州，又到過九龍灣、大嶼山一帶，也曾到中山縣境，最後才在崖門遇到了張弘範的元軍水兵，全部船艦被擊沉而告滅亡。因此附會雙魚嶺是當時擁立宋幼帝的群臣所選之風水佳地，只是民間傳說而已，是沒有歷史根據的。至於另一民間傳說則和"龍氣"有關。古人視皇帝為"龍"，民間戲曲稱皇帝歡喜為"龍顏大悅"。雙魚嶺的"龍氣"亦與皇帝扯上關係。

據民間傳說，雙魚嶺的兩條魚是躍龍門的鯉魚，因此這個地方，會吸引皇帝到來，與本地區扯上關係。其實，本地區不止有宋王台可作皇帝的行宮，而且還有人曾和皇帝結成親戚。這一傳說，是指錦田鄧族出過一位郡馬。

郡馬是郡主的丈夫，即皇帝的親戚。現在元朗新墟附近坳頭的西邊山嶺，仍有一座"稅院郡馬"墓，據說這和雙魚嶺的風水有關。

這座"稅院郡馬"墓，至今墓碑仍保存完好。因

1932 年歲次壬申曾重修過一次，碑上的這文字仍可看得清楚。碑上的十二個大字是："宋封稅院郡馬自明鄧公之墓"，前有細字八行，略云：

祖諱惟汲，字自明，號吉山，乃元亮公之子，尚高宗原封康王。故莞志載，姬宋康王女遭亂播遷，鄧銑勸王有功，以配其子。時宋亂未平，公與姬隱於綿田莊舍。至紹熙年間，公已歿，皇姬命長子林持手書上光宗，封祖為稅院郡馬，賜祭田十頃……

民間傳說的郡馬，就是這一位鄧惟汲自明公。

相傳錦田鄧簇的始遷祖名鄧符協，本是江西吉水縣人。他是宋朝人，來到廣東做官，發覺廣東的風水極好，因此經常遊山玩水，追尋龍脈。一天，他來到雙魚嶺處，見到雙魚嶺像兩條戲水鯉魚，有躍龍門的氣勢，因此認定新界一帶，可以開村成族，此後族人，必定功名富貴，更可與皇帝結成親戚關係。因此他就在附近擇地建村，並覓地將父母的遺骨遷葬於此處。

相傳鄧符協很會看風水，既認定雙魚嶺和雙魚河有龍氣，便決定來此處居住。他將他的曾祖父母的骨骸帶來安葬，又將他的祖父母和父母骨骸移葬於新界，據說這些墓地都是風水寶地。其中他的曾祖父鄧漢黻的墓地在錦田程山坑。該墓名為"玉女拜堂"穴。

而其父鄧旭之墓則在荃灣曹公潭，名為"七星伴月"。
至於他的祖父鄧冠，葬於元朗水門山，墓名為"金鐘
覆火"。據說因下葬處都是風水吉地，因此後來出來了
一位郡馬鄧惟汲，並使鄧族開枝散葉，成為望族。

古人慎終追遠，重視先人的廬墓，假若移民到別
處地方去，一定把先人的骸骨，帶到定居的地方附近
安葬，以易於日後掃墓。在遷葬祖先的時候，自然尋
找一處地土較佳的地方下葬，這是人之常情。日後子
孫昌盛，寶貴榮華，子孫們重視父祖的墓地，認為家
族昌盛與此有關，便形成一種風水觀念。這種觀念深
入民間，於是就有很多風水掌故派生出來。

我們撇開風水是否科學一點不談，就以民間深信
風水這一點來說，便知風水是屬於民俗範疇的東西。
這種風俗的形成，就是由於古人重視先人廬墓而起。
大多數的風水掌故都與移民有關，總是由於某人從某
地移居而來，帶來先人的骨骸葬在附近一座名穴之
內，從此這一位移民就開村成族、子孫昌盛、富貴又
榮華。雙魚嶺與雙魚河被視為風水佳地，也是由此而
起的，故此不必理會這些傳說是否真有其事。

1952 年，新加坡鄧氏總會印行的《南陽半年刊》，
內有《族譜專號》，對於鄧符協在宋代來錦田定居的經
過，有如下的記載：

相傳鄧符協公積堪輿，錦田陽屬（按即村落）符協公

自卜，因奉漢斂公與安人秦氏，合葬於土名程山坑，卯乙向之原……二世祖冠，宋貢元，乃漢斂公長子也……公與孺人合葬元朗後水門山，甲寅向之原，其形肖金鐘覆火，此亦符協公所卜。三世祖旭，宋封君，乃冠公之子也。原配安人廖氏，續娶葉氏。封君與二安人合葬於土名淺灣曹公潭，丙向之原。其地喝形七星伴月，此地亦符協公所卜。故堪輿家言，吾族吉地固多，而甲科咸稱皆藉公墓丙向之陰焉。

可見民間信風水之說，極為普遍。

《新安縣志‧邱墓》亦載有郡守馬墓，記云：

宋稅院郡馬鄧自明墓在石井山。當宋南渡時，鄧銑勤王有功，故其子自明得尚高宗公主。生男四人：林、杞、槐、梓。光宗嗣位，林復持母手書上闕，遂賜祭田十頃在石井。今子孫蕃盛，其祭田猶存。

所記與郡馬墓的碑刻相同。查鄧惟汲被封為郡馬，是在死後才追封的。縣志及碑訪刻所謂"林復持母手書上闕"，就是說當時鄧惟汲已經去世。他生下四子，四子皆以木字旁取名，長子名林，二子名杞，三子為槐，四子為梓。他的母親聽到光宗嗣帝位，才寫信叫長子鄧林上京，要求光宗追她為皇姑，而鄧惟汲則為郡馬。

相傳鄧銑當時在江西做官，金兵南下，宋帝的皇親國戚都到南方避難。鄧銑在廣州時，於難民中遇到一位孤女，她自稱是趙氏孤女，鄧銑便帶她到新界錦田來避難。鄧銑的兒子鄧惟汲與這位姓趙的孤女年紀相差不遠，鄧銑便把她許配給兒子為妻。他原本也不知道這一位媳婦是皇族中什麼人。

後來南宋偏安之局漸定，宋光宗趙惇登位，改元紹熙。這時鄧惟汲已經去世多年，她的兒子鄧林、鄧杞、鄧槐、鄧梓亦已長大，她才對鄧林說出自己的身份其實是當今皇上的皇姑。她把自己的身世、父母的名字和宗室各兄弟姐妹的名字寫下來，叫鄧林去見皇帝，追認她皇姑的身份。

當時宋宗室的情形非常混亂，南宋的幾個皇帝都不是嫡傳子孫。宋高宗趙構立秀王之子伯琮為子，是為孝宗。伯琮傳位給趙惇，是為光宗。當時鄧林的母親，正是秀王子偁的從女，也即是光宗的從姑姊。南宋得到暫時的苟安，皇族方面自須重新安排及登記，把因戰亂而散失的宗親尋回。那個時候，失落在南方各處的皇族都去報到。鄧林的母親，叫鄧林帶他的信前去，只屬於報到的性質，表示皇族還有一支，流落廣東新安縣而已。後來經過審查，證實了她的身份，便因此追認她為皇姑。因她的丈夫已經去世，便追封鄧惟汲為郡馬，賜給十頃良田，作為徵嘗之田，故稱為祭田。

由此可見，這一位皇姑，是非常巧合才追認出來的：假如高宗趙構，不是立秀王之子為繼承人，或假定當時南宋偏安之局不是那麼長久，宗室的登記工作不那樣切實推行，這位皇姑便不容易被追認出來，更不容易追封惟汲為郡馬。可以說，這些都是由機緣所造成。

正因為由機緣造成，就產生了很多的附會。而民間的附會，很容易就與風水之說相結合。雙魚嶺的風水被形容為有龍氣，亦由此而傳說出來。其他很多風水掌故，也由此而流傳下來。

且不論雙魚嶺是否有龍氣，只因本港的河流並不多，除城門河、林村河、深圳河之外，就是雙魚嶺下的雙魚河。這條河經河上鄉而灌溉上水與粉嶺之間的農田，自有它的價值。新的城市既以上水的石湖墟與粉嶺的聯和墟為起迄點，則這座新城市正位於雙魚河流域之內，命名為"雙魚市"，是有一定的意義的。

本港生產的魚類，除海魚和塘魚之外，還有供觀賞的熱帶魚。這些繁殖熱帶魚的魚場，大部分都設在雙魚河流域一帶。由於雙魚河的河水受污染較少，是用來繁殖熱帶魚最理想的淡水，故能大量生產。每年本港出產的熱帶魚，除供應本港之外，也有大量出口運往外國銷售的。雙魚河的水，既可以養供食用的淡水魚，如鯉魚、鯇魚、大魚之類，又可以養熱帶魚，如紅劍、黑摩利、神仙等。這條河，真不愧名為雙魚河哩。

碗窰村與八仙嶺

大埔區是假期旅行的熱門地區，該區有很多旅遊地點，其中的八仙嶺、新娘潭、船灣淡水湖等地最多人去，而碗窰村近來因為發現很多古蹟，亦成為喜愛旅行兼考古的人常到之地，故本篇拉雜談談大埔各名勝古蹟的歷史。

碗窰村位於大埔之西。到該處旅行，多乘火車前去，在大埔墟車站下車後，沿車站右方的小路前行，不久見到一條小鄉村。這村名泮涌村，村邊有車路，可通到白橋仔。白橋仔是一座石橋，再行不遠，就到達碗窰村了。

碗窰村分上碗窰和下碗窰。到了該村，遊人就會發現，把兩村分開的地方就是碗窰村公立學校。在這所校舍上方的位置，約有四十餘間村屋，這就是上碗窰村；而校舍的下方就是下碗窰村，村屋比上村為多，約有二三百家。村民以姓馬的較多，但其他姓氏亦不少。從他們的方言來觀察，大部分是客家人，他們都是清朝康熙年間遷海解禁之後，先後從海豐、興寧、惠陽等地移民過來的。

這條村名叫碗窰，說明村民當初在該處開村聚居是以製造瓷碗為業的。

考本港的瓷土，土質極佳，至今仍有採運，輸往東南亞各地去。本港自宋朝中葉即已開發，很多村莊都已形成，而碗碟是日用必需品，故本港很早就有瓷器出產，供本地人需要。

碗窰村的碗窰，據說在明朝萬曆年間已經開始製造瓷碗。照大埔墟文氏父老所說，最初在碗窰設窰燒碗的是該族祖先，那時碗窰村還未成村。

明朝萬曆年間，文姓祖先在碗窰村的現址上建窰燒碗，當時規模並不大。由於該處的土質佳，而且附近又多樹木柴草，可供燒製瓷碗之用，故在該處設窰製碗。產品供本地區銷售，產量並不多。到了清初，由於清政府強迫鄉人遷入內地，文族因大埔亦劃入界內，故此被迫遷入內地。這個碗窰便告廢置。

到了康熙十年左右，本港地區已經復遷，大埔文族鄉親紛紛返抵家園復業開耕。當時農村以耕種為主，製碗只是副業。故復遷之初，大埔文化族人也都全力投入耕種，對於碗窰的生產仍未恢復。大家都集中力量去種好糧食。當時清政府為了調整因遷界而受到的經濟損失，曾大量向各地招募移民到以前被強迫遷界的地方開墾，以便增加糧食生產。新界地區亦在移民之列，因此很多人都來新界開墾建村，大埔區亦不例外。當時有馬姓族人，從內陸移民來到大埔。他們來到碗窰附近開墾耕種，發現山邊有座廢棄的碗窰，向當地人詢問，才知道是大埔文族的物業。原來馬族中有幾位是會製造瓷器的，他們向文族出資，買下這一座窯，開始恢復生產。當時那座舊窯，位於現時上碗窯村處，規模並不大，但因所生產的瓷碗非常耐用，頗受當地各鄉村歡迎。到了乾隆年間，大埔的交通已較前發達，很多漁船都來灣泊，漁民亦樂於採用碗窯村生產的瓷碗，銷路因此大增。為了配合產銷，村民於是將碗窯擴大。

擴大製碗的碗窯，是馬族的一位先祖經手的，他在舊窯之下靠近取泥土的地方建了五座碗窯，順着地形，築成窯道，每道有灶口四個，火力約為一千二百度，每次可燒碗六千多隻。可見當時大埔的瓷碗銷路之廣。

乾隆年間，碗窯村所製的瓷碗，當然不只行銷本地區，相信也會行銷到外地。當時香港還未開埠，碗窯每次已可生產六至七千隻碗，通常兩個月燒一窯碗，年燒三至四萬隻，本地區豈能用這麼多的碗？碗窯村的村民，賴此以改善生活，因此發起為碗業的祖師建一間廟堂，希望藉祖師的神力增加生產、擴大銷路。

我國每一個行業都有祖師，碗窯村的製碗業也不例外，亦有一位祖師。當碗業還未發展起來、銷路沒有大幅增加之時，村民只在上窯和下窯之間，築一間三尺多高的小屋，安奉他們的祖師。到了業務大幅增長之後，他們就要為祖師建一間大廟。這間祖師廟，名叫"樊仙宫"。村民將從前那間小廟裏的祖師，供奉到大廟之內。

樊仙宫建於乾隆五十五年，即 1790 年。現碗窰村的"樊仙宫"內，正殿上有一古舊的牌匾，上款刻"乾隆歲次庚戌蒲月穀旦"，橫書"樊仙仙宫"四個大字，下款刻"眾信弟子同立"。這牌匾證明這間祖師廟建於乾隆五十五年五月，因庚戌為乾隆五十五年，蒲月就是農曆五月。足見在 1790 年時，該處生產的碗銷路極廣，不然的話是沒有辦法籌集這麼多錢建一間祖師廟的。

對於鄉村廟宇的建設，我們應用經濟觀點去分析，不應用唯心的觀點去研究。鄉村廟宇通常分為兩類，第一類為慎終追遠的，凡祠堂、祖師廟即屬這一類；第二類是保佑地方安寧的，如土地廟、文武廟或其他神佛朝堂等，即屬這一類。無論建築哪一種廟宇，必然在大多數村民的生活獲得改善後，才能建造起來。從沒有在全村窮困的時候，能把廟宇建造起來的。因此碗窰村樊仙宫的建成，是標誌着該村的製碗業已得到大發展。

很多到碗窰村去旅行考古的人，在碗窰村的廢窰遺址上，仍可見到很多破碗碎片。他們認為這些破片會有很大的價值，這是用現代眼光去評論古代的物品，結論必然不正確。在農業社會裏，作為日用品的碗，人們要求的標準是耐用，而不是瓷質的幼細及釉色的美麗。碗窰村生產的碗，其粗糙正好表現它的耐用，因此銷路日廣。

我們有理由相信，香港開埠初期居民所用的碗，大部分由碗窰村供應。自 1842 年至 1868 年的二十幾年間，香港的飯店、茶寮所用的碗，大部分是從碗窰村運來的。我們可以從現時"樊仙宮"上一副木刻對聯和一個香爐得出證明，對聯寫道："器作河濱，千古群欽無苦窳；名通陶正，萬家咸仰有專司。"聯的上款有"道光十八年戊戌季冬"，下款署名是"馬文合"。殿上的一個香爐上刻有"道光己酉仲冬吉日樊仙宮"字樣。道光十八年是 1838 年，己酉是 1849 年。

廟宇內的殿聯橫匾，一向都是由發了財的人所贈送的，以表示酬神恩之意。樊仙宮是製碗業的祖師廟，必定是整個製碗業得到發展，才會又送殿聯又送香爐的。所以這兩件實物足以證明，自 1838 年至 1849 年，碗窰村的碗特別暢銷。而這時正是本港開埠初期，當時勞苦大眾所用的食具，自然就近採購，碗窰村得到地利，從大埔用船運出，就可以運到香港來。因此碗窰村的黃金時代，應是從 1843 年開始，直到光緒末年，共有五十年之久。

樊仙宮內另有一副對聯，是同治七年所立。此聯不但可以說明碗窰村的碗業到同治七年，即 1868 年仍然很繁盛，同時也說明了村中從事製碗的村民是從海豐縣而來的。這副對聯云："績溯鴻溝，恩流鴉海；仙傳梅隴，澤沛梡陶。”考“梅隴”是指海豐縣的梅隴墟，“梡陶”即碗窰村，說明村民從海豐縣移來該處發展。

這副四字聯，指出“樊仙”把燒製陶碗的技術傳到海豐的梅隴墟來。究竟樊仙是什麼人呢？原來廟內沒有神像，只有一個大木筒安奉在神殿之上。這個木筒中，插着三支令旗，令旗上有“樊一郎”、“樊二郎”、“樊三郎”字樣。足見“樊仙”不是一個人，而是三個人，且是三兄弟。這三位製碗業的祖師，是把製陶技術從別處帶回海豐縣的人。但他們並非發明製碗技術的始祖，因為陶器的歷史悠久，早在新石器時代，已有陶器。

我國民間傳統中有慎終追遠的習慣，因此對於家庭的先代，也要追尋最早的祖宗，每一個姓氏都要找出始祖來。各行各業的工人和商人，也要找一位祖師來，用以團結同業。鄉村中的祠堂，是團結同宗同姓人的地方；行業的祖師廟，則是團結各該行業同人的會所。宗祠與祖師廟雖有其迷信成份，但亦有其團結同宗同業的作用，因此各地都有祖師廟和宗祠之設。但製陶業的祖師廟裏供奉“樊仙”的並不多。

考各地的製陶業祖師廟，以供奉神農氏及陶唐氏者為最多。神農氏被視為農業的發明者，陶器的原料是泥土，取自田畝，故一些地區的陶業祖師廟供奉神農氏。陶唐氏即堯帝，相傳他居於陶丘。陶丘被形容為出產陶器的地方，因此有些地方的製陶業祖師廟供奉堯帝。供奉樊仙的廟宇在外省可以說完全沒有，但在海豐、陸豐等縣，樊仙是製陶業的祖師。

筆者認為，早期海豐縣居民並不是不會製造瓷器，只是製瓷的技術仍保留在原始狀態，燒製時火力不足，製出的器皿不耐用。其後由樊氏三兄弟對技術加以改良，或三人到其他製陶先進地區，學會了燒製技術，回到家鄉傳授給父老，使當地的陶器跨進了一大步。因此該縣的陶業同業，奉他們為祖師。

樊仙宮內另有同治七年的對聯，聯云："仙骨披風流，蒲雞化神，億萬家共敬甄陶滂澤；廟模宜雲錦，松龍異昔，千百世永瞻赫曜英靈。"這對廟聯也立於同治七年歲次戊辰。足證1868年，碗窰村的碗業更向前發展。

碗窰村的製碗業，大抵到了光緒年間已經走下坡了。因為廟內的對聯匾額，極少刻有光緒年間的落款。反而，牆邊嵌有一塊"重修樊仙宮碑"，此碑刻有下列字樣："光緒二十三年歲次丁酉，重修樊仙宮、關帝宮、福德祠，並塑關帝、福德二仙神像，行像修容。經在古達埠捐題銀兩，首理人馬俊明……"下列捐款芳名一批。這批捐款人，很多是村中華僑，從外洋捐款回來重修這間廟。由此可見，村民到光緒年間已不能繼續發展製碗業，要到外洋去謀生。到這間祖師廟要重修時，村中本鄉人力量有限，要靠外洋的鄉親匯款回來才能重修了。

由於製碗業已瀕臨結束，因此其祖師廟也因環境的變遷，而增設福德公神像及關帝神像，以保護不以陶器為生的鄉人。故重修碑上有"並塑關帝、福德二仙神像"之句。這就等於說明碗窰在光緒二十三年已經近於停業。

光緒二十三年為 1897 年，這時香港已交通發達，中國各地的陶器都運到香港來推銷。從廣州到香港的輪船，上午開下午就到香港，石灣等地的瓷器已佔領香港市場，價錢亦比碗窰村所產的便宜。加上潮州、福州等地的瓷器也運港推銷，碗窰村出產的瓷碗不是對手，因此業務一落千丈，各窰都停止製碗。村民從事耕種或出港謀生的漸多。

現時的樊仙宮是 1976 年 2 月 26 日重修的，在此之前，1925 年 2 月、1964 年 2 月，均重修過一次，廟內牆壁上都嵌有重修捐款芳名碑為證。考碑上的捐款芳名，不少是在外國謀生匯款回來的鄉人。每次重修都提及福德宮及關帝宮的重修，顯見製碗業已經停頓多時。

目前到碗窰村旅行，在樊仙宮不遠之處，可見另一間廟，名叫"武帝殿"。此廟已經很殘舊，門拱已圮下一些，圍牆亦都呈現裂痕。顯然在 1976 年重修樊仙宮時，未及修葺這間古廟，可能是因為經費不足之故。

廟內陳設十分簡單，神櫃上已無燭台鼎炬，殿上只有"忠義堂"橫額一方，但無神像。這間廟既名"武帝殿"，應該供奉關帝神像才對，為什麼不見神像，廟內又如此荒涼呢？

筆者在廟內訪查了很久，發現廟內有一塊石碑，碑文赫然寫着"福德祠碑"。這塊碑證明這間廟原為"福德祠"，後來才改為武帝殿的。至於後來又何以連武帝的神像都不見了，實在需要向鄉人調查才能明白。

武帝殿內的福德祠碑，字跡已近模糊，但仍然可以用粉筆塗上去，慢慢而耐心地反字句抄錄出來。這碑使人引起混亂，因為碑刻的年代竟是"道光九年"，即 1829 年，是香港開埠之前所立。足見這間古廟，和樊仙宮差不多同樣古遠，為什麼會這樣的呢？實在頗費思量。

先將武帝殿內的福德祠碑抄錄於後，然後再作說明，碑記云：

蓋聞建國必建城隍，立鄉宜立土地。此祠宇之設，不等寺觀之虛；庇俗之力，更親佛老之誕。其典不亦鉅且重哉！我碗陶鄉之有福德祠也，不知創於何代、始於何人。自我由樂來安，廟貌既見巍煥。越今年湮代遠，牆垣爾頹。飲露餐風，神明時懷怨惘；披星曬月，天地亦惜荒涼。雖朝香晚燈供奉，千秋勿替，而雨漂霜搗，情懷片刻難安。是以我輩目繫心傷，合懷鼎力，爰捐貲以庀材，共解囊以重建。前之敗垣者，今已竹苞松茂；昔之廢頹者，茲則鳥革翬飛。將見大顯威靈，廣施恩惠。佐我陶場，無苦窳之器；蔭我里巷，有康阜之人。庶河浜成聚之日，共見於今。茲將捐題芳名，用刊諸石，永垂不朽矣……道光九年。

這塊福德祠碑說明福德祠重修於道光九年，即1829年。碑文有"自我由樂來安"之句，又有"不知創於何代"等句，就說明了很多問題。第一：這間土地廟建於村人未從別處移來之前；第二：說明此廟比樊仙宮的歷史更為悠久。樊仙宮是他們在碗窰村建窰製碗之後所立的祖師廟，而這福德祠是他們移民到來之前就已經設立的。清初本地區遷海，強迫居民遷入內地，碗窰村的先代村民，在遷海期間入內地謀生。到"復遷"之後，他們或已在內地建立了另一村落，或者不幸流離失所，沒有回來，因此才有移民遷來居住。

這些在康熙年間遷來碗窰村居住的村民，見到村中有間福德祠，知道是上代居民所立的鄉村神廟，自然也上香供奉。及製碗業發展起來，他們建了行業的祖師廟樊仙宮之後，覺得福德祠的土地神是先代村民的神，他們也願立一位自己的土地神，因此在樊仙宮內，也立了福德神像。樊仙宮內的福德神像，就是他們的土地之神。這是樊仙宮內也有土地神的原因。

到了道光年間，這座由前代所建的福德祠已殘舊不堪，因此才需要集資重修。這就是這間土地廟的歷史。但是，現時到碗窰村去旅行，見到廟上的 "武帝殿" 橫額，又會使人迷惑——何以福德祠忽然又變為武帝殿呢？

考武帝殿的橫額，旁有 "民國二十四年冬月重修" 字樣，說明這間廟是在 1935 年重修時才改為武帝殿的。這很明顯地說明福德祠到了 1935 年又瀕於倒塌，當重修時，有人提議將它改為關帝廟，安奉關雲長。改為武帝殿的原因很簡要，就是樊仙宮內既然有土地神，無必要另立一間土地廟。把它改祀關帝，亦頗合理。但這樣一改之後，這間廟就變得不倫不類。到目前，廟內荒涼不堪，連神像都失去了。

據說廟內的神像，是在日軍佔領港九時期遭日軍破壞的。當時日軍曾入村搜查遊擊隊，連窰洞都搜過。

日佔時代，大埔一帶是遊擊隊出沒之區，遊擊隊的活動範圍很廣闊，常使日軍疲於奔命。日軍因此常到各鄉騷擾，碗窰村武帝殿內的神像，就是在當時被日軍破壞的。

談到遊擊隊在日據時期的活動，就不能不談談八仙嶺的一切。因為八仙嶺是當時遊擊隊的一處根據地，對日軍的運輸隊威脅頗大。

八仙嶺位於船灣海邊，當時船灣尚未建成淡水湖，遊擊隊於晚上從八仙嶺上下來，有時乘船到大埔窰附近去爆破鐵路，有時則在大埔公路上埋伏襲擊日軍，經常殲滅日軍，獲得了不少糧食與彈藥。由於八仙嶺是一座大山，遊擊隊逃入山後，日軍不易追擊。日軍人數不多，不敢入山掃蕩，大規模掃蕩時，遊擊隊又逃去無蹤。

查《新安縣志》中並無此八仙嶺之名，相信從前此山不名八仙嶺，而名龜頭嶺。至於更名為八仙嶺之原因，是山上共有八座山峰。人們附會這八座山峰為八仙，將最高的一座山峰稱為純陽峰。其餘各峰也以八仙為名，如何仙姑峰、韓湘子峰、藍采和峰、曹國舅峰、漢鍾離峰、鐵拐李峰、張果老峰等。其實各峰並不似仙人形狀，只因遠望共有八座山峰，便名之為八仙嶺而已。

八仙嶺因山前臨船灣，山背臨印塘海及沙頭角海，可說四通八達，故戰時用作抗日遊擊隊的根據地，無論日軍從什麼地方進攻，遊擊隊都可以在山上望見，易於及時轉移。

八仙嶺山區，有一條山村，名"烏蛟田"。但香港地圖寫作"烏蛟騰"，郊野公園管理局編印的《八仙嶺郊野公園》手冊，亦寫作"烏蛟騰"。若根據《新安縣志》所載，應名為"烏蛟田"。考當地方言，"田"與"騰"同音，諒為譯音之誤。加上望文生義，蛟當然是會飛騰的，故將"田"字誤為"騰"字。

查烏蛟田村在八仙嶺山坳中，八仙嶺的山勢似一條蛟龍，而山色是黑色的。村民倚山建村，在山坳的地方開墾稻田，這些田畝就像在烏蛟蟠繞之處，故名烏蛟田。

烏蛟田村現時仍有一座紀念抗日戰爭烈士的紀念碑，紀念日佔時期該村參加抗日工作而殉難的志士。這也是唯一能證明該處是遊擊區的實物。

八仙嶺早在幾年前已宣佈成為郊野公園，作為市民康樂活動場所。因此該處已成旅行熱門地區。原來，本港於六十年代後期成立了郊野公園管理局及郊野公園委員會，研究在港九各處地區設立郊野公園，為市民提供康樂活動場所。根據規定，凡設立郊野公園之後，所有劃入郊野公園範圍內的地方就不能發展作其他用途。換言之，該處一切自然景物，都受到保護，不能以發展為理由而加以破壞。例如不能發展為工業區、住宅區，甚至徙置區也不能設立。對於原有的鄉村，亦規定它的範圍，不能以其他理由將鄉村範圍擴大。因此郊野公園的劃定常受鄉村居民反對。

由於郊野公園規定了鄉村範圍，便和鄉人的利益衝突，原住於該區鄉村的村民不能隨意發展他們的鄉村。這無疑是損害他們的利益，故很多鄉村對郊野公園的設立深表不滿。

對於保護自然環境這種新觀念，很多人都未明了，原因是這種新觀念是近世才興起的，而且是由工業發達的國家首先提倡。住在鄉村裏務農的村民，自然不容易了解。他們不知道工業繼續發展下去，人們就會不斷破壞自然環境，那時人民的生命就大受工業污染的威脅，郊野的花草樹木、鳥獸蟲魚，擔當着調劑人類生活的角色。牠（它）們組成了常有新鮮空氣、有陽光而又幽靜的環境，讓人們在污濁而緊張的生活中，有個清新的"肺"去深呼吸。

郊野公園的設立，不僅為限制鄉村的任意發展，也限制了政府在該地區任意發展。故在決定設立"郊野公園"之前，先須徵得政府同意不發展這些地區，才能宣佈設立。鄉人初時不知此種道理，曾提出異議，但經過解釋之後，很多村民都已明白。故後來開設的郊野公園越來越多。八仙嶺郊野公園設立較遲，而且是在船灣淡水湖建成之後才設立，該處很多鄉村的村民早已因建船灣淡水湖而遷往大埔居住，故反對者少。

船灣就在八仙嶺山下。這個海灣古名龍船灣，其得名是因為海灣自小窖村那邊起，由一狹長的半島伸出海而形成，而這個狹長的半島形如一隻龍船。現在的淡水湖正是利用這半島建成。

從八仙嶺山上向下望，見到構成船灣的這個半島確似一艘龍船。龍船的船頭有個小海島，形如一顆龍珠，該島名白頭洲。人們築了堤壩，將白頭洲與龍船形的半島相連，將吐露港的海水隔絕，然後再自白頭洲築水壩至大尾督山邊，使大埔海的海水不能流入，最後抽乾鹹水，注入淡水，便成了船灣淡水湖。

船灣古名龍船灣，見《新安縣志・海防略》載云：

南頭一寨，原轄汛地六處，曰佛堂門、曰龍船灣、曰洛格、曰大澳、曰浪淘灣、曰浪白。

龍船灣是一處海防汛地，從前有駐兵並設水師守衛。由於船灣位於吐露海峽旁邊，地形利於防守，凡船只進入大埔，必須經過吐露海峽，駐兵船於船灣，就可以防衛大埔。且船灣有八仙嶺在上，居高瞭望，賊船若來，遠遠就可以望見，水師船可以及時攔截。

船灣淡水湖所在之地，就是南漢時採珍珠的地方。南漢王朝設立媚川都，派軍駐守監視採珠，《新安縣志‧古蹟》云：

> 媚川都在城南大步海，南漢時採珠於此。後遂相沿，重為民害。邑人張維寅上書罷之。

文中之"大步海"，就是大埔海。但大埔海很廣闊，歷來研究本港史地的學人沒有深入考察當時採珍珠的真實地點，因此不知採珠的地正是在八仙嶺下的船灣淡水湖一帶。這個地區因外有狹長的龍船形的半島作屏障，風浪較小，最宜採珠。現時該處地區仍有不少古代採珠的遺蹟留存下來，可作物證。

有什麼物證能證明古代採珠的"媚川都"就在船灣淡水湖現址呢？在淡水湖未興建前，淡水湖的山坡處共有六條漁村。這六條漁村的村民，以黃姓及李姓居多。據說他們的祖先就是南漢時被派來採珠的人，後來廢了採珠，他們就留在該處以漁農為業。現時這些鄉村已經拆去，但是在該處仍留下採珠的痕跡。

當局最近在八仙嶺若干地區設立自然教育徑，派出很多專家到該處考察，並在自然教育徑內豎立很多觀察站的編號椿柱，以便市民到來考察自然史地和生物。其中第十二號觀察站，就是指示人們研究古代採珠遺蹟的地方。

自然教育徑是利用現有的自然環境來作教材的教育方法，屬於極嚴格的自然保護區之一。教育徑內的一草一木都受絕對保護，因為該處的一切都是活的教材，可供人們在徑內上一堂自然科目的課，如果加以破壞，即等於毀壞課本，一定會被拘控。本港設立自然教育徑最初的用意，是供中學生在自然科老師帶領之下，到教育徑內旅行學習。所以初期當局並不怎樣宣傳自然教育徑的設立，只向學校提供資料，後來由於喜愛研究自然的人日增，因此當局除了設立自然教育徑之外，還編印詳細的小冊子供愛好者參考。八仙嶺設立教育徑之後，也編印了一本小冊，名為《八仙嶺自然教育徑》，在政府刊物銷售處出售。

據《八仙嶺自然教育徑》第十二站所載，該站名為“古代珍珠床”，其說明文字如下：

在建築水塘之前，下面的海岸，分佈着六個客家村落，其三個已遷徙，但從模糊的梯田輪廓中，仍可找到該等村落之位置。所有六個村落的村民主要都是靠漁業為生，其中五個是姓李，一個村是姓黃的。定居該處大概已達三百年。為了興建淡水湖，共約一千名村民被遷移到大埔墟居住。他們獲得房屋、商店和現金為補償。"

潛水採珍珠蠔是從前船灣海最易獲利，同時是頗為危險的海上作業。自中國海岸以南的大部分南中國海，包括船灣海，當時稱為"媚珠池"。據云此地有很多產量豐富的珠床。於公元九百年時，南漢的皇帝乃是中國第一批發現此寶藏的君王，因而獲利頗豐。據傳說有一位統治者曾有一座地下的"珍珠渠"，而另一位則用珍珠來裝飾其皇宮，並稱之為"珠殿"。然而上品的珍珠很快被採盡。以後的採珠業是依統治者的喜惡和珠蠔場的情況，反覆地禁止或鼓勵該行業的發展。

當時，潛水採珠者要技巧、勇氣和強壯的肺。每個潛水者身上圍有一條繩子，潛水深達十五米，盡量採集珍珠蠔，然後用繩子發出要求提升的訊號。深入海底的潛水及艱險的海裏操作，令此行業極具危險性。

到明朝的時候，產量已衰落，曾有一位皇帝，遣派漁民出海四個月，只採得約半斤珍珠。當英國人到達香港時，該行業已演變成為一種副業，偶而由本地漁民採集。

文中所指之"珍珠渠"及"珠殿"，實為同一統治者所建，並非兩位南漢皇帝建造。這個皇帝就是南漢王朝的高祖劉巖。劉巖即位時，改名為劉龑，據梁廷枬《南漢書·高祖紀一》載云：

> 暴政之外，惟治土木，皆極瓌麗。作昭陽、秀華諸宮殿，以金為仰陽，銀為地面，欀桷皆飾以銀。下設水渠，浸以真珠。琢水晶、琥珀為日月，分列東西樓上。造玉堂、珠殿，飾以金碧翠羽。

所謂"珍珠渠"和"珍殿"，即指此。

宋朝的方信孺，在《南海百詠》中，有詠"媚川都"詩，詩云：

> 瀁瀁愁云弔媚川，蚌胎光彩夜連天。
> 幽魂水底猶相泣，恨不生逢開寶年。

詩前有註，曰：

> 媚川都，偽劉採珠之地也。隸役凡二千人，每採珠，溺而死者靡日不有。所獲既充府庫，復以飾殿宇。潘公美克平之，後於煨爐中得所餘玭珇珍珠以進太祖。令小黃門持視宰相，且言採珠危苦之狀。開寶五年，詔廢媚川都。選其少壯者為靜江軍，老弱者聽自便。至今東莞縣瀕海處，往往猶有遺珠。

根據這一段記載，因有"老弱者聽自便"之句，及"今東莞縣瀕海處，往往猶有遺珠"二句，相信原住於船灣淡水湖山坡下的村民，其先代可能就是南漢時採珠漁民中的老弱者。因宋太祖禁止採珠，少壯的採珠者擴充水軍，老弱的則任其留居原地。這些人留在船灣居住，有時也下海採珠作為副業，這是極可能的。由於有採珠的遺蹟，故十二號觀察站，稱為"古代珍珠床"。

八仙嶺自然教育徑尚有很多值得一談的事，例如該處有幾種原始生長於本土的野生植物，這些植物並非人工種植，可供研究野生植物者參考。

在教育徑的第六觀察站上有條編號木柱，提醒遊人留意附近的一種名"油柑子"的樹木。這種樹木叢生凡數十株，高度與人相等，約六呎至一丈。它的樹葉有點像黃槐樹的葉子，在一條長枝兩側排列生長，成羽狀，每一支長枝兩邊排列很多橢圓形的小葉。這種植物春天開花，到農曆七月初就結子，它的果子就是"油柑子"。從前流行拜"七姐"時，每當七夕乞巧節之際，人們多用這種油柑子作乞巧果。

《新安縣志·物產》載云：

油柑子，山果也。皮滑如柰，色青黃，大如彈丸，味甘而微苦。食後香留舌。木一名洋柑。

八仙嶺清代屬新安縣地,縣志說油柑子是"山果",就是指出這種植物並非由人工培植,而是原生於山嶺之上。八仙嶺有這種山果,故教育徑上特設一觀察站,讓久居城市的市民欣賞。

油柑子又稱餘甘子。屈大均《廣東新語‧木語》中"諸山果"一條載云:

> 餘甘子,樹高丈餘,葉如槐,子如川楝,白色有文理,核作六棱,亦初苦澀,後甘。行者以之生津,一名菴磨勒。

可見這種植物,是野生植物,並非由人工培植出來的。本港很多山地都有野生油柑子,旅行人士口渴時多摘以止渴,果如屈大均所言:"行者以之生津。"

至於餘甘子的別名,亦值得得研究。《新安縣志》稱其一名"洋柑";《廣東新語》稱一名"菴摩勒"。這兩個別名,前者稱"洋柑",顯然指出是從外洋移植過來的;而後一別名"菴摩勒"顯然又是譯音的名稱。這種植物的兩個別名,露出一條線索,指出它是從外洋傳來。

查餘甘子的學名為 Emblica,這個字譯為"菴摩勒"是十分正確的。由此可見,我國古時的書籍,對很多花草樹木的別名,常有譯名的記載,"菴摩勒"即其例子之一。

餘甘子的原產地在印度,現在印度很多公園都栽有這種樹木。印度公園裏的餘甘子，高凡二丈，形如大喬木，是印度美化公園最常見的樹木之一。相傳餘甘子是從印度傳來。

南海是古代中國和印度交通最頻密的地區，很多印度商人和僧侶，在漢代已乘船來廣東，南北朝時更為繁盛。印度的商人和僧侶在出門之時常備可以止渴的油柑子，以便於旅途中食用，是極可能的事。猶如我們現時去旅行，很多人都帶定話梅一樣。他們來到廣東，有在屯門登岸的，有在虎門登岸的，亦有直入珠江口從廣州登岸的。他們在登岸後，經過長途的山路旅程步行去廣州，途中吃油柑子解渴，吐出的果核，散佈在山野間，就長出油柑子樹來，因此這種果樹就成為“山果”。由於它是從印度傳來的，故又名“洋柑”。而“菴摩勒”這名稱，應是印度僧侶的口語，後成為學名的正式譯音。

八仙嶺另有種植物，就是楓樹。這種樹在市區甚少見到，只有兵頭花園有座楓林而已。它的葉子成三叉形，到了秋天會變成紅褐色。八仙嶺上有片楓樹叢生的小樹林，到了秋天，葉子赤紅，非常美麗。

但八仙嶺的楓樹和旁邊的另一種名叫大沙葉的植物，都長有很多樹癭，這是一種特別的現象，為別處所少見，故值得一談。

楓樹的樹枝上，隔不多遠，就有一顆腫瘤似的東西，附生於枝葉或樹幹上。這些樹的腫瘤，稱為樹癭。樹癭的形成，是由一種小蟲所營造的。但古時科學知識未普及，楓樹的樹癭還被人視為求子的神物。

屈大均的《廣東新語・木語・楓》載云：

> 嶺南楓多生山谷間。羅浮連互數嶺皆楓，每天風起則楓鳴。語曰："樗喜雨，楓喜風。" 凡陽木以雷而生，陰木以風而生。楓，陰木，以風而生，故喜風，風去而楓聲不止，不與眾林俱寂，故謂之楓。凡艸生於雷，木生於風，故文雷上著艸為蕾，有蕾無櫺；風旁著木為楓，有楓無蕳。楓者，風之所聚，有癭則風神聚之，曰楓子鬼。嵇含云："楓老有癭。中夜大雷雨，癭即暗長一枝，長可數尺，形如人，口眼悉具，謂之楓人。越巫取之作術，往往有神。" 予有《楓人歌》云："小雨楓人長一尺，大雨楓人長一丈。女巫取得水沉薰，一夕楓人有精爽。小婦持珠來，求子步遲迴。大婦持錢至，問郎歸尚未。"

古人喜用陰陽五行來解釋植物的生態，屈大均因為看見楓樹常在風止之後仍然沙沙作響，就說這種樹為陰木。其實楓樹的樹葉有一條葉柄，葉柄長而柔軟，當風吹過之後，風雖然靜止，但被吹動的楓葉的葉柄仍搖擺不定，是以仍能互相摩擦而發聲。其他樹的葉子葉柄很短，風止時葉子也停止搖擺。所以風止萬木俱寂，而楓鳴如故，並非它屬於陰木、承受陰風才發出楓鳴之聲。

他描術從前那些越巫（女巫），把生有樹癭的楓樹作為神物，稱為楓人，用來為婦人求子及占卜丈夫的歸期。那些拜神的人截取有樹癭的楓樹枝作為神的象徵，叫人膜拜祝禱。樹癭是樹木的腫瘤，偶然生長成眼耳口鼻等形狀，截取下來，便像一個人的面目，視之為神附其物，這是可以理解的。這種風俗起源於初民的拜物風俗。原始人在生產力未改進時，受自然環境支配，他們認為萬物均有主宰，故將大地上一切似人形的東西都視為存在於當地的神靈。把樹癭生成眼耳口鼻形狀的楓樹視為楓人及楓子鬼，正是這種古風俗的遺留。

查楓樹的樹癭，是由一種名叫癭蚋的飛蟲所造成。癭蚋這種飛蟲，交配之後，常常在樹木的幼軟組織上產卵，這些組織多位於小枝之處。蟲卵生在樹枝上面，當孵化成幼蟲時，幼蟲就吐出唾液，導致植物組織膨脹，生出樹癭來。這種樹癭對昆蟲起雙重作用，既可保護牠，又可供給牠的營養。

製造樹癭的癭蚋飛蟲，並不只向楓樹產卵，其他樹木都有。八仙嶺不單楓樹有樹癭，附近的大沙葉樹亦有樹癭。

除了楓樹之外，八仙嶺上還有一種野生果樹，這種樹名叫"山棯"。樹並不高，最高亦只高過人頭，通常是四至五呎，遍佈在八仙嶺山谷地帶。它和油柑子一樣，都是旅行者經常摘取的山果。

根據《八仙嶺自然教育徑》一書的記載：

　　另一種在此處可見到的灌木就是桃金娘，又名崗稔。它是香港最常見的野生灌木之一。桃金娘生長高度約一米，有卵形對生的葉，上面有三條顯明的葉脈，下面有灰色的細毛。初生長呈淺灰綠色，向梢頂上仰。

　　桃金娘的花朵在夏季盛開，直徑為二釐米至五釐米半，桃金娘生有二釐米至五釐米直徑的花簇，花瓣五塊，呈玫瑰紅色至白色，中央有一束黃色的雄蕊。在八月至九月間，結成深紫色的果實，可供食用，但核較多。

　　這種俗名山稔的桃金娘的果子，形如石榴，但比石榴細小得多，只有白果那樣大。果子的頂端有五片小葉，和石榴相似。

　　成熟的時候，山稔很甜，但核子很多，也似石榴一樣。石榴也是核多的果子。山稔成熟時呈紫黑色，但吃在口內，吐出的核子則是紅色的。

　　山稔是本港各處都有的野生植物，幾乎所有有水塘的地方都有山稔生長。香港仔水塘、石梨貝水塘、大欖涌水塘、城門水塘都有山稔，八仙嶺近船灣淡水湖，故此也有山稔。

　　山稔這種植物，幾乎全廣東都有生長。《廣東新語》稱之為"倒捻子"，因為吃這種山稔的時候，必須將果子倒捻起來吃。所謂倒捻，即是將果子的蒂部拿起來，倒放進嘴裏來吃之謂。原因山稔的蒂部有幾片小葉，是不能吃的，故要倒拿放進嘴內。

《廣東新語·木語·諸山果》載云：

> 曰都捻子，樸樕叢生。花如芍藥而小，春時開，有紅白二種。子如軟柿，外紫內赤，亦小，有四葉承之，每食必倒捻其蒂，故一名倒捻子。子汁可染，若臙脂；花可為酒；葉可麯，皮漬之得膠以代柿。蘇子瞻名曰海漆，非漆而名為漆，以其得乙木之液，凝而為血，而可補人之血，與漆同功，功逾青黏，故名。取子研濾為膏，餌之又止腸滑。以其為用甚眾，食治皆需，故又名都捻。產羅浮者高丈許，子尤美。

照《廣東新語》所說，這種山稔，從樹皮到樹葉都有用，是一種經濟價值極高的植物。書中說山稔的果子可以染胭脂，這是因為它果汁紅如胭脂之故。至於它的花可以釀酒，這是廣東常見的釀酒之法。廣東各縣人民，都喜歡用植物的花來釀酒，例如小欖人喜用荼薇花釀酒；花縣人則用各種鮮花釀酒，有三花酒、五花酒等名稱。用山稔子的花來釀酒，名桃金娘酒，因山稔又名桃金娘。至於葉可以為麯，以及將皮浸漬後作漆之法，則難以考證。而將山稔的果子製成膏，可醫腹瀉病，那是因山稔有收斂腸臟的作用之故。

山稔原名桃金娘，見《花鏡》及《群芳譜》兩書。

不過這兩本書，將桃金娘與金絲桃混為一談。現代植物學家才將之分為兩類。原來桃金娘和金絲桃極相似，都是雙子葉植物，花形亦相似，所不同處在於葉脈：金絲桃的葉有透明及暗色的小點；而桃金娘之葉有五條葉脈或三條葉脈。另一不同則是金絲桃的子房在上位，而桃金娘的子房在下位。山棯是桃金娘科植物的代表。它的一切特徵，都可代表桃金娘科的各種植物，是一種有代表性的植物。

《南越筆記》載云：

草花之以娘名者，有桃金娘，叢生野間，似梅而末微銳，似桃而色倍頳，中莖純紫，故名桃金娘。八九月實熟，青紺若牛乳狀，味甘。可養血，花則行血。或謂產自桂林。今廣州亦多有之。

這是唯一能說明山棯叫桃金娘的書籍。原來山棯的花紅中透白，似梅花，但花瓣的末端比梅花的末端微微突出，不似梅花的花瓣圓滑；如桃花，但花色又比桃花為紅。因其雄蕊上有金黃色的花藥，似金色的粟粉，所以名之為桃金娘。它的果實有如母牛的乳頭一般。原來廣西桂林亦有此種樹。

我們研究香港史地，不能忽略各種動植物與當地地理環境的關係，否則就沒有意義。因為這些動植物是依附於當地環境而生長，忽略了這些因素，徒然談及某些變革，那只是對膚淺的表面現象的說明，找不出史地的根源來。當你到八仙嶺旅行，見到山稔，便知道香港確是廣東省的一部分。

古代研究史地的學人，亦極重視動植物和史地的關係，所以每一本縣志，都有“輿地”這一欄目。而在“輿地”之內，分山川、鄉里、墟社及物產等細目。其中“物產”一目，就是記述當地所生長年植物和動物的情況。將這些動植物分佈的情況，與鄰近地區比較，便知道當地與鄰近的地區的歷史根源及氣候是否相近。現代研究史地時，亦可用同樣方法，看看古代某些植物現時是否存在，而哪些植物古時沒有，現在卻有。這樣亦可找出環境變遷的線索來。

古代的帝王亦喜將廣東的植物移植到北方去。山稔這種植物也曾被移植到北方。據《大業拾遺記》載：

> 南海郡送都念子樹一百株……樹高一丈許，葉如白楊，枝柯長細，花心金色，花赤如蜀葵而大，其子小於柿，甘酸至美，蜜漬為粽益佳。

上文說過，山稔又名都念子。這一則記載是說隋煬帝時（約為 605 年），廣東將一百株山稔樹送往北方移植。從這一則記載中可以見到移植是成功的，因為它能說出山稔的花開放時的形狀有如四川的向日葵花，又說出花蕊中的金黃色的花粉。足見我國古代已有移植植物的嘗試。

談到移植植物，八仙嶺上亦有移植的植物，這些植物本來是原地區所留的，復經人工移植於八仙嶺上，現在已經成林。這種植物，名叫台灣相思樹，它是戰後由漁農處移植到八仙嶺上的，並非原產植物。

八仙嶺的台灣相思樹是移植而來的樹木，因為本地區原無這種樹木生長，是由漁農處在八仙嶺種植起來的。漁農處在八仙嶺種植台灣相思樹，還是近十多年來的事。該機構認為台灣相思樹有防火作用，因此在八仙嶺自然教育徑的山坡上種滿台灣相思樹林，稱為“防火林帶”。

樹木都是容易毀於火的，為什麼種樹可以防火呢，這是一種新的觀念，值得介紹。

原來每次發生山火，在人們撲滅山火時，發現了一些問題。第一是山火發生時，火勢有如洪水一樣，迅即將整個山頭的樹木淹沒。原因是山上的山風很大，風乘火勢，火借風威，故迅速把整個山頭燒成火海，撲滅不易。有時用直升機投下滅火劑也無法把火撲滅。第二是在山火熄滅之後，整座山變了禿頭山，被燒過的樹木無法再生長下去，只得被清理出場，再種新的樹苗。但樹苗非經十年八年不能長大成樹，而且山風對幼樹亦不利，故復原困難。

經過長期與山火鬥爭，在每次山火撲滅後，漁農處的防止山火組總結經驗，發現每次發生山火時，火勢到了有台灣相思樹的樹林帶就較弱，那時撲滅火勢較易。同時人們又發現台灣相思樹雖然經過火燒，只要燒去的是樹葉和樹枝，不甚嚴重，台灣相思樹不久即會長出新葉來，它的生命力並不因為被火燒傷而消失。換句話說，台灣相思樹有耐燒的特徵，因此將其稱為防火樹。所謂防火，並非它不怕火，而是可以防止山火蔓延。

原來，每次山火燒近台灣相思樹林時，火勢容易撲滅，其原因就是台灣相思樹不似其他樹木那樣易於燃燒。山火雖然燒到台灣相思樹上，但此種樹木濕性重，火勢便緩慢下來。同時，台灣相思樹林有防風作用，使山風在樹林帶靜止下來，風勢減弱了，燃燒就緩慢。故此在撲滅山火時就比較容易。在總結經驗之後，漁農處認為台灣相思樹有防止山火的作用，因此在八仙嶺的山坡中大量種植台灣相思樹。而這一座樹林就被稱為 "防火林帶"。

台灣相思樹原產地是台灣和菲律賓，二者中又以台灣居多，故稱台灣相思，用以區別原產於廣東的相思樹。考鄰近香港各縣的縣志，都沒有台灣相思樹的記載，但有相思樹的記載。相思樹和台灣相思樹不同。相思樹的種子是紅色的，台灣相思樹的種子是褐色的。同時台灣相思的種子是扁平的，相思樹的種子是圓的，狀如紅豆。故廣東相思又稱紅豆樹。"紅豆生南國，春來發幾枝，願君多採擷，此物最相思。" 就是詠廣東原產的相思樹的詩句。

《東莞縣志》卷十四引《本草綱目》載云：

> 相思子，生嶺南，樹高丈餘，白色。其葉似槐，其花似
> 皂莢，其莢似扁豆，其子大如小豆，半截紅色，半截黑色，
> 彼人以嵌首飾。

《廣州府志》亦載云：

> 相思木，有黃紫之分，皆起細花雲，堅於鐵力木。

這些記載，描寫的都是廣東相思樹，而非台灣相
思樹。因台灣相思的葉子不像槐，花亦不像皂莢。

據《香港樹木》第一頁所載：

> 台灣相思，含羞草科。優美常綠灌木，台灣及菲律賓
> 原產。在香港生長良好，高達二十呎（六公呎），有甚多細
> 長彎曲之枝條。葉顯著而互生，單葉，長三至四吋，闊二分
> 一吋，葉片缺，葉柄扁平而具葉片之普通功能（稱為葉狀
> 柄），半月形，兩端均漸狹。每年夏天，有細小黃金絨球形
> 而有微香之花，但在香港，只有成熟之樹株開花。莢果扁
> 平，長二至三吋，闊三分一吋，乾時暗褐色。任何地方均能
> 生長，但以集結成群生長最佳。最宜作防風林種植。因其葉
> 細長，不宜作遮陰樹用。在公園及花園有甚多適合品種之樹

木可供種植，故此品種應選山邊種植用。繁殖公用種子或用根扦插。

由於台灣相思喜集結成林生長，故此可作防風林。正因為它有防風作用，在山火蔓延到台灣相思樹附近時，因風勢被樹林減弱，火勢亦緩慢下來，易於撲滅山火，故起防火作用。台灣相思的防風林，亦成了防火林帶。

根據《中國高等植物圖鑑》第二卷所載，台灣相思並不是"含羞草科"的植物。中國植物學家將台灣相思列為豆科植物。在植物分類學上，台灣相思不屬含羞草科，因它沒有含羞草科的特點。它的莢果有豆型的種子，應入豆科。聞胡秀蘭博士離港赴美前，有一批中國植物學家來香港訪問，曾對香港現時的植物分類提出若干意見，不知對台灣相思屬豆科一事有無見解？

八仙嶺雖然種植了台灣相思林作為防火林帶，但防止山火仍是每個市民必須注意的事。因為星星之火可以燎原，美好的大自然環境，會被一場山火破壞淨盡。旅行人士更應特別留意，切勿在郊野地區留下火種。

談到山火的發生，在八仙嶺上，可以看到一種最易引起山火的植物，它就是"鐵芒萁"。這種植物是蕨類植物，遍生於八仙嶺各處山頭，是本港最常見的匍匐性植物。它的形狀最易辨認，其葉是羽狀複葉，一對一對地生長在長長的葉柄上。它的莖是鐵鏽色的，非常堅硬。如果赤足在山徑行走，會被它的莖刺痛腳底，像是跐着了鐵線似的。它名叫"鐵芒萁"，原因就在於它的莖像鐵一般的硬。

這種鐵芒萁的莖很幼細，在古代未有"飲筒"發明之前，它的莖就是民間的飲管。因為它褐黑色的莖內，有一條白色的莖心。將這莖心拔出來，就成了通心的飲管，可用來啜吸飲料。八仙嶺一帶的村民常用它來作吸啜飲料的飲管用。

鐵芒萁俗名"蓢萁草"，"蓢"字為"芒"字的轉音，《東莞縣志》卷十四載云：

蓢萁草，莖細而長，末開三葉，有齒。大者長數尺，莖內有心如線，不相粘屬。拔其心，用之編籬代繩，甚韌，可耐久。戴府志按其一作機。

鐵芒萁的莖除了可作飲管之外，亦可編織籬笆，用來代替繩索。它為什麼成為引發山火的罪魁禍首呢？因為這種植物，本來是從前鄉村居民用作煮食的燃料，是最易着火的植物。

由於山頭上生滿鐵芒萁，從前附近村民煮食就是以這種山草作為燃料。鄉人每天登山割取鐵芒萁回來，只要放在門前曬它兩天，就可以燃燒煮飯。它非常易燃，而且火力甚強，是鄉村中的主要燃料。

自從發明火水爐及其他燃料之後，加上本港的勞力市場需求甚殷，鄉村居民已不再上山割取鐵芒萁作燃料了。他們將登山割草的勞力，用於更有價值的勞工市場，改購買火水及其他燃料。因此山上的鐵芒萁就越生越多，生得漫山遍野都是，其中不少老化的葉子枯黃，在旱季及較乾燥季節，就成為在山頭上最易引起山火之物。只要偶一不慎，拋下一顆煙頭，就可以把鐵芒萁燒着，在風勢大的地方，迅即就燃燒成火海。

由於鐵芒萁是匍匐性蔓生的植物，它的生命力很強。從前鄉人割取它作燃料的時候，它尚能割了又生，長期不絕供應農民作燃料。近年農民不去割取它，故此一遇火種，就把整個山頭燒得光禿禿的。火勢沿着鐵芒萁生長的地方蔓延，就會燃燒到樹林區，燒到郊野公園去。每次山火成災，都是鐵芒萁太多所造成。

旅行人士如果知道鐵芒萁的生態，就會在旅行時慎防留下火種，因此有必要介紹這種野生植物的生態給街坊們認識，以便在旅行時留意山火及這種“惹火植物”，以免成為無意中破壞大自然的罪人。

鐵芒萁之所以生長迅速，是靠其葉子的特殊構造。它的繁殖不需要借用風力、人畜或蜂蝶作為媒介。它的葉子具有革質，革質的樹葉有防止水分過度被太陽蒸發的作用,是以它能在這無其他植物遮陰的山頭,經常暴露於烈日之下,卻仍能生長。至於它的迅速繁殖,是靠葉下的一對葉芽。這對葉芽接觸泥土就可以生根,迅速生長成另一株新芒萁。

"八仙嶺自然教育徑"第九站中載云:

在這段自然教育徑下面的山坡,是香港較為典型的暴露山丘,可見如被氈般遮蓋着它的鐵芒萁。鐵芒萁是一種匍匐性蕨類,它的特徵是在桿節處生有一對三角形羽狀複葉,如你小心觀察其一塊複葉的構造,便可了解蕨類為何能適應及生長於烈日、勁風、乾土等惡劣環境下。

首先,複葉本身堅挺而帶革質,所以能保存水份。第二,留意其在每對複葉間的芽,受二片毛狀小葉妥善地保護着,以防止風和陽光的乾炙。第三,它的匍匐習性令它的莖能無限制地生長,只要留着一個活芽,就能繼續不斷地增長。所以它毋需經過漫長而多險的種子繁殖過程。鐵芒萁具有上述所有的特性,故能在暴露的地方迅速生長。

蕨類植物被稱為"先鋒植物",原因是它的繁殖方法與其他高等植物不同,不必用種子繁殖,同時能在極惡劣的環境生長。通常一個地區在沒有其他植物生長之前,會先出現蕨類植物,當生滿蕨之後,其他植物才相繼生長。

《中國高等植物圖鑑》將鐵芒萁歸入"裏白科",

因"裏白"這種植物，是蕨類植物中有代表性的植物。鐵芒萁的各種特點，裏白均具備。上文所說的在複葉處有一對葉芽，這對葉芽是孢子囊，鐵芒萁就是靠這些孢子囊繁殖的。

鐵芒萁又名鐵狼萁、狼萁，照《中國高等植物圖鑑》所載，"有保持水土之效。全草入藥，有消熱利尿、袪瘀止血之效"。是則它也是一種藥用植物。但在各種雜誌中，未見有記載以這種植物來入藥的。

由於鐵芒萁生長迅速，而新界各鄉村已不用它的作為煮食的燃料，各處郊野就遍生此種植物。旅行人士只要留下小小的煙蒂，就可以把它燃着，造成山火。所以每次山火發生，都是先燃着鐵芒萁而起的。

我們知道山野上遍生此種惹火的植物，在旅行就得特別小心煙火，以免成為破壞自然的縱火者。

八仙嶺上另有一種原生植物，此植物俗名"鐵掃把"，它和中草藥中的"鐵掃把"不同。中草藥中的"鐵掃把"是"感靈仙"，而這種植物名為"鐵掃把"，原因是鄉人一向用這種植物來作掃把。人們摘取它的樹枝，紮成一把掃帚，用來掃地，歷久不會脫落。

"鐵掃把"原名崗松，屬桃金娘科植物。這種植物只宜生於酸性的泥土中，故研究土質的人見到這種植物，即知該處土質為酸性。

八仙嶺還有其他很多事蹟可述，因為可以另立一章，此處暫告一段落。

新娘潭與照鏡潭

在船灣淡水湖未建築前，附近的新娘潭就已是郊遊勝地，因為這個地方環境幽美，又有一個動人的愛情故事附會其上，更加吸引人們前去遊覽。在香港，似乎沒有人不知道新娘潭的存在，即使未到其地，亦聞其名。

新娘潭現時位於船灣郊野公園管轄範圍內，有公路直達。但從前未建成船灣淡水湖時，要到新娘潭只能乘巴士到大尾督村前下車，然後循小路步行前去。

郊野公園管理局編印的《船灣郊野公園》手冊載云：

新娘潭可算是船灣郊野公園最著名的吸引遊客地方。雨季時，急流瀑布奔騰而下，便形成了龍珠潭、新娘潭和照鏡潭。民間流行着一種傳說，謂從前當地有一名美女，出嫁之日，乘坐花轎路經此地。由於轎夫失足滑倒，適逢洪水暴漲，新娘不幸遇溺，獲救時已返魂無術。本地自然學者，一向都十分熟悉這個地區。在流入新娘潭的兩條溪澗的村谷中，樹木叢生，土生樹木品種繁多，更有春天盛開紅花的紅杜鵑點綴其間。

手冊的另一段文字介紹道：

在船灣淡水湖及道路網建成之前，到達這地區的唯一途徑是步行，只有幾位熱愛大自然的人士熟悉新娘潭的奧秘。他們在第二次世界大戰之前，已認為此區適宜為自然保護區。現在，郊遊人士只須翻開最近出版的自然教育徑小冊子，根據指引，很容易領略這個區域的美景。

可見很早以前就有人到新娘潭去旅行。

新娘潭既是名勝地區，但遍查《新安縣志》，並無新娘潭之名，卻有"七娘壇"這個地方。因此懷疑今天新娘潭，實為古時之七娘壇，因為就地理位置以及所描寫的情形而言，頗與新娘潭相近。

《新安縣志·山水》載云：

塘坑山在縣東四十里梅林徑。上有七娘壇，嘗祈雨於此。下有雲井，天將雨，先出雲。山腰有石鑼石鼓，叩之有聲。

塘坑山即今之吊燈籠山，自大埔至梅子林一帶，其位置在縣城之東，即所謂"縣東"。梅林徑即梅子林通往大埔的鄉間小路。新娘潭的位置，正是位於梅子林通到大埔的山路的中段。故就地理位置而言，"七娘壇"可能就是新娘潭的古稱，因為"壇"與"潭"

音近，而"七娘"之"七"，轉呼為"新"，便成"新娘潭"。

古人遇天旱，多在高山瀑布之處求雨，因為河流之水來自大山，山上瀑布無水就成大旱，所以求雨多在高山上舉行。新娘潭的潭水由上面的瀑布流下，故古人在該處求雨是極有可能的。因為求雨之時要設壇，這瀑布下的潭叫"七娘譚"，是以又稱為"七娘壇"。

到過新娘潭的遊人，如在早上去到，自會發覺潭上有很多像雲似的霧，假如有在潭上游泳時，遇着下雨，也會見到潭上瀰漫着重霧。這是因為該處樹木多，而且又在林谷處，雲霧不易吹散，故有"天將雨，先出雲"的特點，而下面的潭，因此被稱為"雲井"。

《新安縣志》又有"七娘灘"之名。記云：

> 七娘灘在七都，石蹲水中如星列然。石罅僅容一舟，水勢沖激，舟人過此危之。

大埔一帶，從前也屬新安縣的七都，這"七娘灘"，可以就是"七娘壇"流水出海的地方。從前該處多礁石，自船灣淡水湖建成之後，礁石已浸在湖底，看不到險要之處。

關於新娘潭的傳說，相信是在清末才產生的，原因是嘉慶年間編印的縣志未見"新娘潭"的地名,而新娘潭的瀑布和潭水,實際上是本地區最幽美的,縣志不可能失載,因此懷疑"七娘壇"即新娘潭。"七娘灘"即新娘潭的潭水流出船灣海的地方。特別在1898年新界列入香港地圖之內後,沒有地方官主持求雨,"七娘壇"求雨之地便荒廢,恰巧出現了一位新娘在此處溺斃的故事,人們才將七娘潭改稱為新娘潭。

新娘在該處被溺死的故事大約於1902年前後出現。事實上,新娘潭是橫亙於從大尾督到梅子林等鄉村之間的一條石澗。這條石澗是將山上的地下水匯集而流入新娘潭的。古代沒汽車,往返於大埔與梅子林之間的人,除了步行之外,就是坐轎。當秋冬旱季時,橫過石澗並不困難,就是在雨季,亦不困難,人們可以踏石而過。唯一不容易走過的情況,就是在山洪暴發的時候,因為山洪像萬馬奔騰一樣,有一股摧枯拉朽的力量,使人無法立足。故山洪暴發時,該處交通就會受阻。但山洪暴發之時並不多,而且時間不會很長。

相傳在光緒末年,梅子林附近一條鄉村一位男子,與大尾督附近一鄉村的一位女子訂了親。從前鄉村迎新的時間,多在冬季農閑的時候,通常是農曆十月尾至十一月初這段期間。因為十月禾熟,割了禾、曬妥穀,農村生活最緊張的一段時間已過,加上割禾賣穀之後便有錢辦事,所以迎新常在十月底至十一月初舉行。

當時梅子林村派了一支花燭隊到大尾督來迎親。鄉村的迎親風俗，和城市風俗不同。城市迎親，有一隊儀仗隊先行，吹簫打鼓，浩浩蕩蕩前去坤宅。

鄉村迎親沒有儀仗隊，但鄉村卻有"花燭隊"。這個"花燭隊"是由男家乾宅所在鄉村中的青少年組成。他們扛着紅旗先行，後面是吹打佬敲鑼打鼓，最後是抬着花轎的行列。這種"花燭隊"有保護新娘安全的作用，沿途敲鑼打鼓，燒炮仗，也有驅逐毒蛇猛獸的作用，並非完全是迷信風俗。

古時男婚女嫁，重視媒妁之言，也有其一定的道理，並非純為封建思想。由於農村分佈的區域極為廣闊，有些鄉村的適齡男子多於適齡女子，便要娶遠處鄉村的女子為妻。同村聚居的多屬於近親同姓，男女不宜成為夫婦。在這廣闊的村鄉地區，什麼鄉村有女子適齡結婚，什麼鄉村有男子適齡結婚，彼此相距一百幾十里之遙，如無職業的媒妁從中溝通消息，是不容易結合的。何況在新婚的時候需要一位公證人，媒妁就是公證人。故古時鄉村的婚姻非有媒妁不可。梅子林和大尾督的這段婚姻，也是憑媒說合的。

當日既是冬季時候，梅子林的花燭隊領着花轎從梅林徑而出，經過新娘潭的石澗，由於是旱季，故很容易就走過，一直往大尾督而來。

花燭隊到達村前，照例有所謂"打花燭"的風俗。

這種風俗在廣東是廣泛流傳的，它的意義就是阻止外姓人來接走自己本姓本村的姊妹，有一種惜別的意義在內。

所謂"打花燭"，是由坤宅的少女用石頭擲向來自乾宅的花燭隊，阻止他們入村。但這只是一種象徵性的阻止，並非真正的阻止。花燭隊的青少年，多準備藤牌及手中的紅旗抵擋石塊，故不久就來到坤宅門前，由媒人代乾宅付了開門利是，便把新娘接上花轎去。

現時本港結婚，雖然不用花轎而用花車，但也保持這種風俗的痕跡。迎親之日，由新郎哥的一群年青男友，隨同花車到新娘家中去，新娘的姊妹和女友，攔阻在門外，索取開門利是九千九百九十九元九角。兄弟們討價還價，談了好一回，結果只是給一封利是就把新娘接出去。這種遺留的風俗代表了一種惜別的意義，也代表不能那麼容易就將她們的姊妹接走。

當日花燭隊接了新娘離開大尾督，敲鑼打鼓，放爆竹，浩浩蕩蕩而行，到了新娘潭的石澗上。花燭隊過了石澗，花轎隨後也過石澗，不料這時澗上的山洪暴發，洪水突然如萬馬奔騰地沖下來。轎夫抬着花轎，無法在石上站穩，向旁一倒。轎夫為了自己的安全，抓住大石，以免被山洪沖走。花轎同時也倒在了石澗上，山洪如浪潮似地奔騰，便將花轎沖到潭水下面去。等到轎夫爬出石澗之時，花燭隊趕到潭水旁把花轎撈起時，轎中的新娘已經被溺斃了。

這件慘案發生後，接着傳出了很多鬼話。首先是附近的涌尾村和烏蛟田村的鄉人，於風雨將至的時候，常常聽到女人的哭聲。每到晚上，也常常有人聽到新娘的哭聲，哭得如怨如慕，如泣如訴。更有人在黃昏時經過該處，看見新娘的鬼影，走到照鏡潭那邊去對着潭水梳頭髮。

照鏡潭其實是新娘潭的一部分，距新娘潭不遠，但比新娘潭為小，潭水也較為靜止，其上的瀑布亦較細。這個小潭，是因為新娘潭溺斃了新娘之後，傳說新娘的幽靈到這個潭來梳洗秀髮，借平靜的潭水作鏡用而得名。

《新安縣志》所載的"七娘壇"，只說它有石鑼石鼓。這當是照鏡潭上的兩塊圓形的石頭。其中一塊石在瀑布頂上，其形圓如一石鑼，瀑布就是穿過這圓形的石孔流下去。當水穿石孔而下時，發出的聲音有如鑼聲。而瀑布下面的一塊大圓石，其形如鼓，瀑布沖刷這石時，發出的聲音有如鼓聲。所謂石鑼石鼓，當是指此。

自從新娘溺斃，此地傳說這許多鬼話，烏蛟田、涌尾、大尾督附近一帶的鄉村，覺得這條石澗實在太危險，因為附近各鄉人到大埔墟去趁墟時必經此路，而各鄉村民婚嫁時，花轎也必經此路。為了避免再發生同類事件，各鄉便發起籌建一座石橋，以利行旅。

這座橋於 1905 年開始籌建。

當時新界各鄉村的村民，已有不少到外國去做工。因為在 1890 年時，各國已經取締了賣豬仔的奴工制度，改為契約華工。當時廣東各地農村破產的農民到外洋去做工蔚然成風，新界鄉村的農民亦隨之而往。這些旅居外國的鄉人接到鄉中親人的信，知道新娘潭石澗曾溺斃新娘，準備籌款建築一座石橋以利往來，他們也紛紛匯款回來助建。

這座石橋於 1906 年建成。落成之時，鄉民泐石紀念。現時距這座石橋邊不遠的山坡上，尚有長方形石碑一塊豎立，碑上所刻的日期是光緒三十二年歲次丙午。最值得注意的是，這塊石碑的碑頭上橫刻着五個大字，這五個字是"新娘橋石碑"。它正說明了這座石橋，名"新娘橋"，它是為了溺斃的新娘，以及為未來的新娘經過此處時免蹈覆轍而興建的。

"新娘橋石碑"的字跡已經模糊，只可略略認出若干字句，大意說這座橋名為新娘橋，是為便利花轎通過、使新娘能平安過橋而設。又說出助建此橋者，有遠自金山、近自桑梓的人。所謂"金山"，當時指美國。整塊石碑，內容以捐款人姓名及助捐款項為主。由於凡捐款的人都有名字刻在碑上，在捐款數目上，最少的一位捐款者只捐白銀二毫，最多則捐款二百元。

在這字跡不清楚的碑文中，可考出來自香港、美國和檀香山的捐款者，共一百六十人，來自"尖尾加"

等地的約一百二十人。"尖尾加"當是西印度群島中
"牙買加"的俗譯。碑中近末段,有"大埔金大人等助
大金銀二百大元"之句。

"大埔金大人"究竟是誰?原來這一位"金大人",
就是魯迅先生筆下的"金制軍"。

魯迅先生於 1927 年到過香港,後來他回上海去,
寫過幾篇有關香港的文章,大部分收在《而已集》內。
其中一篇《略談香港》,就談到了"金制軍"這個人。
茲引錄《略談香港》中的一段,以便說明"金大人"
是誰。

> 我又記得還在報上見過一篇"金制軍"的關於國粹的演
> 說,用的是廣東話,看起來頗費力,又以為這"金制軍"是
> 前清遺老,遺老的議論是千篇一律的,便不去理會他了。現
> 在看了辰江先生的通信,才知道這"金制軍"原來是"港督"
> 金文泰,大英國人也⋯⋯

這位"大埔金大人",就是 1925 年至 1930 年任
香港總督的金文泰。很多人忽略了金文泰前期在香港
的歷史,以為他是 1925 年才來香港的。實際上,他在
1898 年,當香港要拓展新界版圖的時候,就已經在香
港工作。

當 1890 年新界大部分鄉村接受英人統治之後,港
府為了統治這一廣大的地區,不能不選任一批會說廣

東話的官學生到新界去任職。金文泰當時是官學生，能說粵語和國語，也能寫中國字，很喜歡研究中國詩詞，特別喜愛俗文學，他對招子庸的《粵謳》特別感興趣。

金文泰的叔父是香港早期的輔政司史密斯，他這個家庭的外祖父原是意大利的貴族。金文化泰因叔父的鼓勵和照顧考到官學生，因熟識中文和中國各種方言而來港任職。他於1898年任職香港總登記官即華民政務司。

1900年，金文泰被派往大埔，負責登記新界各鄉村的田地。這個機構現時稱為田土廳，但在當時均由理民府擔任。所以金文泰的實際官職，等於大埔理民官，故此稱之為"金大人"。溺斃新娘的事，筆者認為當在1903年至1904年之間，理由就是這座"新娘橋"建於1906年。此橋被稱為"新娘橋"，顯示這座石橋是為新娘而設的。

新娘橋又稱"三渡橋"，至今很多當地鄉人都不稱之為"新娘橋"，而叫它為"三渡橋"。叫它為"三渡橋"，因為這座石橋共有三座橋躉，橫跨於大石澗上。從前未有此橋之時，鄉人要走過三處由石澗構成的小潭。有了石橋，就不必三渡石潭，因此稱之為"三渡橋"。

事實上，這座石橋給附近各鄉的新娘帶來了很大的方便。除了在迎親時花轎不必踏石涉水而過之外，新娘在回娘家時，也不必赤足涉水而過。從前風俗，新娘有所謂"三朝回門"的習慣，即成親之後第三天要回娘家去，和父母團聚。三朝回門時，新娘必須盛裝回娘家，她穿鞋穿襪，穿上新衣，在過這條石澗時顯得非常不便。有錢人可僱用傭婦揹她過澗，無錢的窮家新娘就要赤足涉水，有時還要濕了衣裳，極為狼狽。有了這座石橋，新娘稱便。則那位溺斃的新娘，雖然死得很慘，但也造福於桑梓的其他新娘，給她們帶來方便。

據說從前附近鄉村的新娘過這座橋時，一定在橋頭焚香點燭，拜祭那遇難新娘的幽靈。

新娘潭一名的由來，相信是由新娘橋而起。而新娘橋之得名，是和那溺斃新娘的傳說有關。其實，溺斃新娘的地方，並非在新娘潭上，而是在新娘潭瀑布下面的石澗中。

新娘潭現時已經闢作自然教育徑，由郊野公園管理局加以嚴格管理，使這一地區的自然景物得以保存、免受破壞。根據《新娘潭自然教育徑》一書所載，新娘潭的地理環境是非常奇特的，以下是該書描述新娘潭的地質結構的情形。

相傳以前有位新娘跌入此潭而遭溺斃，新娘潭因而得名。舊時民間習例，新娘出嫁要坐密封之轎至新郎家，在崎嶇不平的山路上，坐轎並非十分安全，天氣惡劣時尤甚。相傳當轎來到此潭附近，適天降大雨，一轎夫忽然失足，轎便跌入山崖瀑布下的潭中，新娘慘遭溺斃。後人為懷念這位不幸新娘，故名此潭為新娘潭。

此潭的形成有其獨特的地理因素。新娘潭的瀑布是香港最美麗瀑布中的一個。水流由十五公尺（五十三呎）高的懸崖瀉下。它下面的地質與第十站的石壁大致相同，比較堅硬的礫岩在砂岩之上，形成瀑布的頂端，下層的砂岩則較容易被水侵蝕……

從瀑布衝下的水流，對下面岩石的沖激力大增，逐漸在瀑布下侵蝕成為一個沖激潭，這就是我們所見到的新娘潭了。其直徑約為廿五公尺（八十二呎），深度約二公尺（六呎）。

原來新娘潭的形成，是由於瀑布下面的地質，比瀑布上面的地質軟弱。瀑布頂上的礫石非常堅硬，經得起流水長期沖激而不損分毫，於是形成一座阻擋水流的牆壁。水流經過牆壁而下，就成瀑布。瀑布沖下時，下面的石頭較軟，被水流沖擊，石頭就分解成砂粒和圓石碎。被分解的石越多，潭面就越闊，這是潭和瀑布形成的原因。全世界的瀑布和潭的形成，都是這種原因。

因此，到新娘潭去旅行的人，可以在潭底發現很多砂粒，又在附近找到很多"石春"。這些"石春"，就是瀑布沖擊砂岩分解出來的小圓石，而潭底的砂粒，也是砂岩被分解的產物。戰前到新娘潭旅行的人不多，旅行者多在潭中游泳，同時也在潭上拾"石春"，拿返家中作春節時伴水仙花之用。

我們的祖先，在五千多年前，已經發現礫石是最堅硬的石頭。他們因為看見瀑布上那些湍急的流水能將瀑布下面的石頭沖擊而成潭，而瀑布上面的岩石卻不為流水沖毀，就知道這種石非常堅硬，因此就取這種石頭作為器具，製成石刀、石斧、石鑿等工具。本港有很多新石器時代的遺物出土。那些石器具當中的很多都是用礫石製成。可見我們的祖先，在觀察自然的時候，也啟發了他們的智慧。

我們今天到新娘潭去旅行，很少人會用人類祖先觀察自然的心情去觀察新娘潭瀑布的成因。所以郊野公園管理局將之闢為教育徑，讓人們更深入了解自然、增加知識。

照鏡潭的形成也和新娘潭相同。兩潭相距頗遠，但比較一下兩潭的面積，就知道何以新娘潭比照鏡潭為大：首先是瀑布懸崖的高度，照鏡潭比新娘潭為短；同時它是上窄下闊，水的沖激力就不及新娘潭大，水勢在崖上已經分散，對潭下砂岩分解力不大，因此只能形成一個小潭。

照鏡潭的得名，其實與新娘的幽靈到這潭來照鏡梳妝的傳說無關。說新娘死後，她的鬼魂常在此潭出現，有人見到她對潭梳頭髮，其實只是一種附會。它被命名為照鏡，實際是因為瀑布上面的礫石上有一個"鏡孔"。

這"鏡孔"在崖口上面，是被上面的山水沖激而成。由於崖口上有部分礫石的石質不純正，流水沖擊那些不純正的砂石，形成一個石環。水就從這石環中穿過而流下。石環圓如一面鏡子，瀑布穿過這像鏡一般圓的石環孔而流入潭中，故名照鏡潭。

民間傳說常常和地理環境相配合，日子久了，傳說流行了，人們反而對原來命名的原因完全忘記，而將傳說當成是真正的原因。故此照鏡潭本由潭上的"鏡孔"而得名，新娘潭本名"七娘壇"，結果都因為一位新娘溺斃而使人忘記了原來命名的原因。

新娘潭闢作自然教育徑後，有很多值得介紹的生物現象和地理現象為人所知。其中有一種植物，名叫荷樹，是該地區野生植物之一。故《新娘潭自然教育徑》一書特立一章來介紹這種植物。

荷樹生長在新娘潭自然教育徑的第五號標柱附近，因此《新娘潭自然教育徑》第五站對這種植物有介紹。

在標柱旁的樹木，名叫荷樹或荷木。一位植物學家在1861年見到這種樹木時，描述其為一種很美麗的喬木或灌木。它在香港很多普遍，在新界則多見於村落旁之風水林，同時廣泛分佈於華南，為一種主要的柴薪材。

荷樹通常與他種樹木雜生於陽光充足但不當風地方。葉薄，革質，卵狀橢圓形，長五至十公分，邊有鈍鋸齒。在每年五月開花時，甚為美麗及有些微香味。

在植物學上，荷樹屬茶科。所有植物，按照花的結構及形狀而分"科"。同科之植物，其葉的形狀及生長地點及特性，有時亦很相似。例如茶科之植物，均為喬木或灌木，具常綠革質之單葉及美麗顯著及多枚花萼之五瓣花。

了解這個原則後，你便可辨認荷樹及其同科之"親戚"：例如庭園觀賞之茶花，本港山嶺常見、在秋季開白花之大頭茶，及作飲料之茶樹。

荷樹又名何木，在廣東省各縣均有。《香山縣志》亦載有何木，只稱"有紅白二種"，是指它的花有白花和紅花兩種。而《四會縣志》則有"柯木"一條，載云："此木宜薪，謂之柯柴。"與上面引文所印證，當知柯就是荷樹，又稱何木。這種樹遍生廣東名地，是一種常見的樹木。由於它適宜用作柴薪，故經常被砍伐。凡常遭砍伐的樹木，亦必經常種植，否則樹就絕種。所謂"多見於村落旁之風水林"，就是鄉人經常種植之謂。

新娘潭上的荷樹，高大而具特色，所以在自然教育徑上立一標柱供遊人欣賞。別的地區雖然也有荷樹，但它雜生於其他樹木當中，欣賞較為困難，在該處可獨立觀賞、研究它的生態。

古人說"讀萬卷書不如行萬里路"，很多人誤解這句話，以為去旅行勝於讀書。其實古人這句話的用意，並非說去旅行就不必讀書，而是說，當你讀破萬卷書的時候再去旅行，就會發現書本上所記載的有些內容失實，所以行萬里路勝過死讀書。如果不讀書而行萬里路，便一無所知，因你沒有豐富的知識去欣賞萬里路上的一切。

　　故此，到新娘潭去旅行，極宜先讀有關該處的書箱。例如當你看到荷樹之後，若不先讀記載了有關這樹木知識的書籍，便不會欣賞它的生態。

　　荷樹在植物分類學上，屬山茶科植物，由於它的花形與茶花相似，故列入山茶科內。這種樹除了可作柴薪之外，其實亦可用來製造家具。照《中國高等植物圖鑑》第二冊所載，荷樹另有一種奇特的用途——它可以用來作捕魚的材料。

　　原來荷木的樹皮含有輕微的毒素，將樹皮剝下來就可以用來毒魚。通常是將荷樹的樹皮磨成粉，將樹皮粉灑在溪流及小涌之內，魚若吃了樹皮粉，就出現中毒現象，浮出水面，任由捕捉。

　　該書又記載荷木可以作為建築木材，可見並非只能作柴燒這麼簡單。

　　但是在各種縣志中都未有記載荷木皮可毒魚、荷樹可作建築木材之用，何故呢？

　　原來荷樹要有三十年的樹齡，它的木材才夠堅硬，可用作建築材料。而且待它長大，樹皮才夠厚，方能作毒魚之用。但一般鄉人，因視之為"荷柴"，樹齡不到十年就砍伐了，又怎知道這種樹有其他的妙用？

《中國高等植物圖鑑》中"木荷、何樹"一條載云：

> 喬木，高八至十八米；幼小枝無毛，或近頂端有細毛。葉革質，卵狀橢圓形至矩圓形，長十至十二釐米，寬二點五至五釐米，兩面無毛；葉柄長一點四至一點八釐米。花白色，單獨腋生或頂生成短總狀花序；花梗長一點二至四釐米，通常直立；萼片五，邊緣有細毛；花瓣五，倒卵形；子房基部密生細毛。蒴果直徑約一點五釐米，五裂。
>
> 分佈於安徽、浙江、福建、江西、湖南、廣東、台灣、貴州、四川。生長海拔一百五十至一千五百米的山谷、林地。木材堅硬，供建築用；樹皮磨粉可毒魚。

足見這種樹在長江流城及長江以南一帶都適宜生長。它又叫"木荷"。大抵生長在長江流城的荷樹樹齡較老，江浙一帶人民不輕易把它砍伐作為柴薪，而用它作建築材料。

當樹木生長到二三十年，高大的樹木可作屋宇的副樑，或作瓦坑的橫木；樹皮被剝下來磨成粉，用來毒魚，用途很多。

廣東人把它作為柴薪，實在是太浪費。考荷木之名"荷"，有負重的意義，正當的用途是作屋宇的樑架，並不是用來作柴薪的。

新娘潭附近的植物，還有"金毛狗"值得介紹。金毛狗是蕨類植物，和八仙嶺上的鐵芒萁屬同類植物。但金毛狗的根部和鐵芒萁完全不同，它的根部有黃色的茸毛，被挖起來的時候看上去形狀像一隻小狗，故名"金毛狗"。

《新娘潭自然教育徑》在"第八站"在介紹道：

生長在這徑下坡一面的金毛狗，是這里最特別的蕨類植物。它的複葉生長得很有規律，它那青綠色的顏色，使人從遠處便可辨認。金毛狗是一種高大、優雅、直立的蕨類。它最大的複葉可有二公尺（三英呎）長，裂開，葉的基部長滿黃棕色的茸毛，俗稱它為"狗仔毛"。複葉和茸毛均可作草藥用。其根含有百分之三十的澱粉，糧荒時可充飢。

這種金毛狗是有花植物的祖先。我們現在所見的各種開花的植物、草本的或木本的植物，它們的祖先，都是金毛狗一類的植物。

因為在數億年前，地球本體初初形成的時候，氣候和地理環境未適宜各種植物生長。而蕨類植物，則可在各種惡劣環境與苔蘚植物同時生長。苔蘚植物和蕨類植物都不需要開花結子來繁殖自己的下一代，它們會長出一對孢子囊，用這對孢子囊來繁殖一代，遍生在地球上。因此當地球未有其他植物的時候，就生有苔蘚和蕨類兩種植物。這兩種植物，後來依環境的變化逐漸改進自己，而生成很多植物。金毛狗正是從低等蕨類植物進化成較高大的蕨類植物之一種，它的根具有樹根的性質。

金毛狗的葉，比其他蕨類植物為大，已接近樹葉的形狀。它的葉柄已具樹葉葉柄的規模，而且又有"樹枝"的形狀。而最特別的，是它的孢子囊生長成一對蚌殼形，已接近"花"的形狀。因此有些植物考古學家認為，此種植物是開花植物的祖先：在未有開花植物之前，蕨類植物先演進為金毛狗，然後再由金毛狗演進為會開花的植物，之後由草本演進為木本，由小灌木演進為大灌木或喬木。

正因為金毛狗孢子囊的囊莖有兩瓣，如蚌殼形，故在植物分類學上稱為"蚌殼蕨科"，與其他蕨類植物不同。這一對蚌殼形的囊蓋，被視為是後來有花植物的花瓣和種子殼的演進根源。有了它，地球上才出現會開花結子的植物。

金毛狗是一種重要的中藥材，中藥中的"狗脊"或"金狗脊"就是用這種植物的根部製成的，又有"金毛獅子"的別號。事實上，它的根部採掘出來時，有時確似一頭獅子。由於遍生金黃的茸毛，故又有"金毛獅子"之稱。《常用中草藥栽培手冊》載云：

狗脊，蚌殼蕨科，產地分佈黃河以南各地。藥用部分根莖。效用：補肝腎、強腰膝、除風濕。為多年生高大樹狀蕨類，高七點五至九尺，生於山腳、溝邊及林下陰處酸性土中。全年皆產，秋末冬季採挖最好，除去細根、葉梗、柔毛，切片曬乾，為生狗脊；或蒸煮後曬六至七成乾時，切片曬乾，為熟狗脊。

我國古代植物研究者，對於這種金毛狗研究最深的，首推李時珍。

我國古代醫藥書籍對"狗脊"的記載，有很多訛誤，例如吳普註《神農本草經》云：

狗脊如草薢，莖節如竹，有刺。葉圓赤，根黃白，亦如竹，根毛有刺。

他是將另一種植物誤認為狗脊。由於他的誤認，後來註《岐伯經》的人亦被誤導，稱狗脊"莖無節，葉端圓，青赤，皮白，有赤脈"，更是誤將另一種植物當作是金毛狗了。

陶宏景是道家茅山派的大師，他不肯仕梁武帝，避居茅山，著書立說。他寫了一本《本草經集註》，把狗脊形容如下：

今山野處處有之，與菝葜相似而小異。其莖葉小肥，其節疏，其莖大直，上有刺，葉圓有赤脈，根凹凸巃嵷如羊角。

宋朝的蘇頌，寫了一本《圖經本草》。他是第一位正確寫出狗脊本來面目的人，他寫道：

狗脊……根黑色，長三四寸，兩指許大；苗尖細碎，青色，高一尺以來；無花，其莖葉似貫眾而細。其根長而多歧，似狗脊骨，故以名之。其肉青綠。春秋採根，曝乾用。

故明朝李時珍在《本草綱目》中寫道：

狗脊有二種：一種根黑色，如狗脊骨；一種有金黃毛，如狗形，皆可入藥。其莖細而葉、花兩兩對生，正似大葉蕨，比貫眾葉有齒，而背皆光。其根大如拇指，有硬黑鬚簇之。吳普、陶宏景所說根苗，皆似菝葜；而蘇恭、蘇頌所說，即真狗脊也。

李時珍將金毛狗的生態形容得更為真實，不受前人誤導。新娘潭上的金毛狗，正與李時珍所形容的一樣。

從前勞動力過剩時，很多人到新界山頭去採藥，帶返市區出售。金毛狗是其中熱門的生草藥，港九街邊都有採藥郎擺賣。他們在街邊鋪一張紙，將金毛狗放在上面，有大有細，而每一隻都如狗形，有頭、有腳、有尾，全身有黃金色的茸毛，細隻的售一元，大隻的售三四元。在香港街邊，常常見到此種情景。

金毛狗的茸毛有止血功效，當人們不小心被刀割傷手指時，只須將金毛狗的茸毛撕一些出來，敷在傷口上，立即就能止血。

現時勞動力有價，上山採藥的人很少，且登山採藥收入並不穩定，故採藥的人減少，擺賣金毛狗的人就更少。近年已沒有人在街邊擺賣金毛狗了。但是，若干生草藥店，仍有新鮮的金毛狗出售。

在新娘潭自然教育徑所看到的，只是金毛狗的葉和莖。因為根藏在泥土之下，而自然教育徑的一花一草都是受保護的，不能挖掘，所以看不到它的根是否像一隻金毛狗。人們到生草藥店去，就可以看到它狗形的根。

新娘潭上另有一種藥用植物，亦值得一談。這種藥用植物名叫“海金沙”。這種植物和金毛狗長在一起，都是在第八站的觀察站上，它也是一種蕨類植物，只是蔓生於其他植物上。

海金沙也是蕨類植物。《新娘潭自然教育徑》第八站中介紹這種植物，寫道：

海金沙是一種攀緣蕨，與鐵芒萁有相似的生長習慣。所不同者，鐵芒萁是蔓生在地面上，而它蔓生在矮樹頂及其他植物之上而已。它那三角形細小的複葉是從線形蔓枝上生出來。這些蔓枝生長成網形，遮蓋着其他植物。有些村民，收集這些蔓枝編織成長條形作繩使用。

該書沒指出這是藥用植物，但其實海金沙在中草藥中，是一味通行的藥物。《本草從新》載云：

> 海金沙，甘寒淡滲，除小腸膀胱血分濕熱，治腫滿五淋莖痛。得梔子、牙硝、蓬砂，治傷寒熱狂。唯熱在太陽經血分者宜之。產黔中及河南。收暴日中小乾，以紙襯之，以杖擊之，有細砂落紙上，且暴且擊，以盡為度。莖細如線，引竹木上，葉紋皺處有砂，黃赤色，忌火。

這種植物有利尿、清熱、去濕等功效。但古人不明白蕨類植物的繁殖方法是靠孢子囊，而不是靠種子，因此對這種植物產生錯覺。上文最後幾句——「葉紋皺處有砂，黃赤色，忌火」就是誤解海金沙的葉子上有黃色的砂粒。

其實，「葉紋皺處有砂」，用現代植物學的語言，可譯成葉的皺紋下面有砂狀的孢子囊。這些孢子囊顏色金黃，因此稱為海金沙。中藥中的海金沙，就是它的孢子囊，將之曬乾，作藥材用。中藥講究五行相生相克之說，因為它名海金沙，火能克金，故有「忌火」之說。海金沙除了孢子囊可入藥之外，它的枝和葉都可以入藥，故生草藥店也有全株的海金沙出售。

我國近年來整理和研究中草藥，出版了很多有關書籍，其中《常用中草藥手冊》對海金沙的描述較古籍為正確。它寫道：

海金沙，別名吐絲草、鐵線藤。

識別特徵：多年生攀援草本，莖長一至四米。葉為二至三回羽狀複葉，小葉片形狀不一，常有不規則淺裂；有孢子囊的葉片，分裂較深。孢子囊群沿裂片背面葉紋，排成穗狀。

長生環境：喜生於路旁或乾旱的山坡、丘陵灌木叢中。多見於我國南部各地。

採集加工：藥用全草，夏秋採集。洗淨，切碎，曬乾備用。孢子囊即中藥海金沙。

性味功能：甘寒。清熱，利水，通淋。

主治用法：尿路感染、尿路結石、腎炎水腫、感冒發熱、小便短赤、腸炎痢疾。每用乾品八錢至一兩，水煎服。

由於它的孢子囊集中在深裂的葉片背後，故古人誤之為沙。《本草從新》說它的皺葉內有砂，就是從表面觀察得出的印象，沒有研究清楚這些砂是孢子囊。

孢子囊又被誤認為種子。由於海金沙的孢子囊狀如金色的砂粒，和一些植物的種子相似，容易產生誤認。《嘉祐本草》就是誤把孢子囊作種子的一本書。它寫道：

其子細如砂，熟則黃褐色，即藥用之海金沙也。

日本人稱海金沙為"蟹草"，原因是這種植物生長在其他植物之上時，常常向橫邊伸展，有如一隻蟹伸開蟹爪一樣。而它的葉子又像蟹鉗，十足一隻蟹爬在其他植物之上。日本人的園林中多種植作觀賞植物用。

海金沙在植物分類學上，為蕨類植物門，海金沙科；外國則分為羊齒科，海金沙屬。總之，海金沙是一種和其他蕨類植物不同的蕨類植物，故另立一科來區別。這一科的植物，其特點是葉子分為能育葉和不能育葉兩種。其能育葉上有孢子囊，不能育葉上則沒有孢子囊。而孢子囊成粒狀，這就是中藥中的海金沙。古人不明，以為葉的皺紋上有砂，原因在此。

在新娘潭上所見的海金沙，屬於小葉海金沙。它的葉如卵狀三角形，它的攀援莖如一條小鐵線，因此有"鐵線藤"的別名。由於它生長在小灌木的樹頂上，像佈滿羅網似的，故又名"羅網藤"。它另有一個別名稱"蛤蚧藤"。蛤蚧即青蛙，這個別名是因它的葉子呈卵狀三角形，像一隻伏下的青蛙。

我國勞動人民雖然不是植物學家，但由於長期勞動而和植物接觸，給予各種植物很多別名。這些別名是根據植物的形狀、性能、生態而賜予的，目的在於讓後人認識這種植物。因此別名越多，越能將這種植物形象化，雖小孩子亦能辨認這種植物。我們生長在城市，到野外去認識野生植物，就不能忽略各種植物的別名。一種植物別名越多，就越易認識。

以海金沙而言，它的莖如鐵線，它的葉似一隻青蛙，它的生態是生在小灌木的頂上，像一張羅網，它的葉下有砂狀的孢子囊。因此記住它的別名有鐵線藤、羅網藤、蛤蟆藤、海金沙，就能認出這種植物，可說毫不費力，不必植物學家在旁指點，亦能認識它了。

筆者在寫街坊志時，談及很多植物和動物，常被一些研究香港掌故的人評為多此一舉。其實我們如果對中國的方志學稍有涉獵，便知道方志這門學問，是包括動植物等生物的介紹在內的。所有方志，都包括花草樹木、山川石頭、鳥獸蟲魚在內。故此研究街坊志，不能忽略當地生物的存在，否則就不完備。

本港郊野公園管理局，在開闢郊野公園的同時設立自然教育徑，目的就是向市民提供認識該地區生物的知識，使到郊野公園去的行人，除了認識當地的歷史之外，兼了解該地區的自然環境結構。這些措施和中國的方志學相結合，形成一完整的研究項目。

在新娘潭的自然教育徑內，有一面極廣闊的石壁。這石壁非常特別，是研究地質學的人必到該處去研究的學習場所。因為這石壁表面的石紋，分成四種不同的紅色，像將一座大石山橫切出來，給人們看到各年代岩石的結構。

因此，郊野公園管理局在該處設一寫有"10"字的標柱，指示給遊人欣賞。

《新娘潭自然教育徑》的第十站第一章在介紹這一石壁時，寫道：

對面路旁石壁展示出本區的主要岩石：赤洲層系的水成岩又名沉積岩。此等岩石是由受化學或物理作用，如風化、侵蝕等破壞而成的碎屑，被水或風搬運到適宜之處，再由水或空氣中沉積或沉澱，久而久之，逐漸堅實，形成層狀之岩體，所以又稱為成層岩。

新娘潭上的這塊石壁大部分呈紅色，但若細心研究就會發現紅色之中略有分別，有呈紫紅色的，亦有呈深紅色的。實際上這石壁共由四種岩層結成，這些岩層，通稱為"赤洲層系"。

本港地圖上，有一處赤洲海峽，其位置正是在船灣淡水湖的東北方。它就是從前地圖上的"吐露海峽"。這海峽西岸的岩石，大部分都是"赤洲層系"的岩石。該處海邊的石壁與石頭大都呈一片赤紅色。其中有一個小島，島上的岩石全紅，因此這小島稱為赤洲。

從前地質學家和研究地質學的學生要研究本港岩層結構中的紅岩，多到赤洲去研究。現在則不必如此跋涉了，因新娘潭上就有一塊"樣板"石壁。

　　原來赤洲海峽一帶的紅岩，都能在新娘潭上這塊石壁上找到，因此這塊石壁等於是紅岩的"樣板"石。到該石去細心研究，就看出石壁上共有四種紅岩結構，不必遠赴赤洲去觀察。

　　地質學上的紅岩，稱為"紅層"，約在十億年前的白堊紀時形成。它包括紅頁岩、泥片岩、砂岩、礫岩四層岩石，因為大都呈現紅色，故此稱為"赤洲層系"或"紅層"。

　　通常紅岩多在火山岩之上，即紅岩是在火山岩形成之後才形成，大約晚於火山岩八億年。當地殼在十八億年前冷卻時，形成了火山岩，但那時地殼上有很多碎石。這些碎石被流水及風沖積在一起時，互相膠着，經過氣候和地底的化學物質變化，就結成一層層的岩石。

　　因此，這些岩層共分為四種：第一種由礫石碎互相膠着成為岩層，在細心觀察下，仍可見一粒粒碎礫石膠結起來的痕跡，故稱之為紅礫岩；第二種由較大塊的礫石膠着而成，與上一種由小碎石結成有分別，粗糙很多，故稱粗質礫岩；第三種是泥和礫石膠結成塊狀的岩層，看起來好似一頁頁的石塊疊在一起，故稱為紅頁岩；第四種名紅砂岩，是由細粒的砂膠結成為岩層的，在石壁上細心觀察，就見到這一層的岩層，像用膠水粘合砂粒而形成，與其他三種紅岩不同。

新娘潭上的這塊石壁，四種紅岩層都齊備，以面積而論，紅砂岩佔的面積最大，約佔石壁五分之二，其餘三種紅岩各佔五分之一。

《新安縣志》是一本編寫最不詳細的縣志，書中對"物產"一項，僅聊備一格，對本地區的物產大多失載，對於岩石更加沒有顧及。但《東莞縣志》則有紅岩的記載，載於"物產"欄內。由此可見，編縣志的學養越深，內容便越完備。王崇熙的治學精神不及陳伯陶，故《新安縣志》不及《東莞縣志》詳細。

《東莞縣志‧物產》載云：

> 紅麻石出東莞，亦可甃屋。黃《通志》按："紅麻石，亦名紅粉石。"《艅艎》言："廣州有丐者，能啖石。東莞紅粉石，其最甘者是也。"出京山、西湖、燕窩諸山。其佳者謂之大紅；次者雜沙石，謂之沙紅。邑中舊日起造，多用此石。然柔脆不能耐久。鹹氣蝕之則皮剝。近禁開採，邑多改用麻石矣。麻石色灰白而斑駁，邑諸山多有之。

可見古人已經能分辨出兩種紅岩，指出一種名叫"大紅"，一種名叫"沙紅"。所謂"大紅"，應是紅礫石碎膠着而結成，故較為堅硬，可以連層。"沙紅"即紅砂岩和紅頁岩，這種紅岩是由細沙、礫石砂與泥土膠着而成，故沙多，質地較脆。

東莞縣和新廣東縣都有很多赤洲層系的紅岩，其中以近海地區最多。因為這些紅岩是將火山岩表面的碎石，經風力和水力的作用，使之集結在一起。經過數億年的物理作用而結成岩層，故通稱水成岩。由於它的組成複雜，故岩石質地有硬有脆。但即使是硬的紅岩也不宜用來建屋。東莞縣人初時用紅岩建屋，後來不用，就是因為它的石質脆，不容易承擔屋樑瓦面，沒幾年就倒坍。本港開埠初期的建築物，都是用大麻石來建造的，絕不用紅岩，足見英國人對石質早有研究。也許開埠之初，東莞人告訴他們，紅岩雖然較易開採，但質地脆弱，不堪負荷，是以不用紅岩建屋，而用大麻石。目前本港仍有很多古老的建築物只用大麻石建成，最容易見到的是高等法院的幾條大石柱，即是用大麻石砌成的。但沒有什麼現存建築物是用紅麻石建成的。

新娘潭上還有很多奇怪的產物，其中一種動物，名叫“毛雞”，常在樹林中出現。毛雞是新娘潭一帶的物產，當人們在新娘潭附近的樹林經過時，常會聽到“咕咕”的叫聲，這就是毛雞的叫聲。牠既不善鳴，又不善飛，常伏在樹林中的灌木叢內，受驚時才會振翅而飛，但飛不遠就要伏下。從前很多人捕捉毛雞，但現在則禁止捕捉，因為牠是益鳥，而且是受保護的野生鳥類。

毛雞的腳趾特別古怪，牠的四隻足趾是兩隻在前、兩隻在後的，四隻腳趾並不相連。牠站在樹枝上時，足趾兩前兩後抓住樹枝，就站得極穩。這種腳趾的生態完全是為了適應在山野中生活進化而成。關於新娘潭上的毛雞，《新娘潭自然教育徑》亦有介紹，該書"第四站"中載云：

在前面一段林陰路上，如留意周圍之活動或聲音，你將會發現多種動物。

假如你聽到淒厲的"苦、苦、苦"聲音，這是毛雞叫鳴了。毛雞又名紅鶺或褐翅鴉鵑，是杜鵑科的鳥類，形似雞類，通體羽毛大都黑色，兩翅褐栗色，尾羽長。和杜鵑科的其他雀鳥一樣，牠具等趾足，即是兩趾向前，兩趾向後，趾間並不相並。毛雞通常棲息於喬木林邊緣或灌木叢，不善飛行，迫不得已時才鼓翅起飛。嗜食蝗蟲、蚱蜢，對農林有益。

毛雞是廣東人的俗稱，其實牠的正確名稱應為雉。因為牠的尾巴特別長，廣東人用牠的尾羽作為裝飾物，叫"雉雞尾"。粵劇中的文武生及武生出戴的頭盔，就是用雉雞尾製成：將幾條雉雞尾粘合成一條長長的飾物，左右各插一條，出場的時候看起來威風凜凜。如果在舞台上戰勝了敵方，主角例必伸手把頭盔上的兩條雉雞尾拉下來，稱為"拉雉雞尾"，表示威風至極的意思。

由於舞台上戰勝者循例要把頭盔上的雉雞尾拉下來，故粵劇界有"拉雞毛"一詞，用來形容春風得意的人，以示威風至極之意。至今這句話仍流行，而粵劇中武將的頭盔仍插着雉雞尾。

據說毛雞本名雉，由於漢高祖的皇后姓呂名雉，故將雉改為毛雞或野雞。雉之名亦有所本，原來毛雞雖不善飛翔，但牠起飛時很快，呼的一聲就飛起，但飛不多遠就落下來。牠的飛行姿態有如射箭一樣：箭雖然發得快，但畢竟還是不能射得很遠的，到強弩之末時，就要跌在地上。雉的飛行姿態和射箭時箭的去勢相似，故以"矢"字象形象聲，造成這個"雉"字。

寇宗奭的《本草衍義》云：

雉，其飛若矢，一往而墜。故令人取其尾置船車上，意欲如此快速也。漢呂太后名雉，高祖字之曰野雞，其實即雞屬也。

可見毛雞原名雉，是因牠飛時和射出的箭一樣，去不遠就落下來。牠後來改稱毛雞，是因呂后名雉而起。照寇宗奭所說，則宋朝時已經有人用雉雞尾來作裝飾之用，將雉雞尾插在馬車或船上，作為一種吉利的象徵。粵劇武生的頭盔用雉雞尾裝飾，相信亦和"速去速回"的意思有關。試觀粵劇演出時，將軍

186

出戰，頭盔上的雉雞毛直升而起，這正是象徵速戰速決。等到戰勝，該演員就把雉雞尾輕輕拉下來，取其"速回"的意思。舞台上的"做手"原來亦有所本。

如果有機會到新娘潭去旅行，不妨在灌木林內，看看毛雞的飛行姿態，便知道古人對這種動物的命名和討論，是非常中肯的。李時珍在《本草綱目》中解釋道：

> 雉，南北皆有之，形大如雞，而斑色繡翼。雄者文采而尾長；雌者文暗而尾短。其性好鬥，其名曰鷂鷂，音杳。其交不再。其卵褐色，將卵時，雌避其雄而潛伏之，否則雄食其卵也。

又云：

> 山雞出南越諸山中，湖南湖北亦有之。

毛雞在世界各國多被定為保護鳥。本港亦將其列為受保護的鳥類，因牠專食害蟲，是一種益鳥。但是人們又視毛雞為補品，稱之為"野味"。究竟牠是否真正的補品呢？且看各家對這種飛禽的評述，就會明白。

大日華在《諸家本草》中說：

> 雉，平，微毒，秋冬益，春夏毒，有痼人不可食。

蘇頌在《圖經本草》中寫道：

周禮：庖人共六禽，雉是其一，亦食品之貴。然有小毒，不可常食，損多益少。

孟詵又在《食療本草》中寫曰：

久食令人瘦，九月至十一月稍有補，他月則發五痔、諸瘡疥。不與胡桃同食，發頭風、眩暈及心痛；與菌草、木耳同食，發五痔，立下血；同蕎麥食，生肥蟲；卵同蔥食，生寸白蟲；自死爪甲不伸者，殺人。

李時珍在《本草綱目》亦寫道：

諸家言其發痔下痢，人不可食……若久食及食非其時，則生蟲，有毒，故不宜也。

看過了這些記載，我們就知道吃毛雞是損多益少的。這些記載對於那些喜食“野味”的人極有參考價值，同時對於保護野生動物亦有好處。

古人對於食物和草藥，首先注意的是它的性質和是否有毒，故各種本草及醫書都會先列出此物是熱性還是寒性的、有毒的還是無毒的。其中對於“毒性”的界說，常引起近人混亂。例如毛雞，各家說牠有微毒，但李時珍在《本草綱目》中則稱之為無毒。這就是出於各人對"毒"的看法不同。李時珍是就食後無中毒現象而定牠為無毒。其他各家則是因食了毛雞之後會發五痔和瘡疥，故稱牠有微毒。前者是就即時的中毒現象而定其"毒界"，後者是就食後身體的反應而定其"毒界"。有很多食物本身是無毒的，但食用它會引起各種不良的反應，例如食後便秘，或有皮膚病時食後即會發炎而起潰瘍。這其實只是一種反應，但有些古代醫家認為引起此種反應的食物，就是有毒。最常見的例子是燒鵝和蝦蟹：有皮膚病潛伏在體內的人，吃了燒鵝和蝦蟹，皮膚病就會發作，因此有些本草經指其為有毒。其理在此。

毛雞因為是野生動物，而野生動物多屬燥火，故體內潛伏疾病的人吃了會痔瘡發作，甚至會下血，皮膚病亦因此發動起來。體內有寄生蟲病的人亦會因牠的燥火而發作。所以我們不應迷信吃野味可以補身。

《新安縣志》稱毛雞為"豁雞"，其"物產·禽"中記云：

> 豁雞雞頭鳥喙，尾長下垂，鳴聲"豁豁"。性嗜蛇，能治骨節折傷。其哺子時，取其雛，折兩足，以蛇飼之，屢折屢復，故有奇驗。

屈大均《廣東新語》亦有如此記載，且記載得更為詳細：

> 谿雞，雞頭而鳥喙，色黃；腹毛純黑，尾長下垂，鳴聲谿谿。性嗜蛇，人捕食之，能治骨節折傷。其哺子時，取雞，折其兩足，乃以蛇飼之，三日即復，屢折屢復。

　　比較兩段文字，便知《新安縣志》編纂之劣。整段文字是從《廣東新語》中抄下來，但卻抄得語焉不詳，實為縣志中最劣的一種。毛雞因有此種功效，故廣東人用毛雞浸酒，稱為"毛雞酒"，與各種去瘀生新的藥材同浸，作為婦科的藥酒。從前婦女產後，謂飲毛雞酒可補身，相信是取其去瘀生新的特點而已。由於毛雞常伏於灌木林中生活，牠的鳥巢也築在地面和草叢中，故常常和蛇搏鬥。蛇想吃毛雞的雛鳥和蛋，毛雞就要練成和蛇搏鬥的本領，並且以蛇為糧食。於是引起古人一些奇怪的傳說，說這種山雞與蛇可以交尾而生蛋，這種蛋孵化出來，就會變成蛟龍，長大之後就會飛上天。甚至有些古書煞有介事地記錄得甚詳細，且將變化過程說得極為真實。其實這是古人觀察自然未夠深入，把很多表面現象附會在一起，而引發很多誤解。
　　陸佃在《埤雅》中寫道："雉與蛇交而生蜃。"蜃，蛟類也。類書云："蛇與雉交而生子，曰蠵。蠵，水蟲也。"陸禋《續水經》云："蛇雉遺卵於地，千年而為蛇龍之屬，似蛇，四足，能害人。"又魯至剛《俊靈機要》亦說得煞有其事，云："正月蛇與雉交，生卵，遇雷入土數丈，為蛇形，經二三百年成蛟飛騰。若卵不入土，仍為雉耳。"

看了這些記載，就知道古人觀察野生動物時缺乏遺傳學的知識，把表面現象附會而當作事實記錄起來。其實，蛇卵和雉卵的顏色、大小、形狀極為相似，而蛇的巢穴也和雉一樣，同在地上。古人見到林中地穴上褐色的卵，以為是雉卵，誰知孵化出來竟是蛇；有時候誤將雉卵作蛇卵，孵化出來的卻是雉，於是便誤會蛇與雉能交配，生出來一種忽雉忽蛇的怪物。那些以蛇卵作雉卵的人，就說蛇和雉交配生出蛇，此蛇名蜃，經數百年後變成龍。但有些人見孵出來的是雉，於是就附會說雉與蛇交配產卵，被雷打入地底，經數百年才會變龍，否則仍然為雉。這些誤解，都是觀察不夠深入引起的。事實上，蛇和毛雞不可能交配。

新娘潭上的毛雞受法例保護，到該處旅行時，可入灌木林中觀察牠的形狀。由於牠飛得快落得快，故要特別留心才能看清楚牠的面貌，從中也可以了解牠原名雉的原因。

大帽山和大帽山道

　　大帽山是全港最高的山，位於新界的中部，是將新界隔開為東西兩部的一座大山。新界的青山道在大帽山之西，而大埔道則在大帽山之東。在未建成荃錦公路時，從粉嶺、大埔到荃灣，除了走山路越過大帽山之外，如果行車的話，必須經元朗入青山道，或經沙田出大埔道轉入青山道才能到達。可見大帽山是將新界分成東路和西路的主要山脈。

　　大帽山海拔九百五十八公尺，大嶼山的鳳凰山高九百三十五公尺，扯旗山高五百五十一公尺，是以大帽山是全港最高的山。大帽山道是大帽山上的一條公路支線，是一條狹窄的小汽車路，並不能直通到任何地方，而且這條小路屬於限制車輛進入的"限制道路"，只是方便漁農處林務站和瞭望山火的工作人員來往的小路。有些人將大帽山寫作大霧山，原因是這座山太高了，在早晨的時候經常有雲霧罩着山峰，而天氣將有雨時，大帽山亦先有雲霧。因此人們以為大帽山的"帽"字應寫作"霧"字。但其實大帽山才是它的正確名稱。《新安縣志·山》載云：

　　大帽山在城東五十里，形如大帽。由梧桐山逶邐南旋西折，高二百丈，為五都之鎮，上有石塔，多產茶。

由此可見，大帽山之得名，是因為它的山峰形如一頂大帽。其實大帽山的霧並不大，不及扯旗山的霧大，寫成大霧山是不對的。

大帽山古時盛產山茶，本港植物學家曾予以證明，因為他們在大帽山上發現不少野生的茶樹。這種茶樹稱為"油茶"，開白色花。它的種子可以榨油，它的葉可以烹茶，而它的花亦極美麗。《香港灌木》一書記云：

> 油茶，野生灌木或有時為小喬木，高約十呎（三公尺），具多而纖弱深褐色之分枝。葉革質，短柄，狹或闊橢圓形。長三分一至三吋，闊四分三至一又二分一吋，邊緣有小鋸齒直至葉端。花三吋直徑，白色，有香味，十一月或十二月單生或數朵成對生於嫩葉頂端……果為蒴果，約一吋直徑，內有數顆暗褐色之種子。

> 原產於中國及越南，因其種子榨出很優越之油，稱為"茶油"，故中國各地大量栽培……在港島之赤柱及德忌笠角（鶴咀）及新界之大帽山及大嶼山均有發現。

這種山茶樹的茶葉，不必加工炮製，只曬乾了就可以泡茶，茶味清香無比，稱為雲霧茶。至於它的種子榨出來的茶油，也有一陣香氣，它是古代婦女用來處理頭髮的香油。

　　古時沒有那麼多的潤髮化妝品，更沒有那麼多潤髮水和髮蠟、頭油之類的理髮香料。婦女們梳理頭髮，只有兩種用品，一名刨花膠，一名茶油。刨花膠是用一種含膠的樹木切片浸水泡出來的膠水，茶油就是山茶的種子所榨出的油。刨花膠是最廉價的理髮化妝品，茶油則是較高級的化妝品。

　　大帽山上的山茶，本是野生的植物，後來才用人工培植。近年發現的山茶，是經過人工栽培之後，再經一次荒置而殘存下來的。

　　原來本港很多自然考察家在大帽山上考察，發現大帽山一帶從前是原始森林地帶，現時仍有不少原始森林的遺蹟可尋。郊野公園管理局編印的《城門郊野公園》，對這些原始森森遺蹟有較詳細的描述。由於城門郊野公園的範圍包括大帽山，故對大帽山有如下的記載：

　　公元 618 年，唐高祖李淵滅隋而得天下，建立唐朝。其前，中國已有人移居南部，斬伐樹木，開墾耕地，野獸藏身無所，受驅至深山野嶺，但歷史悠久仍相生不絕。十八世紀前，廣東西部仍有犀牛出現，香港山嶺則有猛虎盤踞，至本世紀初方告絕跡。時至今日，新界部分地區，仍有野豬與鹿跡。

　　長久以來，城門一帶為森林地帶，至近代始有人在大帽山坡落籍，聚居而成村，部分樹木因此受毀。現今已成荒蕪之往昔村落附近，在山上溪流小谷，仍保持"風水林"原始森林。區內之高地，亦有類似平台的遺蹟，料想為當日村民所建，用以種植茶葉，以及宜於乾地出產之稻米。依歷史考據，該區曾於 1662 至 1669 年間奉令後撤，以杜絕海盜以沿岸地帶為藏身之所。

文中所說的"奉令後撤"，就是康熙年間的"遷海"事件。

《新安縣志》編印於嘉慶年間，它對大帽山的描述，共有三點：第一是山形如帽，第二是山上產茶，第三是山上有石塔。上引本港郊野公園當局編印的小冊子文字，指出山上的茶樹應為村民所種植，後來因為"奉令後撤"，這些鄉村被荒置，茶樹被砍伐及焚毀。其後村民不再回來，於是這些殘存的茶樹就變成了野生的油茶。由於所餘無幾，故這些茶樹受法律保護，禁止摘採，只供旅行人士欣賞。

1662 年至 1669 年間的"遷海"，強迫本港地區原住民後撤入大陸，並不是對付海盜，而是對付鄭成功及本地區的反清復明勢力。大帽山是本港最高的山，不能不派人駐守及瞭望，因此山上建有"石塔"。"石塔"即古時的瞭望台，也是供航海者瞭望的標誌。這些石塔，通常用白石建成，在塔上瞭望能視及遠方。大帽山位於東西兩邊洋面的中央，只要大埔海一帶有船隊駛來，在大帽山上的石塔上就可望見；從大嶼山及伶仃洋來的船隊，亦不易逃過大帽山上石塔的監視。至於說大帽山的山形如帽，很多人並不同意，認為遠望上去不似一頂帽子。原來它並不像現代的帽子，卻像古老的竹笠。這頂竹笠的帽頂上面，再結上一隻高高的尖頂。這尖頂，俗稱"帽髻"。大帽山的山峰就像帽髻，自山峰而下即成一廣闊的山障，如同帽髻下的帽頂。在天氣晴朗時遠望，即能見此形狀。

　　現時大帽山上有一條鄉村，名叫"川龍"。這鄉村本是一條古村，但從前寫成"穿龍"，並非"川龍"。《新安縣志·都里》中的"官富司管屬客籍村莊"條下，有"穿龍"村，名列"城門村"之旁。這項記載足以證明兩件事：第一是郊野公園管理局將大帽山劃入城門郊野公園內是正確的；第二，說明現時大帽山上名為"川龍"的鄉村，古時稱為"穿龍"。為什麼"川龍"從前稱為"穿龍"呢？這和當地很多關於風水堪輿的傳說有關。相傳大帽山是一條大龍脈，這條龍脈由梧桐山延展而來，自大帽山而向本港四周伸展，形成九座山脈。因此自大帽山以南就稱為"九龍"。把山脈稱為龍脈，其原因極為簡單，就因為山脈綿長，此起彼伏，形勢似一條龍。而高山之間常有雲霧，古有"雲從龍"之說，又有"神龍見首不見尾"之說。遠望一座大山，起伏有勢，但不知其從何來，只覺它像龍的一段身體，故而稱山脈為龍脈。龍為神物，很多鄉村都倚山而建。有些鄉村於建村之後人丁繁衍，人力足，開墾力強，很快就闢得良田萬頃，增加生產，糧食充足，人丁便更多。當糧食充足時，部分青年只用半力耕種，半力可以讀書識字，就可參加科舉考試。其中少數在科場有些成就，獲取功名，於是這一切的成就，都被認為與山脈有關，被說成是"風水"好的成果。於是就產生了專門研究山脈的堪輿師。

有些鄉村也是依山而建的，但因為人丁繁衍不足，缺乏人力開墾，建村數代，仍然人丁單薄，無法擴展農田耕地，也無多餘的糧食足以維持脫產的人去讀書，自然無法參加考試，便沒有科名。於是他們就認為風水不好，或認為是當地風水不能"發"功名及添丁，因此也需要研究風水。於是乎，那些研究山脈的堪輿師就有市場，可仗着替人看風水而謀生。這就是風水、龍脈、堪輿師形成的過程。大帽山既是一條主要的山脈，且山脈有龍脈的概念，而在山上建成的鄉村中，村民來往於粉嶺、大埔、荃灣、屯門之間，其他從荃灣到大埔去的人也須越過大帽山才能到達。人們到了山頂，見到這條村就在"龍脈"之上，因此名此村為"穿龍"，即表示穿過這條龍脈才能見到這一條村。至於後來改稱"川龍"，相信是由於這個"穿"字不大好聽，才改為"川"罷了。大帽山既是新界的主山，被人們視為主要的"龍脈"是很自然的事，因此有很多"追龍尋脈"的故事發生在大帽山一帶。其中最著名的故事即是錦田鄧族始祖開族的掌故。現時越過大帽山的公路，名為“荃錦公路”。此路自荃灣向北伸展，斜斜越過大帽山而向石崗斜落，經石崗而至錦田，足以說明荃灣和錦田二地都將大帽山視為主體山脈。事實上，新界的三條小河都發源於大帽山。這三條小河，就是林村河、錦田河及城門河。

錦田在大帽山下，古時稱為“嶺田”，該處有條小河發源於大帽山。河流所經之處，盡是平原，利於開墾耕種。因此在南宋時，鄧族的始遷祖鄧符協公就帶同他的親人到錦田來開村。他在錦田定居之後，曾到大帽山上追龍尋脈，把父親的骨骸從老家江西吉水縣帶來遷葬。據說因為葬在風水絕佳的墓穴中，從此一帆風順，丁財兩旺，成為今日新界鄧族的始遷祖。鄧符協公所尋得適宜結穴的龍脈，均有名堂。

鄧符協名鄧符，符協是他的別字。他是宋神宗熙寧二年（1069 年）的進士，中進士之後，被派到廣東陽春縣當縣官。當時中國北方的遼國已經興起，很多有遠見的人都南下定居，避免受戰爭的影響。鄧符協既來廣東做官，看見廣東地大物博、土地肥沃，卻又未經開墾，於是有舉家遷來廣東定居的意圖。相傳鄧符協對堪輿術極有研究，他在做縣官時，在鄰近地區到處追龍尋脈，一方面是找尋適宜定居之地，即合於建“陽宅”之地；另一方面也找尋宜於遷葬祖父母及父母之地，此即“陰宅”之地。他從陽春來到香港新界，看見大帽山是當地最高的山，氣勢雄偉，於是登山眺望，發現山下錦田一帶盡是平原，又有小河從山上發源，因此認定在錦田定居最理想。他又在大帽山的另一邊發現一處"脈穴吉地"，認為風水極佳，於是將其父母的骨骸從故鄉揹來，卜葬於此。

中國以農立國，故從甲地移居到乙地，首先要找到宜於耕種的土地，方能定居。找到了定居之地，又要把先人的墳墓移來，以便就地拜祭。古人重視慎終追遠的觀念，又有孝敬父母之心，所以"田園廬墓"四者常常結合在一起。鄧符協既擇定在錦田定居，就要從故鄉江西吉水縣把父母的骨骸移來卜葬。為什麼鄧符協一定要將父母的骨骸遷葬來廣東呢？道理很簡單：假如不遷葬的話，每年的清明節，他豈非要遠道返故鄉江西省去掃墓？遷葬到定居的地方附近，不僅方便掃墓，而且易於照顧。我們近代移民，由於無條件將先人遷葬到住居地附近的墳場，每逢清明節，便要舟車勞頓，回鄉掃墓。古代交通不便，加上地廣人稀，又沒有很多法例限制，將先人遷葬到定居的地方自然較為方便。現時大帽山荃錦公路上登山不久之處，有一條小路自路左支出，此路屬於"限制車輛"的小路。小路的盡頭便是著名的曹公潭。該處有一穴墳墓，墓碑上書"宋三世祖考誥封承直郎諱旭鄧公之墓"。這座古墓，就是鄧符協卜葬其父親鄧旭的墓地。相傳鄧符協追尋龍脈來到該處，認為該處風水極好，但是一時之間，找不到“結穴”之所在。經過多日的找尋，他忽然發現山地處好像有一塊石碑露出地面，於是立即叫同來的工人把石碑掘出來，果然發現碑上刻有文字。

原來石碑上刻着一首詩，詩曰：

> 長沙左手接青羅，右攬青衣濯碧波。
> 深夜一潭星斗現，裏頭容得萬船過。
> 有人下得朝陽穴，十三年內即登科。
> 若是世人尋不得，回頭轉問釣魚哥。

這首詩刻之下，署名“白玉禪師”，鄧符協見了，認為這是“山諭”。

中國各地都有類似的風水掌故，但多無文物留存，而這段掌故則是有文物留下的。我們姑勿論它的真實性，但這首“山諭”所提到的地名，可堪一述。詩中第一句“長沙左手接青羅”，“長沙”是指長沙灣。長沙灣在深水埗區。從前每當潮退時，此地離岸的海中會現出一條長長的沙堤，伸向荔枝角，長沙灣之名就是由這條長沙而來。長沙灣的位置在鄧旭墓的左邊，這條長沙伸到荔枝角海面，到達一個柱形的小島附近。這小島古名青羅島，離青衣島不遠。青羅島今稱青洲，英文名則稱為“柱島”（Pillar Island）。青洲今已不再存在，這是由於政府發展葵涌區，填海得地，將這小島與岸邊之間的海域填成陸地。工務司署地政測量處出版的《香港街道與地區》下冊尚保留"青洲"和"柱島"的中英文名稱。其第一百一十四圖上，青洲已不成島，而成為了下葵涌的一角，屬於葵涌貨櫃碼頭的一部分。此島形如一捆麻線，古人將織布用的麻線捆成長條形，廣東的"脆麻花"就是依此形狀製成的食品。

青洲的島形與"脆麻花"相似，而英國人來到香港，不識"脆麻花"是什麼，只覺它的形狀如柱子一般，故名之為"柱島"。

"長沙左手接青羅"一句說明古時當地的地形，指出該處可望見長沙灣的長沙伸到青洲島上。至於"右攬青衣濯碧波"中的"青衣"就是青衣島。青衣島在荃灣海面，形如一條魚，和青衣魚的形狀相似。而該島附近海面也盛產青衣魚，因此名為"青衣"。詩中的第三句"深夜一潭星斗現"，這個"潭"就是曹公潭。潭中的水是從大帽山流下來的，流到該處，形成一半月形的小潭，潭水平靜，深夜時反映天上的星斗。至於第四句的"裏頭容得萬船過"，相傳鄧符協掘出這石碑時，正是三月廿三天后誕，當時很多漁船經過荃灣海面往天后廟進香。所謂"裏頭"並不是指潭中，而是指長沙灣至青衣島一帶的海面上。其實，長沙灣至青衣島一帶，古時都是漁船作業地區，很多從南洋到中國貿易的船隊，也必經這一帶到廣州去。不只是天后誕才有很多船經過，就是平日，只須天氣良好，商船以及運輸貨物的船隻都會經過該處。以下的四句詩，無非是說該處風水好，卜葬該處的人後代"十三年後即登科"，與地理形勢無關。只是最後的兩句："若是世人尋不得，回頭轉問釣魚哥"，則又有一段富於傳奇色彩的傳說。

相傳鄧符協在讀完這首"山諭"詩時，思考詩中這兩句話，認為埋碑的地方並不是"結穴"所在，因為詩中並未明指該處是"朝陽穴"，而且詩中有"若是世人尋不得"之句，顯然不是說埋碑之地就是"朝陽穴"。詩中最後一句是"回頭轉問釣魚哥"，於是他回頭看看這曹公潭附近有沒有人在釣魚，結果回頭看時，卻只見一隻水鳥。

這水鳥突然向潭中飛下去，用牠那又長又尖的嘴向潭水一點，啄了一條魚上來，飛到山石上，張口把魚吞下。原來這一隻水鳥，俗名正是"釣魚郎"。他恍然大悟，認定水鳥所立的地方，就是"朝陽穴"，因此就把父親鄧旭的骨骸葬在該處。這就是現時的鄧旭墓了。

鄧旭墓和曹公潭，現在已列為受保護的古物之一，並且闢作當地名勝，供人遊覽。鄧旭墓上，有清朝道光二十九年（1849年）重修時的石碑。墓側至今仍有碑刻說明上述的風水傳說，碑刻云：

朔我四世祖符協公，宋崇寧間自江右遊宦粵東，躬經斯土，流覽山川，讚美不置。從形勢測之，必有佳城。乃芒鞋竹杖，勞瘁弗辭，尋得丫髻山之玉女拜堂、仙人大座，及元朗之金鐘覆火，墓地凡三。旋以大帽山端重異常，追求來龍去脈，又得此堂，名曰半月照潭，命工掘土數尺下，發見先哲白玉禪師地讖詩一首，云："長沙左手接青羅，右攬青衣濯碧波……"

詩句前已引錄，從略。

大帽山之南的兩座山峰，古名"桂角山"，這山是大帽山的支脈，又稱鼇潭山，現在稱為草山，或稱打鐵岕，這山也很有名。

王崇熙《新安縣志·山》載云：

桂角山在縣東南四十里，多產桂。兩峰競秀如角。一名鼇潭山。

羅香林先生考證桂角山必在今日錦田七星崗西南一帶。他根據《宋史·地理志》指出宋朝時桂角山有銀礦場，而該處附近有山坳名"銀礦坳"，因此認為桂角山在七星崗上。

查《宋史·地理志》東莞縣條下載云：

有桂角等三銀場、靜康等三鹽場。

宋時未設新安縣治，本港地區仍屬東莞縣，東莞縣包括目前本港所有地區，故銀場方面，以桂角一銀場代表其他銀場，鹽場則以靜康鹽場代表其他鹽場。眾鹽場包括官富場在內，銀場則包括銀礦坳的銀場在內。

　　所謂"銀礦坳"，英文為 Lead Mine Pass，應譯作"鉛礦坳"，為麥里浩徑第七段至第八段主要旅行路線，位於草山與打鐵岌兩山之間。兩山的山形如同牛角一對，而鉛礦坳正在兩山間凹下的地方，因此本港地圖上也有寫作"鉛礦凹"的。這鉛礦坳相傳就是《宋史》所稱的桂角銀場。古時稱銀場，並不專指純銀礦場，銀礦常和鉛礦同時蘊藏於山脈之內，而採礦者並不深究銀礦多還是鉛礦多。實則該山所藏的礦產，鉛礦較多，銀礦較少，故後來不稱銀礦坳，而稱鉛礦坳或鉛礦凹。

　　從前打鐵岌和草山多產桂樹，又因這兩座山的山峰像一對牛角，因此名之為桂角山。宋朝時由於發現兩山間的山凹處有銀礦和鉛礦，官方派人來開採，將山上的桂樹斬伐殆盡，因此兩山便變成光禿禿的山，只留下青草。於是右邊的山便名草山；左邊的山石黑如鐵，故又名打鐵岌。其後發現山上的銀礦甚少，鉛礦最多，因此名之為"鉛礦凹"或"鉛礦坳"。鉛礦坳上從前有村屋數間，村民採礦維生。他們採礦用的是古老的方法，即在山上掘取地下的礦砂，在山邊的潭水處用一個鐵製的盤子來淘，將浮砂浮石淘去，由於礦砂比重較大，就留在盤底。後來鉛礦不值錢，無法維持生活，採礦的人陸續離開該處。現在到該處旅行，仍可看見很多採礦的遺址。《麥理浩徑旅遊指南》指出鉛礦坳和大帽山的關係。該書有如下之敍述：

> 從城門水塘西北行，過主壩後橫跨車路，即開始上山。沿途略有崎嶇，接近針山頂，部分上下坡均極陡峭，不易登山。跨針山後再接走泥面車路，至接近草山頂之 620 公尺水平下走至鉛礦坳。鉛礦坳設有一個範圍頗大之休憩處，凡涼亭、欄杆、牌坊、陸上曲橋、木檯木凳均具特色……從鉛礦坳西行上山，從小徑經伯公坳、四方山、猴岩頂、紅花頂接入大帽山頂海拔 920 公尺處，接走車路直出荃錦公路。

由此可知桂角山即為草山與打鐵岃山（俗名猴岩頂）一帶的山脈，該處是大帽山的支山，屬大帽山範圍。兩山之間的鉛礦凹，現為旅行勝地，郊野公園管理局在該處設有很多設備，供旅行者使用。大帽山另一支脈，就是位於錦田村與林村之間的觀音山，它是大帽山伸向平原前的餘脈，是一座並不高的山。從前未建成荃錦公路時，從大埔或錦田登山，必須先登觀音山，沿觀音山上的小路才能登上大帽山。1948 年，本港著名的老牌旅行隊庸社曾登大帽山，當時吳灞陵先生曾描述登山路徑云：

從錦田方面上大帽山，可向東進，以林村凹為目的。先經凌雲寺下覺照園前，然後覓得小路，經圍崗、蓮花地等村落，便到達觀音山腳。由此上山，到凌雲寺，從寺的左方觀音徑走上去，便和大埔登山道這一條路殊途同歸。

文中提到登大帽山必須先登觀音山，足以說明觀音山是大帽山的支脈。《新安縣志》也有"觀音山"的記載，記云：

觀音山在城東南大帽山帳內，奇峰聳峙，仰干霄漢。頂有觀音廟，見舊志。

所謂"大帽山帳內"，即說明觀音山是由大帽山伸展而來，屬於大帽山的一座支山。山上因有觀音廟，故名觀音山。至於山上的觀音廟，現時已稱為凌雲寺，而不再稱觀音廟。

凌雲寺左方有一條小路，是從前登大帽山的必經之路，現在仍名"觀音徑"，足以說明凌雲寺即觀音廟。因為由山腳到凌雲寺的小路不稱觀音徑，而由凌雲寺左方登大帽山的小路稱為觀音徑，顯見凌雲寺就是從前的觀音廟。凌雲寺現時已是本港著名的禪院。寺中僧伽及善信，組織了"凌雲佛學研究社"，該社成立五週年時，出版紀念特刊。特刊中有《觀音山凌雲寺重興記》一文，記云：

凌雲寺者，創自明宣德時，乃錦田開族祖鄧洪儀長子欽為其庶母黃氏建築，以供奉其父木主，並供黃氏奉佛靜修之所也。清道光元年，僧滌塵重修云。光緒初，住持僧圓空，其後為圓淨。民國二年，住持為參妙大師。大師龍門人，俗姓林，幼慧敏，性慈和，年十九出家於羅浮山之延祥寺。具戒於華首台，參學於江浙諸名剎，得禪那於金山大鑑堂。蓋一代之龍象，而凌雲初建叢林之鼻祖也。

這篇《觀音山凌雲寺重興記》，指出該寺創自明朝宣德年間，創建者是錦田鄧族人鄧欽。鄧欽建這間廟給他的庶母黃氏供奉父親的神主牌，以及供庶母黃氏念佛之用。文中雖說該寺創設的緣由如此，但憑常理推測，初建之時並不稱凌雲寺，只作為黃氏個人淨修的私人淨室。由於黃氏供奉的是觀音神像，是以稱之為觀音廟，觀音山亦因黃氏供奉觀音而得名。

至於鄧欽為什麼要築一間寺廟來供奉父親的神位？內裏有一段極動人的歷史。原來，鄧洪儀是明太祖洪武時人。他有一位弟弟，名叫鄧洪贄，是東莞伯何真的姪女婿。後來何真的弟弟何迪，因涼國公藍玉一案受到株連，被判充軍。鄧洪贄一來體弱，二來無子，而當時鄧洪儀已生了兒子鄧欽。他念鄧洪贄如果充軍到北方，一定捱不住，且他又無後，而自己體力正好，可以捱得住，不如就冒名頂替，代弟弟充軍。

鄧洪儀和鄧洪贄面貌相似，年紀相差不過幾歲。

藍玉案發時，官兵到錦田來抄家，他就住在鄧洪贄的屋內，直認自己就是何真的弟弟何迪的女婿，因此官兵就把他拘去。

他就這樣一直代替弟弟被充軍到遼東。後來藍玉一案終於被發現是冤案，而且服役期滿，鄧洪贄便從遼東一帶放還。

他從遙遠的北方返廣東，一路又無衣食，又無旅費，只得沿途求乞，在街頭地上寫些詩句字句求人施捨，乞些錢買食物充飢。就這樣沿途乞討旅費，但結果仍然死在異鄉。

待到鄧洪儀的兒子鄧欽長大，他為紀念父親，特建了這間寺廟，供奉他的神位。

關於鄧洪贄因明初涼國公藍玉一案牽連而被判充軍一事，說起來極為曲折，這是有關本港錦田鄧族的歷史，非從頭說起不可。

元朝末年，本港地區仍屬東莞縣治。當時由於朝廷對漢人諸多壓迫，明太祖朱元璋在中原率領農民起義。廣東地區元朝的兵力極弱，於是盜賊蜂起，到處打家劫舍。當時東莞圓頭山村有鄉人名何真，字邦佐，年少英偉，好讀書擊劍。他本在河源縣做官，後來又被派到現時惠陽縣的淡水鹽場任管理之職。他看見到處都是盜賊，便辭官返鄉，與弟弟何迪一齊召集鄉中青壯年對付強盜，以免廬舍為墟。何真把農民組織起來，抵抗盜賊，並非協助元兵維持治安。因為維持本邑的治安需要經常費用，元兵又無能，鄉民自然拒不交稅，而將應交的稅款，充作經費。這樣一來，便觸怒了當時忠於元朝的東莞人王誠。王誠當時是元朝的廣東道副元帥，他也是東莞縣石岡鄉人，認為何真擁兵據守東莞，簡直是造反，於是派陳仲玉率兵入東莞，向何真所控制的地方進攻。何真亦派他的弟弟何迪與之周旋。何迪英勇善戰，加上農民們恨元兵入骨，大戰之下，何迪將陳仲玉擒獲，當場斬首，元兵大敗也。後來王誠親自率領大軍向東莞進攻，何迪向何真獻計，叫他買通王誠的家奴，將王誠捉來，凡參與捉綁王誠者，一律獎一萬兩銀。於是王誠的家奴便將王誠綁起，交給何迪。

何迪將王誠綁着，押到何真面前。何真卻為他解綁，請他上座，待以上賓之禮。原來王誠的父親王夢元是東莞縣著名的名流，何真不敢殺他。但王誠被俘，不久便憤極而死。

陳伯陶《東莞縣志》中的《王夢元傳》後，記王誠、何真、何迪的事蹟云：

按舊志無王誠傳。據吳伯宗墓誌，其事蹟亦不詳。今考之《明史·何真傳》云：（至正）十四年，縣人王成作亂，真舉兵攻成不克。二十六年，真募擒成者，予鈔十千。成奴縛成以出，即誠也。又黃《通志》云：至正十五年，東莞人王成兵起。二十一年，增城人王可成自稱元帥，攻據縣治。

何真遣弟迪平之，遂撫其縣。亦即誠也。

何迪就是錦田人鄧洪贄的岳父。鄧洪贄娶何迪之女為妻，相信他當時也是何迪麾下的一員勇將，亦可能是派駐現時本港地區的一員將領。何迪才會以女妻之。鄧洪贄是為地方治安獻出力量的人，他後來因藍玉一案而受株連，鄧洪儀冒認他而代他去充軍，可能亦與他有功於當地有關。至於藍玉一案是怎樣發生的？原來何真與其弟何迪英勇善戰，同時治兵嚴謹，聲威大振。他的勢力漸漸控制了廣東大部分地區。後來先元璋在中原用兵，大局已定，改元洪武，派廖永忠南下，為征南將軍。廖永忠是乘舟師南下的，先到福州，後到潮州。他在福州時，遣人送信到廣州給何真，勸何真歸順大明，信中有 "識天時者謂之俊傑" 之句。

廖永忠以征南將軍名義，遣使致書給何真。這封信亦頗值一讀，是廣東重要的歷史文獻之一，特錄之於後：

征南將軍廖平章、浙東行省參政朱亮祖，移書與殘元左丞何公暨大小頭目等知會：嘗謂識天時者謂之俊傑，全民保家者謂之才能。方今攀龍附翼，佐佑聖賢，誠千載之良遇也。惟爾廣東連年兵釁，民罹荼毒亦已甚矣。審惟爾等砣然獨立，保障一方，至有今日，豈非才力拔萃，得其然乎？今授鉞南征，克定閩浙，且如方國珍水陸二道之師、陳友定昆季數十萬之眾，不日瓦解，束手來歸，豈非天命我朝廣拓洪業者乎？爾等練達今古，寧不忖思？即欲進兵，重念列郡之民，悉皆善良。若不分告招撫，俾之自歸，則又非仁人君子奉天征討之意也。今專使馳來，達於左右，倘能翻然輸誠納降，則澤被後昆，功舊當世，固不偉歟？或有異圖，兵動禍成，伊誰之咎？是以駐師境上，佇聽佳音。惟諒籌之！餘不既。

當時明太祖的征南將軍廖永忠已平定福建，舟師向潮州進發。所謂"駐師境上"，就是指明軍已到潮州。何真接信後，立即召集廣州父老，親自主持會議，詢問眾人是否願意投降。眾人認為朱元璋已平定中原，而且大軍壓境，不降必起戰爭，為地方安寧計，還是投降的好。於是何真先派都軍劉克佐，帶着印信冊籍戶口兵馬錢糧表冊，到潮州向廖永忠投降。

《廣州府志》載有何真《上廖永忠書》，此信與上文所引廖永忠的書信形成對應，特錄出於後：

蓋聞上古明君聖主當出之時，必有賢臣智將輔翼以成大業。觀其治化必有德澤之流，進討必有無敵之功，此文武之道備矣。忽二月初九日得差都事劉克佐、簡校梁復初回，俱言閣下征閩功德之盛，令人莫不仰羨。更賜公文，俾其炤回，得以善而遷。所出華翰，一一推誠信義，不尚血刃之詞。王者無敵，鑑古明臣智將，無以加於此矣。區區乃廣海布衣之士，學識荒疏，不達時機。遭逢亂世，無自存身。強出頭地，聚兵集士，徒保鄉邑而已。豈意前元賜爵，位於二品。為人臣之道，未嘗不以忠節為先。豈期天不祐元，遂使君臣顛倒，中原瓦解，南土弛崩，信乎天授，非人力也。顧我廣東撮土，尚復誰爭？況山河社稷，不過終歸明主，閣下明示錢氏歸宋之事、河水為誓之語。此乃順天保民，理所當然，安敢以煩重誓，然後方奠受命為乎？伏惟閣下以生靈為念，戒師善臨，撫而慰之。俾民舉手加額，感王師之德，則區區雖失臣節，以救生靈足矣。

何真歸附明朝之後，明太祖朱元璋召他入京，派他到江西做官，後來又調到四川任佈政使。當時朱元璋害怕他的舊部在廣東雄據一方，叫他返廣東將所有兵力調到北方來，進攻雲南少數民族地區，然後又叫他帶同兒子、侄兒等住在南京。故何真被封為東莞伯，無非因朱元璋怕他造反。

何真的兒子三人，以及何迪的兒子三人都住在京城。何真的第三子何貴為北城兵馬指揮，何迪的三個兒子何潤、何弼、何敬亦在京城任職，他們都歸涼國公藍玉所轄。因此後來發生藍玉一案，何真的兒子與何迪的兒子均被視為藍玉的同黨，一齊處死，株連到何迪的女婿鄧洪贄也被判充軍。

藍玉一案是在何真死後才發生的。藍玉是明朝開國功臣常遇春的妻弟，隨常遇春一齊替明太祖打江山，大功告成之後被封為涼國公。常遇春的女兒嫁給朱元璋的兒子懿文太子為妻，封為元妃。元妃叫藍玉為舅父，因此藍玉對懿文太子極為關心。當時朱元璋的另一皇子朱棣被封為燕王，據守北京，有準備等朱元璋一死即起兵稱帝的意圖。藍玉看得出他在北方練兵及擴大勢力的趨勢，便叫太子提防燕王造反。燕王朱棣當時派很多人在宮中打聽消息，知道藍玉道破他的野心，恨之入骨。

不久，懿文太子忽然病死，燕王乘機向朱元璋進言，說所有開國功臣都"縱恣無度"，皆有江山是他們打來的心意，如果不剷除他們，恐怕將來尾大不掉。朱元璋從此對各功臣更加疑忌，便生殺功臣之心。數月後，錦衣衛蔣瓛向太祖告密，說藍玉謀反，迫藍玉招認與其他開國功臣合謀。於是明太祖乘機大殺功臣，當時何真之子何榮亦被指為同黨，於是連同何迪之子一併株連被殺。

何真的弟弟何迪當時仍在廣東，聽見京師發生藍玉一案，得知兄長的三個兒子被殺，自己的三個兒子亦被殺，於是起兵殺南海軍官三百餘人，企圖割據一方。後為明太祖發兵征討，何迪率眾遁入海島。《明史》說，何迪後為廣東都司所擒。於是何迪的子侄亦都獲罪，何迪的女兒和女婿當然也不能免，這是鄧洪贄被判充軍的原因。鄧洪儀一來同情何迪，一來因弟弟鄧洪贄還未有子，因此冒名代弟受罪，獲徒刑遠戍遼東。後來鄧洪儀客死異鄉，他的兒子鄧欽為了安置庶母黃氏以及供奉父親的神位，便在觀音山上建屋，供庶母念佛並安奉父親神位。這就是觀音山上觀音廟的由來。

觀音廟後來改建為凌雲寺。現時大帽山下的觀音山上的凌雲寺，就是在原觀音廟的地址上擴建而成。照上引《觀音山凌雲寺重興記》所述，觀音廟被改為凌雲寺，始於道光二年（1821 年）。當時滌塵禪師來該處駐錫，出資重修，將 "廟" 改為 "寺"，但還未改稱凌雲寺。到民國二年（1913 年），才由妙參大師將原廟擴建成凌雲寺。是以《重興記》說妙參大師是凌雲寺初建叢林之鼻祖。

大帽山下有地名石崗，這曾是英軍的軍營所在，稱為石崗軍營。此軍營有一軍用飛機使用的飛機場，常有空軍飛機起降，故機場周圍均為禁放紙鳶地區。英軍在此設軍營之後，為了軍事上的需要，才興建大帽山的荃錦公路。

第二次世界大戰之前，英軍駐守於新界，目的是在維持內部治安，並沒有對外作戰的準備。因此英人在新界只築大埔道和青山道，而以深水埗為新界防務的中心點。深水埗為大埔道與青山道之起點，深水埗軍營位於新界東西兩條公路的起點處，故只須保持與石崗軍營及青山軍營的聯絡，當這兩方面有所需要時，深水埗軍營即可支援。至於支援深水埗軍營的另一軍營則位於現時九龍公園處。而支援九龍公園軍營的總部則設於金鐘兵房。此兵房為海陸軍司令駐守之地，前有海軍船塢的軍事基地照應。這是第二次世界大戰前本港防務的情形。

蘆溝橋事變之後，本港尚未估計日軍會進攻香港，因此大致上仍沿用舊時的防務制度，未考慮到新界中部地區缺乏統一的軍事聯絡綱。及到日軍進佔華南，兵臨深圳邊境，決策者仍然認為日軍不會進攻香港，而且害怕和邊境的日軍接觸。為避免引起不必要的衝突，當局只派英軍在高地上駐守，是以當時香港的防務仍以維持內部安定為主，絕對不以日軍為假想敵人。

假如蘆溝橋事變之後，決策者即以日軍為假想敵，就會發現新界的防務缺乏中段的聯絡，很可能會在大帽山上築公路以聯絡石崗軍營與青山軍營。而若在大帽山上建一重炮陣地，就可以控制新界東西二路的敵軍進攻，則在日軍進攻香港時，就不會這麼容易被日軍攻入九龍了。

到了 1940 年，英美的情報人員才知道日軍有南進的野心，那時候才開始為香港的防務設想。但那時，德軍已在歐洲發動閃電攻勢，攻佔了法國，且威脅到英倫三島。英國自顧不暇，已無法為香港的防務出更多力量了。

那時來支援香港的軍隊只有加拿大軍，他們將軍人和裝備運來香港支援。由於時間無多，已來不及築一條軍事公路經大帽山貫通新界東西部，只好擇一地點固守，而這地點就是距離大帽山不遠的城門水塘。於是當局在城門水塘，築起一條香港的"馬其諾防線"。馬其諾防線是法國在德國邊境所築的防線，在第二次世界大戰之前舉世知名，但這條防線被希特拉的德軍迂迴擊破。

防線理論本不足恃，但當時香港軍事當局認為香港的城門防線可守，因為此防線在高山之上，東可控制沙田，西可控制荃灣，即青山道與大埔道都在此防線控制下。此防線由城門水塘起，直到石梨貝水塘，其後勤路線則在大埔道口，與深水埗軍營近在咫尺，不虞補給不足。

第二次世界大戰的戰史證明，城門水塘防線不堪一擊，日軍只花三天不到的時間就已攻陷整個九龍，防線很容易就瓦解了。因此戰爭結束後，香港的整個防務政策改變了，香港剛剛重光時的軍事當局認為，防守香港應以大帽山為中心點，必須拒敵於大帽山之前，才能確保香港的安全。

基於這種防守理論，當局便需要立即建設聯絡東西兩路的軍事設施：在大埔那邊的石崗軍營築一機場，在青山過一些的屏山地區亦築一軍用機場，以便東西兩路的軍機得以迅速聯絡。但當時屏山機場因故建不成。受過日軍攻佔香港的痛苦經驗,戰後初期英國和香港的防衛專家都有"敵人來自北方"的假設想法。既然屏山機場遭鄉人反對建不成,就要建一條大帽山公路,把新界的東西路聯絡起來,以便進行"軍事演習"。這條公路由石崗軍營起,直登大帽山,經過川龍,向荃灣方面伸展,即現時的荃錦公路。在這條公路上,有很多小汽車支路作為隱蔽的支線。遇到戰爭時,守軍可在這些支路上作分段的保護。這些小支路經過之處都是高地,可作重炮陣地之用。當局在設計這條公路時加上了很多軍事設計。現時我們經過這條公路時,稍有軍事學識的人,都可看出這條公路的特點。

五十年代初,新界仍設有夜禁區:晚上十時至早晨六時,只許持有通行證的當地鄉村居民通行。這些措施都是受當時的"防禦思想"所決定的。當時石崗軍營一帶也在禁區之內,故這條越過大帽山的公路有很多軍事用途,是不足為怪的。

大帽山道是荃錦公路上的一條小支路。這條路屬於"限制公路",限制車輛進入,也是一條可通去若干高地的小公路,必要時可作軍事用途。大帽山上此類限制公路頗多。防衛政策對社會繁榮起決定性的作用,因為這種政策的前提是假定戰爭是否會來臨。如果決策者假定戰爭會來臨,則一切目標都集中於備戰方面,其他的建設都放在第二位。但若決策者認定不會有戰爭，便會大量削減防衛開支，將經費用於社會繁榮方面。戰後的日本和西德，是兩個認定不會發生戰爭的國家，他們的國防費用最低，因此復興得極快。相反地，英美等大國的決策者認為戰爭不可避免，軍費開支浩繁，削弱了國力，經濟發展反而不及西德和日本。可見防衛思想對一個地區的繁榮起決定性的作用。

七十年代之後，本港改變了防衛思想，故發展極為迅速。這十年的發展，可以說比得上過去一百年的發展，人們在和平的環境中生活，發展得更為迅速。大帽山的荃錦公路，亦因此成為一條重要的民用交通幹線，起到調節新界東西兩條公路的作用，對於發展新界的新市鎮很有幫助。現在這條公路又成為旅行者鍾愛的旅行幹線。隨着當局的新措施，大帽山被列入郊野公園範圍之內，每逢假日，山上總是充滿愉快的笑聲。

馬灣急水門和大嶼山

　　最近聽說港府已聘請顧問公司，研究從青山建一座橋到大嶼山的可能性。按照初步的構思，這座大橋從青山經馬灣島，橫過急水門而到大嶼山。假如這座大橋真能興建，對發展大嶼山是極有作用的。因為香港與九龍之間既有海底隧道聯絡，青山道又有公路大橋至大嶼山去，大嶼山便不再是一個孤島，將來就可以從港島乘車直達大嶼山。大嶼山的面積比港島還要大，可以提供很多可利用的土地，以解決地少人多造成的許多難題。

　　馬灣島之所以得名，很多人都知道是因這個小島像一匹馬。但有人曾展示馬灣島的地圖，說該島形狀完全不像一匹馬。馬是有四隻腳的，該島卻完全不像四隻腳的動物。莫說不像馬，連貓狗也不像。這是由於大家沒有深入研究。我們知道馬灣島至今仍是一個小漁村，而這個小島是由漁民賜名的。漁民們所指的馬，並非陸上用以代步拉車的馬，他們所指的是海馬。試把地圖打開看看，這小島活像一隻在水中游泳的海馬。

　　馬灣島與大嶼山之間的海峽，就是急水門。現在本港很多地圖，都將急水的"急"字印成了"汲"字，變作"汲水門"。這樣改易字眼，據說是因為"急水"不祥：急水意指水流湍急，不利航行；汲水則意為取水，較為吉利。

把急水門改為汲水門，其實是非常不智的。我們應該了解，有些地方的命名是含有警示性的。漁民們把這海峽命名為急水門，是讓大家知道這海門的航道水流非常湍急，航行到這地方應特別小心，並不以急水二字不吉利而隨便易以他名。改作汲水門之後，就起了麻痹作用，使人忽略該處水流湍急。記得去年有學生到該處租艇釣魚，就是不知道該處水流湍急，誤以為只是漁民汲水的地方。其中一個學生失足跌在海裏，由於水流太急，無法拯救。假若他們知道該處叫急水門，便不會在水流湍急的地方釣魚，也就不會有人溺斃了。

把地圖上的汲水門改回原名急水門是極為必要的。但有人會問："怎見得汲水門原名叫急水門呢？"證據實在太多了，其中之一是馬灣島上"娘媽廟"中的一對廟聯：上聯是"德著莆田，是處有天皆俎豆"；下聯是"澤流急水，由來無日不馨香"。上聯的"莆田"是福建省的地名，下聯的"急水"也是地名，它所指的就是急水門。

由於急水門水流湍急，常常發生沉船事件，因此馬灣島面向急水門的岸邊立有很多刻着"南無阿彌陀佛"的石碑。這些石碑稱為"鎮流碑"，據說是迷信的漁民立的，以此借助神力鎮壓水流，使之不致太急。

其實，急水門上的"鎮流碑"並非完全出於迷信。立碑在該處的漁民並不以為碑石真的能鎮壓湍急的水流，他們在航經該處時仍是特別警惕的。如用現代的眼光去看這些"鎮流碑"，無非是起着"交通黑點"的作用。從前人們不懂得用"交通黑點"這類字眼，就在意外頻生的地方立個"南無阿彌陀佛"的石碑作為標誌。大家見了這碑之後特別小心，意外自然減少。

急水門的流水湍急，一方面是由地勢造成，另一方面則和潮水的迴流有關。大家都知道，過了大嶼山之後就是伶仃洋了，急水門等於從香港和九龍所構成的"內海"通到外洋去的門戶，潮水流經狹窄的海門時自會湍急。當潮漲時，外洋的海流湧入狹窄的海峽，水流也會湍急。

《東莞縣志》載云：

> 凡潮自東南大洋西流經官富山而入於急水門。番船至此無漂泊之慮，故號佛堂。云佛堂即今鯉魚門，官富山即今九龍城砦。急水門又在官富山後，故云由佛堂門經急水門也。

又云：

> 海潮自邑之東南大洋而到佛堂門經急水門至虎頭門始分南北：一派至府城而上；一派至邑城而上。故自邑至府有兩

潮。潮退則自邑至南海神廟前，趁潮生而至府；潮退復自府
至南海神廟前，趁潮生而至邑。

這些記載，說明了急水門水急的原因。

《東莞縣志》所載的兩段文字，大意是說東莞縣的
海潮與香港的鯉魚門、急水門有關。潮水從東南大洋
流經佛堂門而至虎門，到了虎門才分兩路，一路流入
珠江口而至廣州（府城），一路流至東莞縣城（邑城）。
由於海潮由東流向西，水漲時水流湍急，而水退時
由西流向東，亦經急水門，因此急水門的水就常常湍
急。至於說“番舶至此無漂泊之處”，就是指鯉魚門與
急水門之間的一段港灣最安全，這就是香港的內港。

有一本古時的航海手冊《指南正法》，也寫到急水
門的流水湍急。該書記載航行到本港海域的一段云：

入門是馬祖廟前好拋矴。入去小急水，九龍澳後好拋
矴；入出是大急水門，流水急深無礁。

所謂拋矴，就是拋錨停泊。馬祖廟是指現在東
龍島上的天後廟；小急水是鯉魚門；九龍澳就是九龍
灣；大急水門即急水門。急水門雖然水急而深，但沒
有礁石。這本《指南正法》是明朝時的手抄本，近年
由國內校訂後出版。由此足見急水門之名，早在明朝
時已定下了，不似鯉魚門又稱佛堂門，又稱小急水，

需要人們考究一番。

馬灣島另一邊的海面就是青龍頭的海灣，該處古時通稱屯門海，因為屯門就在附近。屯門的史蹟很多，將另寫專章討論。

至於大嶼山的名字，早在宋朝已很著名。此地有兩個名字：一名大奚山；一名大嶼山。《新安縣志》上卷載云：

大奚山一名大嶼山，在縣南百餘里，為急水、佛堂門之障山，有三十六嶼，周圍二百餘里。有異島，見則大風生。山中有村落，多鹽田。宋以為李文簡食采。今仍之。

可見古時大嶼山又名大奚山，而且是一處產鹽的地方。現時到大嶼山的東涌、大澳等地去旅行，仍可見到很多荒廢了的鹽田遺址。

原來在宋朝時候，大嶼山已出產食鹽，但當時官方並不知道大嶼山產鹽，只知道九龍灣的海灘產鹽。因此廣東的鹽茶提舉司就在九龍灣設官富場抽取鹽稅。在大嶼山生產食鹽的村民，將鹽運入內地出售。官富場的監官認為這是私鹽，派兵緝捕，當時還曾引發暴動事件。這件事的情形經過，很多歷史書籍都有記載，但大多只得片段。例如《宋會要》中的《食貨二十八·鹽法》云：

孝宗淳熙十二年（1185年）二月十二日，詔廣東水軍統領，兼以巡察海道私鹽帶銜，每考批書，必會鹽司有無透漏縱容大奧山私販事節，方與放行。如有捕獲私鹽數目，卻與依格推賞。從臣僚請也。

這一段記載了1185年時，大嶼山居民販賣私鹽的事已令孝宗皇帝都知道了，他還下詔叫廣東水師緝捕大嶼山的私鹽販，不過當時還未激起民變。

大嶼山是一座高山，耕地很少，島上居民多以漁鹽為業。而漁和鹽是有密切關係的：漁民出海捕魚，暑天裏就得靠鹽來防腐。漁民用的當然是大嶼山沒有課稅的私鹽，他們將漁獲運入內地港口出售，兼售私鹽也是常有的事。因此大嶼山的私鹽在當時是很著名的，不然的話也不會勞動皇帝下詔緝捕。

到了南宋慶元三年，即1197年，因官府緝捕大嶼山私鹽而起的一場大暴亂便發生了。當時的鹽茶提舉司徐安國到大嶼山緝捕私鹽，他採取了濫殺政策，竟然逢人就斬。他顯然認為大嶼山的居民人人都是販賣私鹽或生產私鹽的罪大惡極之流，並以為盡行殺絕是沒有錯的。這一來便激起了民變。

《建炎以來朝野雜記》曾載其事說：

大嶼山在廣東海中，慶元三年（1167年）提舉徐安國捕鹽，島民嘯聚為劫盜。萬登為首，殺平民百三十餘人。經略雷潨與安國有隙。以生事聞於朝，盡執島民戮之無噍類。詔罷安國，以錢之望知廣州。

這就是宋朝緝捕大嶼山私鹽販、濫殺大嶼山居民的歷史。後來錢之望來到廣州，竟比徐安國更加殘忍。徐安國殺了百餘人，而他簡直是盡殺大嶼山的島民。也許是因為那時大嶼山已成為亂民的根據地。

關於錢之望盡殺大嶼山居民的情形，《宋史》亦有記載，卷三十七《寧宗紀》云：

是夏，廣東提舉鹽茶徐安國遣人捕私鹽於大奚山，島民遂作亂……辛卯，知廣州錢之望遣兵入大奚山，盡殺島民。

可見大嶼山曾經發生過大規模的流血慘劇，居民全部被殺。

上述這些片段並未詳細記述錢之望進攻大嶼山的情形，因為這些記載都不是出自親歷者之手。我們應該找些當時、當地、當事之人的記載，才能知其詳情。原來錢之望當時率兵進攻大嶼山，曾禱告於南海神明。因為大嶼山離珠江口很遠，當時盛傳大嶼山一帶常有颱風巨浪，官兵視這一次出征為畏途。錢之望為了安定軍心，先向南海之神禱告，藉助神力來穩定軍心。事後他為了藉酬謝神恩以表自身功績，曾請尚書省表旌南海之神，並在廟內立了一塊石碑記述當時的情形。這塊石碑名為"尚書省牒"，清朝嘉慶年間仍存。故此阮元修《廣東通志》時將石碑原文收錄入《金石略》內。

錢之望是當時率兵進攻大嶼山的當事人，而立碑的人也正是他，是以這塊名為"尚書省牒"的石碑具有時、地、人三方面的歷史價值。雖然石碑不在香港，但碑中所述之事發生在當時的香港地區，故有引錄出來的必要。

這塊"尚書省牒"碑刻，頗為詳細地記載了當時錢之望進攻大嶼山的情形，碑文云：

禮部狀准……錢之望狀奏：竊見南海洪聖廣利昭順威顯王廟食廣州，大庇茲土，有禱必應，如響斯答。臣領事之始，大奚小醜，阻兵陸梁，既迫逐延祥官兵，怙眾索戰；復焚蕩本山室廬，出海行劫。臣即為文以告於神：願借檣風，助順討逆！俾獻俘祠下，明正典刑，毋使竄逸，以稽天誅。然後分遣摧鋒水軍前去會合。

神誘其衷，既出佛堂門外洋，復回舟送死，直欲趨州城。十月二十三日，至東南道扶胥口東廟前海中，四十餘艘，銜尾而進，與官兵遇。軍士爭先奮擊，呼王之號以乞靈。戰鬥數合，因風縱火，遂焚其舟。潮汛陡落，徐紹夔所乘大舶膠於沙磧之上。首被擒獲，餘悉奔潰。暨諸軍深入大洋，招捕餘黨，如東薑、叚門諸山，素號驗惡。或遇颱風驚發，不容艤舟，人皆危之。既至其處，波伏不興。及已羅致首惡，則長風送颿，巨浪口至。武夫奮棹，且喜且愕⋯⋯

從碑文可以知道，錢之望是在十月下旬進攻大嶼山的，又知道當時拒捕作亂的首領人物叫徐紹夔。當時錢之望的摧鋒水軍來到鯉魚門（佛堂門）水域，直趨大嶼山時撲了個空，因為徐紹夔正率領亂民進攻廣州。

碑文中說大嶼山亂民"既回舟送死"，其實是亂民避重就輕的戰術：官兵攻大嶼山，他們就索性攻入珠江口向廣州進攻。不料恰巧遇到錢之望回師，雙方就在扶胥口（珠江口）交戰。在戰鬥中，徐紹夔的船擱淺，於是被殺。

錢之望表面上將戰功送給廣利洪聖大王，實際是藉神紀功。如果不是向禮部請封南海廣利洪聖大王，他又哪有機會刻石詳述進攻大嶼山的功績呢？古人往往藉酬神紀功，類似的石碑和石刻在很多名勝寺廟都有。

這碑提到香港兩處地名，就是東薑和叚門。東薑就是宋崗島，叚門就是屯門。當時亂民逃到宋崗島至屯門一帶的島上去避難，但悉數被錢之望殺盡。

碑中有"既迫逐延祥官兵"之句。當時徐紹夔等亂民，究竟用什麼方法迫逐延祥官兵呢？王象之的《輿地紀勝》說：

福州有延祥寨水軍，海寇畏之。錢帥申請於朝，乞差延祥將官商榮，將兵以往。而大奚山之民，用木支格，以釘海港。官兵不知蹊徑，竟不能入。而島民盡用海舟，載其弩攻廣州，州兵敗止，乘潮達城下，州民散避。

照這段記載，當時錢之望先遣福州延祥水軍進剿，被徐紹夔用大嶼山的樹木釘港，把素稱英勇的延祥水軍擊敗。

大嶼山的嶼字，字書只註一音，讀如"聚"。但現在香港人在讀"大嶼山"時將這個字讀為"漁"音，很多人無法找出其原因來。據許地山先生在《廣東文物》發表的有關港九史地考據的文章說：

> 福建人名小島為嶼，大島為洲或山。廣東人對於小島大島都叫作山或洲。"大嶼山"的"嶼"字，廣東地名上很少見，也許原是"大漁"，否則初名這山的必是福建漁人或海賊。

他指出，福建人確實將這個"嶼"字讀作"漁"音，可能最初給這山命名的是福建人，亦可能此山原名"大漁山"，是以這字讀"漁"字音。

事實上大嶼山的確又名"大漁山"。我們在《廣東通志》可以找到這個名稱，書中記載："大奚山，在城南百餘里，一名大漁山。"是以這個"嶼"字的讀音問題就迎刃而解了。

照筆者的考證，大奚山並非專指今大嶼山一地，它是指大嶼山附近一帶的島嶼，包括大嶼山和萬山群島在內。故很多古書提到大奚山，都說大奚山有三十六嶼。例如《南海山水人物古蹟記》云：

> 大奚山在新安南大海中，一曰碙州。山有三十六嶼。山民業漁鹽，不農。

又《嶺南叢述》亦云：

> 大奚山三十六嶼，在莞邑海中，水邊岩穴，多居蜑蠻種類。

可見古時所說的大奚山是一個總名稱，包括三十六個島在內，今大嶼山只是其中之一。至於什麼時候才定名大嶼山呢？大約是在清代中葉。

筆者認為古人所說的大奚山非專指大嶼山，只因大嶼山是其中最大的島，故亦可以說大嶼山即大奚山。至於後來大奚山的名字消失，是因為三十六嶼中的老萬山已有定名，故此大奚山諸島也都各自命名，大嶼山也就定名為大嶼山了。

印光任和張汝霖合編的《澳門紀略》說得較明朗。它說：

大奚山有三十六嶼，周三百餘里，居民不隸徵徭，以魚鹽為生。宋紹興間招降之，刺其少壯者充水軍，老弱者放歸。立寨，有水軍使臣及彈壓官。慶元三年，鹽禁方屬，復嘯聚為亂。遣兵討捕，墟其地，以兵戍之，未幾罷。後有萬姓者為酋長，因呼今名。

又說：

雍正七年，兩山各設炮台，分兵戍之，及瓜而代，與大嶼山屯哨為犄角，則澳門、虎門之外蔽也。

張汝霖和印光任是乾隆年間出任澳門海防同知的官員，因職責關係，曾巡視各海防地區。他們到過老萬山和大嶼山，故此敘述得較詳細。這記載“大奚山有三十六嶼”的一段文字，是在談論老萬山的形勢後寫下的。書中指出老萬山是大奚山三十六嶼之一，宋朝時居民曾作亂，後來該處由一姓萬的族長統治，所以就叫老萬山。到了雍正七年，官府在老萬山和大嶼山設炮台駐兵，防守這一帶海域，大嶼山也就不叫大奚山了。

故此，嘉慶、道光以後所編的各縣縣志，也就不用大奚山這名字。有關老萬山的，就直呼老萬山；有關大嶼山的，就名大嶼山。著名的海盜張保仔和郭婆帶，曾在大嶼山與清兵大戰，縣志多紀其事，今舉一兩則以說明筆者這一觀點。

《新安縣志》記嘉慶十四年（1808 年）的海盜事蹟云：

（十月）張保方聚於赤瀝角之大嶼山，夷船往跡之。適提督孫全謀亦率舟師百餘號至，會同擊賊。

《番禺縣志》引《靖海氛記》云：

十七日，（孫全謀）令諸將所統之船盡集，節飭將士，即令齊赴赤瀝角，遮賊於大嶼山中。

又云：

提督孫全謀擊之於萬山，破之。

這些記載，已不再用大奚山這個令人混淆的名稱，萬山就稱萬山，大嶼山就稱大嶼山。

大嶼山是在 1898 年根據《展拓香港界址專條》才劃入香港版圖的。換言之，馬灣島、急水門等一帶地區，都是那時才屬於香港範圍，在此之前皆屬中國主權轄下。

不過早在 1874 年，很多英國人就以為大嶼山屬於香港範圍之內，甚至認為南丫島也在香港治下。1874

年，滿清水師駐守馬灣、大嶼山和南丫島，發現那些只在香港登記的漁船在該處海域捕魚，隨即進行干涉。這才擦亮了很多英國人的眼睛，使他們知道當時馬灣、大嶼山以及所有港外離島都屬中國主權之地。但他們仍喋喋不休。

根據香港檔案的記錄，在 1874 年 8 月底的一次立法局會議席上，英籍非官守議員羅威特向輔政司提出質問。他說半個月前，本港漁船在南丫島至大嶼山一帶捕魚，受滿清水師干涉，要沒收他們的漁船，漁民不服，與清兵衝突。其中三名漁民受傷，當時正在西營盤的國家醫院治療。他質問香港政府，對上述發生的事是否已經採取行動，以防再有類似事件發生。他顯然不知當時這些水域並不在香港範圍之內，彼時香港所轄的島嶼只有昂船洲、吉列島、青洲等臨近港島的小島而已。

當時的輔政司告訴這位議員，大嶼山和南丫島不在香港管轄範圍內，所以無從與滿清政府交涉。但是，這位輔政司又說，他已注意到這件事。他的意思是，已覺察到從大嶼山到南丫島之間的島嶼和水域對香港的利益非常重要。換句話說，如果有機會的話，這些島嶼和水域，都應劃入香港範圍之內。

故此到了 1898 年，在"拓展香港界址"時，大嶼山就被劃入香港版圖之內。

《香港英新租界合同》的最後一段有如下規定：

其東、西、南三面界線，均如專約所載。大嶼山全歸界內。馬士、深圳兩灣之內，亦歸租界之內。

　　這份合同證實，馬灣、急水門、大嶼山都是 1898年才劃入界內的。

南丫島原名薄寮洲

南丫島在香港本島之南，現在是港人旅行游泳的熱門地區。因為該島比其他有泳灘的離島距香港更近，船行三十五分鐘即達，交通方便，船費不昂，加上島上有很多泳灘，泳灘離碼頭又不很遠，故成老幼咸宜的旅行游泳勝地。

南丫島只是俗稱，這個島之所以被稱為南丫，是因它的位置在港島之南，與香港仔的鴨脷洲像從港島分支出來的樣子，其形有如"丫叉"，故名南丫島。其實，南丫島的地形，也確似一株樹的樹枒，又位於港南，稱為南丫是很合理的。

本港的地圖中，南丫島的英文名寫作 Lamma。戰前港島與南丫島之間沒有公共交通工具連絡，很多人不知南丫島之名，只隨地圖上的英文字照譯，稱為"林馬島"。其實"林馬"與"南丫"，音近而韻同，"林馬"顯然是"南丫"的一音之轉。

考南丫島原名薄寮洲，有些人寫作舶寮洲，舶和薄是同音字。該島古有一條蒲寮村。《新安縣志》所載官富司轄下的鄉村中有"薄寮村"一名，列於薄扶林村及香港村之後，這兩處地方正位於南丫島對面，足證"舶寮"應寫作"薄寮"。至於"洲"字則是海島的通稱，該島因有薄寮村，故而名為薄寮洲。該島是本地區首次發現新石器時代遺蹟的地方，因此可以證明在四千年前，南丫島已有人居住。這些古物現仍保存在博物館中。

最先在南丫島發現新石器時代文物的考古學家是一位愛爾蘭人，原名 J. Finns，人稱芬神父。芬神父於 1927 年來港，在香港大學任地理講師。他在這一時期到南丫島去旅行，發現南丫島洪聖爺灣海邊的沙灘上，有不少新石器時代的陶片，便推測南丫島地底下一定還有很多新石器時代的遺物，因而請求香港政府資助發掘。由於這是一項新發現，港府便撥款給他進行發掘，在兩個多月的發掘工作中，果然出土了很多古物，有石斧、石刀、石錘和石鋤等。陶器更多，有陶片、陶釜、陶壺、陶碗、陶盂等。青銅器時代的文物亦不少，如銅戈、銅鏡、銅鏃等。此外還有玉器多件。這些出土文物，分別在不同地層上被發掘出來，說明在一個長久的時期內，即從新石器時代到青銅器時代，甚至到了周朝，南丫島的洪聖爺灣都有人聚居。

除芬神父外，另有一位麥兆良神父亦在南丫島上發掘出各種文物。至於華人從事考古發掘工作者，則以陳公哲為第一人。

陳公哲於 1937 年盧溝橋事變後來港，於 1938 年自資購買一艘小帆船 "一芥" 號，到南丫島考古，成績甚佳，較芬神父及麥兆良神父有更多的發現。他曾將所得的出土文物在香港展覽，並且寫了一本書，名為《香港考古發掘》。

陳公哲所發掘的出土文物，於 1942 年日軍侵港時被日軍掠奪而去。戰後他回到香港，曾寫信給麥克阿瑟，請他在東京尋回那批出土文物，後來是否找到則不得而知。

最近十多年來，香港大學和考古學會都曾到南丫島去發掘，不斷有所收穫。去年（1979 年），人們在島上發現了一座唐代的灰窰遺址，另有很多其他文物出土。總之，大量文物被發現，證明了南丫島代代都有居民居住，是個有悠久歷史的小島。

考古學者曾將南丫島和本港各島作比較研究，發現很多有趣的問題：首先是作為現代商業中心的香港島，雖在大力發展土地，但至目前為止，還未發現新石器時代的文物，反而不及大嶼山和南丫島。這一比較可以說明，遠古時代的居民多集中於南丫島和大嶼山居住。

其次，就土地面積而言，南丫島在本港範圍內各島嶼中名列第三。大家都知道大嶼山是最大的一個島，面積為 55.55 平方英里；次為香港本島，面積 28.85 平方英里；南丫島面積為 5.08 平方英里。南丫島面積僅次於香港本島，而它又在香港本島之南。因此估計在幾十萬年前，港島與南丫島原是相連的，後來因地殼變動，相連的地方陸沉海底，才使兩島不相連接。故此南丫島的海邊有很多新石器埋藏在地底，這些海灘從前或是內陸。

上文說過，南丫島的形狀有如樹的枝枒，故島形是不規則的。由於不規則，於是形成很多海灣，可供游泳的海灣計有洪聖爺灣、大灣、鹿洲灣、模達灣（編者按：原稿作"茅達灣"，本書統一用今稱"模達灣"）、石排灣、深灣、下尾灣等。這些海灣附近都有鄉村，鄉村前後都有耕地。從前該島的糧食可以自給自足。

從前這個島有中國水師駐紮，中國兵船經常巡遊於海面。港島開埠初期，島上的居民為維護自己的權益，曾禁止香港的漁船到南丫島來捕魚。歷史文件中，記載了一次拒抗香港漁船越界捕魚的事件。

時在 1874 年 8 月 15 日，香港方面的漁船不顧南丫島漁民反對，竟又到南丫島海面來捕魚。中國兵船出面干涉，他們仍然不理，中國兵船遂開槍驅逐，打傷了三名香港漁民，他們才狼狽逃返香港仔，向警方報案。

當時的英國人明知南丫島仍歸中國所管，卻擴大這一件事，由一位英籍非官守議員羅威特在立法局會議上向港府提出一項質問，質問港府為什麼對漁民被打傷的事件不聞不問。他認為南丫島在港島之南，接近港島，該處的海域應屬彼此都可以捕魚之地，怎能容許中國兵船打傷正常作業的本港漁民。他的質問表面上是指責港府"懦弱",實則是引起當時英國人的注意:"這個島,應歸港府所轄。"

羅威特的質問是明知故問,因為 1874 年時,香港的版圖剛擴展到界限街以南的範圍。他的用意,無異於向港府提醒:拓展香港的土地,不應該只着眼於北面的九龍地區,也要着眼於南部的南丫島,因為南丫島是港島南部的屏障。羅威特這次質問,被視為英人日後擴展香港版圖、佔取所有島嶼的先聲。

霜崖所著的《香港舊事》對這件事有如下評論:

由於滿清水師的查閱船照的舉動,是完全有理的。雖然漁民被擊傷,輔政司也認為無可交涉。但是懷有侵略野心的當時英國殖民者,哪裏肯就此甘心?因此就喚起了更向清朝攫取領土的野心。就在這件事發生不久之後,駐防香港的海陸軍人,已經在密議由於防衛香港的需要,有再行展拓界址的必要⋯⋯

此外,吳灞陵的《今日南丫》也有下面的評論:

由此英國人士進行展拓香港疆界,向中國交涉。結果,在 1898 年 6 月 9 日,訂立了《中英展拓香港界址專條》,由同年 7 月 1 日起,以九十九年為期,將香港周圍二百卅五個海島和九龍背後的大陸,租與英國,歸香港管轄,南丫就包括在租借之列。

他們都把 1874 年 8 月 15 日的 南丫島漁民事件，作為後來拓展香港界址的引端，證諸當年羅威特的明知故問，顯然不是無的放矢。

南丫島是在 1898 年才劃入香港版圖的。在歸入香港管轄之後，當局即派一隊英軍駐守該島，同時將該島劃分為南段和北段，稱南約和北約，劃分的方法亦值得一述。

南丫島最狹窄的一段，是從索罟灣到下尾灣一線，中經蘆鬚城，位於該島的中央地帶。因此英人就以這一條線為界，分為南北：在索罟灣之北的稱為北約；在索罟灣以南的，包括索罟灣在內，稱為南約。

英軍在南丫島駐守，也分南北兩區駐紮。在北段，以菠蘿咀的一座山為駐守地；在南段，則以南丫山為駐守地。南丫山在南丫島最南面，該山為全島最高的山，高三百五十四公尺，從山頂上可望見全島的形勢，深灣、石排灣、索罟灣甚至鴨脷洲和香港仔均可望見。現在該島早已無英軍駐守。菠蘿咀的山頭則建成警署，由警察駐守其上。

南丫島之得名，一方面因這個島形如丫叉，另方面，是因島上最高的山在島的南面，稱南丫山。因此漸漸沒有人再叫它的原名。現在再沒有人稱之為薄寮洲了。

記得在 1964 年 11 月 2 日，南丫島北段鄉事委員會曾呈請理民府當局，要求將南丫島的名稱改為 “南雅"。理由是南丫的"丫"字有丫鬟之嫌，丫鬟即妹仔，是賤稱。

當時南丫島鄉事委員會列舉幾項理由，要求理民府改名為"南雅島"。他們指出，南丫島歷年發掘出不少古物，證明此島是文化之島，文人雅士喜到島上來考古，故稱之為"南雅"最為恰當。此外，又指出很多騷人墨客都來南丫島吟詠，應該取一個雅名，而不應用丫鬟的丫字，使人覺得此島不雅。

但理民府並未答應易名，原因是當時有些報章發表評論，認為香港已經沒有婢女制度。而所謂丫字乃丫叉，並非丫鬟。該島形如丫叉，而南面又有南丫山，應該保留原名。反對者主要論點在於丫字並無不雅。同時又指出用字的潮流已趨向於簡化，丫字筆畫少，易寫易學，雅字太深，不合潮流。結果理民府並沒有批准改名，至今此地仍稱南丫島。

就在南丫北段鄉事委員會提出改名那一年，南丫島有一件盛事，就是重建榕樹灣的天后古廟。該古廟重修時有一特點，為其他古廟所無，就是廟前的一對守門石獅不用中國式的石獅，而用西洋式的石獅。

西洋石獅和中國石獅不同的地方在於造型方面。中國石獅形如新年所舞的"醒獅"，莊嚴而不兇猛。西洋石獅形如真正的獅子，兇猛而威武。南丫島榕樹灣天后廟門前的石獅，即是西洋石獅。

原來 1964 年時，中國沒有石獅子出口，當時不僅香港的古廟買不到中國產石雕獅子，就是很多銀行和旅遊酒店都買不到。南丫島榕樹灣天后古廟興建時，就只好在香港物色雕刻工匠為該廟刻一對石獅子守門。

恰巧南丫島有一位石匠是南洋歸僑，他在新加坡刻過不少石獅，只是未刻過中國式的石獅子。天后廟的值理認為只要有對石獅即可，不管是中式還是西式，於是就請他動工雕刻。由於這一對西式石獅基座呈長方形，故擺設的方法亦用西洋石獅的擺設法：兩石獅橫臥門前，互相守望，與中國石獅面向門外的擺設法不同，成為這間古廟的一大特色。至今兩座西洋石獅仍在廟前，供遊人欣賞。

1964 年該廟擴建重修完成，曾泐石紀念，廟內左邊牆壁上有石碑一方，碑文云：

天后古廟位於港西南丫榕樹灣，峰環海照，洵得天然勝境。至其歷史悠久，已無可考，惟知清季光緒二年曾經重修耳。年來廟宇頹敝已甚，而香火鼎盛依然，鄉人與議重興，並擬稍加擴大。但籌得港幣一萬五千元，核與工程所需相差至鉅。乃公推鄉紳周壽、周成、周榮福、吳容等商請於聿修力助之，先由榕樹灣建廟值理交來一萬五千元，贊助值理募捐共二萬零三百四十九元，以助其成……

趙聿修謹識

1964 年歲次甲辰穀旦重建

南丫島和香港之間的交通，從前只靠漁船和小艇聯絡。在 1898 年之前，該島仍屬中國管轄時，居民往香港運出土產，及從香港購回日用品，全賴小艇運輸。由於模達灣對面就是香港仔，為兩島距離最近之地點，可用划艇聯絡。1898 年之後，才有較大的風帆來往，但都是不定期的。故此在戰前，港人到南丫島去旅行必須包艇前去，且包艇必須包來回，否則回程就無船，是以船費極貴。

　　戰後初期，油麻地公司的渡海小輪試開辦往返南丫島的航線。1946 年 9 月 10 日，該公司派出小輪，試辦香港至榕樹灣航線，每日對開兩班，上午一班、下午一班。但試辦了幾個月，虧損極大，被迫停航。原來，當時南丫島北段的榕樹灣和南段的索罟灣，都有鄉人組織的 “街渡” 來往香港，也就是用機動漁船來載貨載客。島上居民要維護本地人的利益，且這些街渡也照顧島上居民的貨物運送，是以小輪公司無法搶去街渡的乘客。

　　南丫島的街渡分兩線：榕樹灣的一線，船泊港島堅尼地城海旁；索罟灣的一線，船泊香港仔。這兩線的街渡，從戰後初期開辦，直到今日（編者按：時為 1980 年）仍未停辦。現在有很多旅行人士，也喜歡乘搭南丫島街渡前去旅行，尤以到模達灣一帶游泳的人為最多，因為從香港仔開出的街渡先泊模達灣。

　　索罟灣一帶有很多學童要到香港仔讀書，這些學童也是乘搭街渡往返的。每當早上，就有很多學生乘坐街渡到香港仔；下午四時，亦有很多學童乘街渡自香港仔返南丫島。故目前油麻地公司的小輪雖每隔一小時有一班小輪開出，對街渡生意仍未造成嚴重威脅。

油麻地小輪公司於 1946 年試辦後又停辦，直到 1962 年才恢復派船航行。1962 年 5 月 17 日，索罟灣碼頭落成開幕，當天即派小輪來往於港島西區和索罟灣。當時每日五班，在港島泊於威利麻街碼頭。到了 1964 年 5 月 2 日，榕樹灣又建成了新碼頭，油麻地小輪公司又派船行走，每日對開五班，亦泊港島西區的威利麻街碼頭。

現在到南丫島去的小輪，集中在港島中區的港外線碼頭上停泊。往索罟灣和榕樹灣的小輪，都泊港外線碼頭，原因是威利麻街的碼頭重建。這個威利麻街碼頭，是戰後中區填海時因原本往深水涉的碼頭受填海影響而建成的。故當局利用這個碼頭作南丫島小輪碼頭之用。

南丫島的交通發展到現在，差不多每小時都有船開往，加上街渡的來往，交通十分便利。而交通便利也是島上居民日增使然。原來港島地皮貴、租金貴，很多市民都移居南丫島，到島上買地建屋居住，使該島平添了很多建築物。

1962 年時，南丫島的屋地只售一元一呎，因此吸引很多小市民到該島去居住。當時買一千呎地，建一座兩層高的鄉村石屋，所費不過五六千元，故索罟灣和榕樹灣近碼頭的山上，屋宇密密麻麻，頗似一座小型的太平山。

由於居民多，小輪的營業可以維持，因此班次也增加，造成交通方便。現在從港島到南丫島去，只卅五分鐘的時間就到。如果在港島工作，住在南丫島比住在九龍的新郊區更為方便，起碼不怕塞車，時間有預算，因此更加吸引市民到該島去居住，於是也把該島的地皮炒起。現在南丫島有建築商興建樓宇出售，樓價已直追港島市區：一層兩房一廳的屋宇，面積約五百呎，竟售至二十八萬元。

在六十年代初，南丫島能吸引市民去居住的另一原因是有廠商到南丫島去設廠，移居該島的人可以就地找到工作。查南丫島初期的工廠多屬落後和厭惡性工廠，其中以牛皮廠為最多。後來因為該島交通便利，且已有電力供應，很多廠商都到南丫島設廠，其中塑膠廠開得最多。在塑膠花全盛時期，該島有六七間塑膠花廠開設。後來又有兩家夾板廠開設。當時有廠商計劃在南丫島開設水泥廠、紗廠和造船廠等，後因電力供應成問題，這些計劃都沒有實現。最近南丫島開設一座大電力廠，將來必有助該島發展工業。

南丫島電力廠現在開始建築，廠址位於洪聖爺灣附近的菠蘿咀上。菠蘿咀是一個山咀，橫伸出海面。該廠的建築方法是將這山咀剷平，以山泥填海，成為一塊平坦的大工地。

由於南丫島沒有可通汽車的公路，連電力廠的大型建築機器都不能自碼頭運往菠蘿咀工地。故此在工程進行之初，工人是使用躉船將機器用海運的方法運到菠蘿咀去，先在菠蘿咀建立橋頭堡，才能將大型的開山機、起重機、混凝土攪拌機等運上岸。初期的工程有如軍隊作戰，因為該處原是極少人到的礁石區。

由於當局規定電力公司不能用架空電線將電力送達電力站，必須採用地底電纜輸電，故此工程進行的程序與青衣島的電力廠不同。現時菠蘿咀一方面興建電力廠的上蓋，一方面建築防波堤及碼頭，另方面在島上建一條電纜公路，以便將電纜埋藏地底，從菠蘿咀到索罟灣，然後從索罟灣經海底輸電到鴨脷洲。

當局規定要用地底電纜的原因，是避免現代化的設備破壞自然環境的美觀，保持南丫島鄉村風景的特點。這種規劃，據說是從青衣島發電廠興建時所得的經驗。青衣島的電廠輸電的方式是用架空高壓電纜，這些架空電纜把很多風景優美的鄉村空間"劃破"。當局不想南丫島的風景也被"劃破"，故有此規定。

菠蘿咀新建的電力廠，並非為南丫島而設。這個電力廠是為港島的發展而興建的，將來該廠的產電量能供應整個香港使用。當然，將來產出的電力也足以同時供應南丫島使用。

南丫島的供電史亦有一述的必要。該島在 1962

年之前並無電力供應，村民一直用火水燈照明。只有一些富人的海濱別墅自設小型發電機，供別墅獨家使用。一般居民完全享受不到電燈的文明。

早在 1958 年，南丫島鄉民已要求電燈公司供電到南丫島，同時亦要求電話公司在南丫島開設電話服務，更主要的是要求港府供應自來水。

電燈公司首先答應向南丫島供電，敷設了海底電纜，將電力送到南丫島來，先在南丫島設了電力站，後在島上敷設供電系統。1962 年 12 月 20 日，南丫島北段的榕樹灣、大坪、大灣首先大放光明，當時北段鄉民曾大事慶祝。到了 1963 年，南段的索罟灣、蘆鬚城、鹿洲一帶的農村亦相繼供電，此後逐年發展，使南丫島各處都有電力供應。

電力是經香港仔方面敷設的海底電纜輸送而來，亦有從大口灣（編者按：即鋼線灣）輸送過來的。故此共有兩條電纜輸電到南丫島：從香港仔而來的海底電纜，在南丫島南段的鹿洲上岸；從大口灣而來的海底電纜，則在北段的"北角咀"上岸，使南北段皆有電力。

至於自來水的供應，亦差不多在同一時期。1962年之前，南丫島居民所用的食水，都是靠井水和山坑水。遇到天旱，常常受到"食無水"的威脅，因此島上鄉民屢次請求水務局供應自來水給南丫島，但遲遲未獲答應。島民不得不自建水塘，以解決食水問題。

第一個儲水水塘於 1962 年 12 月 5 日落成。這個小型水塘位於林茂樹一個小山谷中，水塘建成時，鄉民立石紀念，其碑記云：

> 南丫島北段林茂樹儲水池興建，蒙政府撥地，理民府支助建築材料，本區鄉民集資僱工完成。該水池容水量二萬加侖，1962 年 12 月 2 日，敦請離島理民府許舒長官主持揭幕，特立石留念。南丫島北段鄉委會第六屆主席暨全體委員（姓名略）立。

這個水塘，可稱全港最小的水塘，只能儲水二萬加侖，故此不敢稱水塘，而稱為"水池"。後來隨着南丫島人口的增加，這水塘也擴大了十倍，不過仍是全港最小的水塘。

初時南丫島只有北段有自來水供應，且限於榕樹灣、橫塱、高塱、沙埔、大圍五村，現在全島不分南北都有自來水供應了，因為已經接駁了食水輸水管。不過，仍有些偏僻地區因水管接不到，還需依賴山水。所以到南丫島旅行時，會發現山坑中有很多水管縱橫交錯。這些水管，就是自來水供應不到的地方的私人水管。

南丫島現在已成為人們郊遊最熱門的地方。每逢假期，島上滿是遊人，各個海灘上都是人潮，主要原因是到南丫島去交通方便，時間有預算，船行卅五分鐘即到達，且沒有塞車及搭不到巴士之虞。同時島上有很多海灘，亦有很多供人們燒烤的地方，到各海灘去亦十分方便，步行十至廿分鐘即可到達。喜遠足旅行的人，又可作環島登山徒步，步行四五小時即可行完，正是老幼咸宜，使這小島成為旅行勝地。

島上有很多名勝古蹟，其中最為人所熟悉的是張保仔洞。這個張保仔洞在榕樹灣南部土名"青林"的山上，是由六七塊大石縱橫疊合而成一個洞口，據說洞內深不可測。它被稱為張保仔洞，只是一些好事之徒的傳說而已。

香港有很多岩洞都被冠以張保仔之名，原因是張保仔在 1810 年前後曾在附近活動。故此凡神秘的岩洞，遊人都懷疑是張保仔用來埋藏金銀或軍需之地，又懷疑是張保仔用來逃避官兵捕捉的地方。這種傳說，正與廣東各地的"黃巢坑"及"黃巢試劍石"一樣，到處都有，而且很多。其實黃巢不會到處試劍，也不會到處埋藏金銀珠寶。張保仔也是一樣，只因他是個傳奇人物，好事者便把他的名字附會在奇岩怪石上罷了。據村民說，這個張保仔洞被南丫島人叫做"盲眼老鼠竇"，不叫張保仔洞。

這個張保仔洞原稱"盲眼老鼠竇"，是因為洞底很深。從洞口爬進去，只見巨石千重，深入三四丈仍不見底，但已經很黑。因為離洞口越深，光線越透不進，而且已感到一股難聞的氣味從洞底傳來。這氣味有如"老鼠屎"的氣味。後來鄉人再深入洞內，終於發現洞內有很多飛鼠在內聚居。

飛鼠就是蝙蝠，牠們在洞內見到有人就亂飛亂撲，有如盲眼一般，故稱之為"盲眼老鼠窿"。這個洞其實是一個深不可測的地窿，故名"盲眼老鼠窿"，意即"蝙蝠洞"。

這個張保仔洞很深，普通人爬入洞內，通常深入七八丈就不敢再進，而鄉人則常常進到十多丈的深處去掃蝙蝠糞。蝙蝠糞是一種中藥材，名叫"夜明砂"，是眼科的藥物。鄉人就是把這些蝙蝠糞收集起來，曬乾後拿去藥材店出售，售價雖然不高，但也可以買些日用品。

正是因為旅遊人士很少走進洞底，故而認為這裏是張保仔藏寶的地方。亦有人附會說，這個地洞可以通到海底而到香港仔去，總之傳說不一。事實上洞是有底的，在日軍攻佔香港時期，日軍初到南丫島那天，鄉人怕日軍姦淫濫殺，多走進洞內躲避。據說洞底有幾塊大石，形如一張床，可供多人睡覺。晚上蝙蝠出洞，洞中怪聲不絕，乃是蝙蝠撲石的迴聲。

談到南丫島的石洞，委實有趣，除張保仔洞之外，島上還有很多"神風洞"。這些"神風洞"是第二次世界大戰時，日軍在香港留下的唯一戰爭痕跡，至今仍可供人們憑弔。

原來在 1944 年尾，日軍已佔據香港三年，但太平洋上的盟軍已向日軍反攻。日軍在南洋各地節節敗退，盟機亦常常來轟炸香港。當時駐港的日軍，便開始計劃防守香港，考慮當盟軍向香港反攻時應如何對付。

日軍的幾支主力艦隊已在太平洋上被盟軍瓦解，當時防守香港的日本艦隻，只是小型戰艦。他們這些戰艦不是盟軍對手，因此決定用"神風快艇"來對付盟軍的戰艦。

日本民間傳說中，有一個故事是說成吉思汗出兵攻打日本，日本自知很難戰勝這一強敵，可是當成吉思汗的艦隊將抵日本之際，忽然天上吹起狂風，把來攻的敵艦全部吹沉，敵人一個也不能生還。因此日人說這是神風，是天神保護日本的風。故當時日軍把保護香港的快艇，稱為"神風快艇"。

其實，所謂"神風快艇"即自殺式快艇，它是載滿了水雷及炸藥的快艇，由一個敢死隊員駕駛，當敵艦迫近時，就以全速撞向敵艦。取名"神風"的意思是希望這些自殺式快艇，能將敵艦全部撞沉，有如當日的神風吹沉敵艦一樣，使盟軍反攻不成。

日軍選擇南丫島作為"神風快艇"基地，原因是南丫島在港島之南，假若盟軍以海軍來攻香港，戰艦必先在南丫島海域出現，那時"神風快艇"就可以衝出去撞沉它們。因此日本人在南丫島各近海的岸邊開了很多山洞，用作神風快艇的基地，這些山洞就是

"神風洞"。

當時負責在南丫島建神風快艇基地的日本海軍，有渡邊和金川兩支小隊。按照金川和渡邊兩位日本海軍軍官的計劃，要在南丫島的蜂腰地帶開一條運河，以便作為神風快艇基地。所謂蜂腰地帶，就是索罟灣附近的蘆鬚城。蘆鬚城位於索罟灣和下尾灣之間，將此兩灣打通，就可以監視港島南部的整個海面，無論敵艦從那一邊來，都可以駕駛自殺快艇出擊。

但是當時日軍還沒有把索罟灣和下尾灣鑿通，日本已宣佈無條件投降了。基地既未建成，"神風快艇"也沒有一隻在島上出現，只有留下了一些未完成的山洞，這些山洞就是"神風洞"。現在到南丫島旅行，仍可見到這些山洞。

"神風洞"多集中在索罟灣這一邊，模達灣那邊也有。這些"神風洞"洞口約丈許高，深不過一丈，全部都在濱海的山邊開鑿。其中最容易看到的一個神風洞位於索罟灣到蘆鬚城的海邊小路旁。這條小路是戰後才築成的，戰時此路不通，神風洞在海邊，海水能浸入洞內。

除了張保仔洞和神風洞外，南丫島還有一個"藏寶洞"。這洞也和第二次世界大戰有關，但卻是戰後才開發出來的。這個藏寶洞的歷史亦非常有趣，可堪一述。

1953 年 10 月 17 日，港府突然派出大隊工程人員到南丫島索罟灣村東邊的打水灣來，展開戒備，在打水灣邊發掘一個大山洞。這個山洞就是現時所說的"藏寶洞"了。

原來在 1953 年 10 月初，有一位日本人從東京來香港，向有關方面告密，說他戰時是負責保管黃金的人。當時香港有八十箱黃金，重量約為三噸，戰爭將結束時，這批黃金已無法運返日本。因此上峰叫他將黃金帶往南丫島去，埋藏在一處地方。他將這八十箱東西交給一位軍曹，說這是炸藥，叫軍曹按址運到南丫島去。他隨後即同上司乘船到南丫島，當他來到之時，軍曹和士兵指着一個已掩埋的山洞，說已埋好了。戰後，他的上司被定為戰犯，已被判死刑。他回日本後念念不忘這批黃金，因此特來告密。

當時港府就是根據這位日本軍官的告密而到打水灣來發掘寶藏的。1953 年已經有雷達探測器，工程隊來到打水灣山邊，就用探測器探測，果然見到有金屬反應，於是立即發掘。掘了十幾日，掘出了一個大洞，果然發現木箱。

當時發掘藏寶洞的工程人員十分興奮，認為掘出的木箱一定裝着黃金了，誰知打開一看，兩箱都是修理快艇發動機的零件。但工作人員仍未死心，繼續挖掘下去，希望掘出藏金。

後來掘到了洞底，仍不見有藏金，卻有兩塊鐵皮和兩具腐屍，至於這個藏寶洞的黃金究竟何處去了，至今仍無人知道。那個告密的日本人，也說想不出真正的原因，只能懷疑是被當時埋金的日軍偷偷運往別處去了。

這個藏寶洞前幾年仍然在打水灣山邊，最近因為未曾舊地重遊，山洞是否仍在，已不得而知。但提起藏寶洞，南丫島居民人人皆知。

南丫島可供遊覽的地方很多，其中有兩塊怪石，一名牙鷹石，一名鸚鵡咀石。牙鷹石就在張保仔洞附近，石形似一隻牙鷹，又似一隻公雞，故亦有人稱之為雞公石。鸚鵡咀石則在深灣山上。深灣是南丫島南段的一個海灣，這個海灣水清沙幼，是個良好的泳灘。

南丫島從前是大海龜來產卵的地方，那些海龜大如一張圓檯面，重百餘斤。每年秋季深夜，牠們就爬到南丫島的沙灘上產卵，產下了龜蛋之後，就用沙把龜蛋掩埋，讓太陽把沙曬熱，將龜蛋孵化。待小海龜在蛋內孵化成熟時，就會咬穿蛋殼，從沙堆內爬出來，爬到水裏去，漸漸成長。故南丫島很多海灘都有龜蛋可拾。

深灣是大海龜產卵的地方之一，另一處則是下尾灣的一段。這段海灘因為海龜來產卵數量最多，故又名昂龜灣。原來從前昂龜灣多有大海龜到來產卵，當時香港還未有明文規定將大海龜列入受保護的野生動物之內，因此鄉人在晚上等大海龜上岸產卵時，就到海灘去捉海龜。由於海龜是龐然大物，牠把頭尾和四隻腳縮在龜殼內，龜殼埋了三分一在沙灘裏，要捉牠實在不易。捉龜的鄉人後來想出一個辦法，合三四人之力，用幾支大竹升撬開海沙，把竹升插到龜殼底下，然後一齊發力，將龜殼撬起，使之背向沙灘而底向天，即將海龜"昂"起來。由於龜殼背部是光滑的，就可以用竹升把牠一下一下地撬到岸上的大網內。由於這海灣是捉大海龜的海灣，故稱"昂龜灣"。

從前到南丫島去旅行，鄉人每有龜蛋出售。那些龜蛋很大隻，比鵝蛋大很多，但又比鴕鳥蛋略小。由於鄉人把龜蛋挖去，同時又捉去不少海龜，海龜逐年減少，現在到南丫島的昂龜灣和深灣去，已不容易挖到龜蛋了。

由於海龜瀕臨絕跡，港府就把大海龜列入受保護野生動物的名單內。日前，一位海員因為買了一隻海龜而被控，就是引用保護野生動物條例起訴的。海龜不到南丫島產卵據說已有十年之久，現在只偶然才發現一兩隻而已。

海龜產卵之後，原是每年都回來看一次的。牠看看海灘上的沙石，並在附近海中找尋牠的兒女。如果見不到海中有小龜，又看不見沙灘上有孵化過小龜的痕跡，牠就不再在這海灣產卵，而到另一海灣去產卵了。南丫島的幾個海灣經常有海龜輪流產卵，故此初時人們覺得到處都有龜蛋可以挖。後來，鄉民連大龜都捉，海龜便畏而遠之，造成港海的海龜幾瀕臨絕種。

香港有些愛護野生動植物的人，埋怨政府執行保護野生動植物條例時不夠積極，致令海龜瀕臨絕種。他們認為，假如早在五十年前即積極在南丫島保護海龜，就不會導致海龜的數量逐年減少。他們不知道，保護野生動物原是和經濟利益分不開的。當生活困難的時候，僱工既沒有僱主，人們為了謀生，很自然就要從大自然裏去找尋生活資料。那個時代，鄉民不但捉海龜，就是上山割草砍柴也都要做。人們為了兩餐，只要不是去偷去搶，已被認為是符合道德標準，怎會去理會什麼叫保護野生動物呢？

海豚也是受全世界保護的野生動物，而最近，日本近海的魚類被海豚侵食極多。日本漁船為了保護經濟利益，也顧不得許多，大量射殺海豚。可見，保護野生動物是離不開經濟利益的。即使早一百年積極保護，也無濟於事。當生活改善後，就沒有人花太長的時間去捉海龜了。

現在南丫島的索罟灣和榕樹灣，都有很多海鮮養殖場。從前出海捕魚的漁民，不少已放棄捕魚生活，改在海灣上利用巨型的塑膠桶作浮筒，上放木筏，然後在木筏當中放下養魚的魚籠，在魚籠中飼養各種海鮮。最大的一個養魚場就在索罟灣上，養魚的木筏伸展到蘆鬚城前的海灣中。這養魚場是離港島市區最近的一個，故此出產的海鮮大部分供應港島酒家。南丫島從前有很多稻田，現在大部分稻田已改為菜田，只有大灣那邊仍有稻田。在香港出生的青少年不容易看到農人耕田和種稻的情形，而每年雨水、驚蟄期間，到南丫島的大灣去，就能看到農人春耕的情景。該處養了些耕牛，至今仍有用牛來犁田的。到農曆六月禾熟時去旅行，也可以看到收割和夏耕的情形，是最近市區的一處考察農村生產的理想地方。

其餘各鄉村現時多以種菜為主，種菜的菜農近年已經懂得使用機械。一種號稱"鐵牛"的機械已普遍被使用。這種"鐵牛"既可耕田，又可以作為鄉村小路上的交通工具。每到割菜的時候，菜農就用"鐵牛"運菜至碼頭去。

這座古名薄寮洲的南丫島已不再是一座樸素的小島了。如今島上建起很多別墅式的洋樓，分層出售，樓價直追港島若干住宅區。

坪洲島上的永安街

　　香港海域內有兩個海島都叫平洲，一個在極東的海域中，一個在西邊的海域中。因此港人稱東邊的平洲為東平洲，而給西邊平洲的"平"字加上一個"土"字旁，稱為"坪洲"，以免將兩地混為一談。前些時（編者按：時為 1980 年）政府宣佈，到東平洲去旅行必須攜帶身份證。人們從廣播中聽到"東平洲"三字，就知道那是東面的平洲。

　　從前兩個平洲不分，故《新安縣志》內有兩個平洲的名字，一云：

　　　平洲，在城西海中。

　　另一則說：

　　　平洲，在西都下沙村前洋海中，長一二里，橫互海面。

　　可見當編縣志時，兩個小島都稱"平洲"，並無東平洲和坪洲之分。但我們從縣志的敍述，已知在七都的平洲就是今日的東平洲；在西邊海洋中的，就是今天要談的坪洲。

中國志書上稱"洲"的地方，大部分是指海島，而且是指較小的海島，如果是大島，則多稱山。是以讀古時的志書，遇到地名稱"山"的，往往不知是陸上大山，還是水上的大島。但志書上所記的"洲"，則可以肯定是小島。

　　坪洲在大嶼山側，位於長洲北面。這個小島的形狀，似英文字母的"G"字，因此島雖小，而海灣卻不少。且它位於大嶼山稔樹灣之東，有大嶼山擋住從西面吹來的颱風，北有青衣島和馬灣作屏障，故自古以來都是一處良好的漁港。

　　坪洲島上有一條主街，名叫永安街，這條街是該島的商業中心區，可稱為坪洲的代表。從前很多漁船泊在坪洲購物並汲取食水，主要就是到永安街去。而永安街對着的一個海灣，因而也叫作坪洲灣。

　　漁民們稱上岸購物為"埋街"，故漁港的小島都有一條主街，作為漁民購物之地。坪洲的主街是永安街，取永遠安寧之意。這條街大約在明代已形成，而在清朝中葉時已相當繁榮，因為永安街上有很多古蹟，足以說明這一點。其中一塊"奉禁封船碑"就立在永安街上。這塊碑說明在香港開埠之前，坪洲已經相當繁榮，永安街已是繁盛的貿易中心，否則官兵不會來此封船運輸貨物。

　　"奉禁封船碑"立石於道光十五年，說明在 1837 年之前，就有很多不守法的官兵，見到坪洲永安街商業發達，漁民都聚在永安街前的海灣上停泊，便恃着勢力任意徵用漁船，強迫漁民運載官兵及貨物到新安縣各地去。這樣隨意強迫徵用漁民的船隻，對漁民的生活影響至大，同時也影響坪洲永安街各商號的營業。當時由於官兵強徵船隻，很多漁船都不敢泊在永安街前的海灣，商店無業可營，因此就由紳商以及漁民代表聯名向新安縣正堂請願，要求禁止官兵濫用職權、徵用民船。

當時新安縣的知縣姓盛。盛知縣為了永遠禁止官兵徵用漁船，特在永安街埗頭上立石為記，該石碑原文如下：

署新安縣正堂，加十級紀錄十次盛，為准即立石以垂久遠事。

現據蜑民黃勝興、黎正興、李鳳大、馮廣益、高發安、黃勝長、黎蕃業、樊創貴、黃日金、張昌喜、黃勝祥、黎金有等呈稱：案奉憲行，每月輪僱蟻等漁船兩隻送營，扮商誘緝，各按舵手名數，日給口糧，並無剋刻。惟是蟻等駕船謀生，全資採捕，雖奉差，固非枵腹，而安家究有不敷。況船內多有挈眷同居，與弁兵襍處，終屬不便。當經蟻等聯呈，叩蒙梁前憲會同吳遊府聯稟督憲，蒙批：據稟營縣公同捐製蝦笱艇二隻，以資緝捕，將輪僱漁船送營誘緝一事，永遠停止，以免擾累。所辦甚好。仰東佈政司，會同按察司、督糧道，行縣遵照，等因。雖蒙梁前憲、吳遊府聯銜示禁，但未蒙立石，誠恐日久弊生，貽累無窮。今蟻等公同商酌，情願捐資立石，伏乞准即勒石，永遠禁止，以免日久弊生，等情。到縣。據此，查本案先據黃勝興等具呈，當經前縣會同營員，奉稟督憲批行，永遠禁止。業經會營示禁在案，茲據前情，除批示外，合再勒石示禁，為此示諭……倘有不法之徒假冒兵差名色，仍有捏稱封船、送營誘緝、勒索滋擾情事，許該船戶人等投同澳甲，捦挐捆解，或指名稟赴本縣，以憑飭差拿究。各宜凜遵毋違。特示。

　　　　　　　　道光十五年七月十九日給示勒石

　　道光十五年即 1835 年，當時英人還未來香港。這塊石碑證明，坪洲在香港開埠前已經是一個有墟市的小島，島上的永安街商業已相當繁盛。從石碑上刊刻的一大堆名字與當時有很多漁船停泊於島邊的記述就能看出這一點。

　　原來清朝的制度賦予營汛官兵強行徵用民船的權力。說是官兵為了緝捕海盜或山賊，必須就地取材，徵用民間交通工具去完成任務。徵用的時候，應給回代價，但代價是很少的，僅足船家餬口。坪洲的漁船常被徵用，漁民不勝其苦，永安街上的商戶亦苦不堪言。結果大家主動捐出兩隻蝦筍艇給官兵，作為緝捕海盜之用，叫官兵不可再徵用漁民的船隻。但是汛兵的隊伍極多。坪洲近大嶼山，大嶼山的東涌有汛兵，這批汛兵有了兩艘蝦筍艇自不再來徵用漁船。但大鵬

汛以及其他海域的汛兵，卻又來坪洲徵船，漁民不勝
其擾，才稟請知縣立石永遠禁止。所以石碑上刊明坪
洲居民已經捐款購買船隻給官兵使用，以後不能在坪
洲徵用民船，等於說他們已經繳了稅，不應再徵收了。

自從道光十五年立石示禁之後，坪洲就有一個較
安定的環境。永安街成為漁民辦貨買賣糧食的街市，
永安街的海邊泊滿了漁船。由於該處面對大嶼山，形
成一個天然的能避風及候風的海灣，因此漁民也在永
安街上建了一間天后廟。

坪洲永安街上的天后廟也是一間古廟，從廟中的
碑記也可以看出坪洲開發得十分早，亦即說明永安街
很早就成為坪洲的商業中心。

永安街上的天后廟，門額上刻 "天后宮" 三字。
這間廟建於嘉慶戊午年，但廟內最古的東西是神殿內
兩旁的一對木刻殿聯，上聯刻着 "海靜波澄，浩蕩神
恩敷赤子"，下聯是 "民豐物阜，巍峨母德濟蒼生"。
這對殿聯上有 "道光十七年" 紀年，道年十七年即
1837 年，當時香港還未開闢為商埠。

"天后宮" 門額上刻有 "光緒丙子重修" 六字，說
明這間天后宮曾於光緒二年（丙子），即 1876 年重修，
就以重修之時而言，距今也已超過一百年了。

廟宇的門聯、殿聯以及其他的石刻，雖然不外是
歌頌神靈的老調調兒，但我們研究地方的發展歷史，
尤其是街坊史，不能不借助這些文字。因為它的作用

並非歌頌迷信，而是作為一種文物被保留下來。從這些字句所記述的內容以及記下來的年月，便知道附近街坊過去發展的情形。例如永安街上這座天后宮，如果當地在嘉慶年間不是商業發展到相當規模，便不容易建成這樣宏偉的廟宇。既能由當地街坊籌得一筆鉅款建廟，當然表示該地相當繁榮。廟內有"重修天后宮碑記"一方，可供參考。

"重修天后宮碑記"原文如下：

原夫天后元君也，先朝活佛，昭代功臣。恩深護國，德重庇民。跡著莆田，顯英聲於翊世；膏流梓里，普惠澤於無邊。此所以母儀稱其廣大，聖德仰其崇高耳。惟坪洲灣之天后宮，創建始自嘉慶戊午年，繼重修而迄於光緒丙子歲。春秋歷久，陶瓦漸穿；歲月遞更，屋椽亦壞。尊神不無煙染，眾像又被塵蒙。由是謀諸枚卜，則曰捨舊而圖新；酌之同人，更欲美輪而美奐矣。

但綢繆風雨，固所宜先，而策劃資財，尚將有待。況地處偏隅，枕山控海；洲分一角，帶水笠天。且舖戶無多，居民鮮少。倘非集腋，安能成裘？不意闔洲士女，踴躍簽題；各處商民，殷勤樂助。大啟積貯之囊，同揮如椽之筆。情以義起，義以敬伸。因之鳩工重建，鳳閣翻新。頓改規模，髯髷金輪飛羽；森然氣象，依稀桐柱披香。則神威與廟貌而俱新，人事與天時而濟美矣。然而踴躍輸將，自當姓氏流傳；告竣成功，猶宜芳名佈列。合勒貞珉，永垂不朽。是為序。

碑文後的一段列出很多姓名，都是當時捐款人的名字，亦有永安街上的商店名號。最後一行刻的是立石的日期——"光緒三年丁丑歲季冬月"，就是說這塊碑刻於 1877 年冬天。

上引的"重修天后宮碑記"，值得留意的地方不少。首先是"惟坪洲之天后宮，創建始自嘉慶戊午年"，這兩句對研究街坊發展史有特殊的價值。第一，立石的時間是 1877 年，當時香港的版圖只拓展到界限街邊緣，離島及新界是在 1898 年才劃入界內。當時該島已經稱為坪洲，以別於東平洲。這和嘉慶年間所編的《新安縣志》所列出的兩處"平洲"不分的情形有異。這一點說明坪洲的發展自有其過程，與是否列入香港界內無關，並不像某些西人所說該島原是荒島，自香港開埠後才有人居住。

第二，天后宮建於嘉慶戊午年，即 1798 年。可見1798 年坪洲永安街的市場已有足夠的號召力發起籌款建廟。如果永安街商業不發達，是不能夠籌得鉅款建廟的。由此證明，坪洲在 1798 年已經相當繁榮，再參照上述的"奉禁封船碑"，更足以說明到了道光年間，坪洲的商業已經很有基礎。

究竟坪洲在嘉慶至道光年間，有什麼條件得到發展呢？原來，香港未開埠前，澳門是中國對外貿易的唯一商港，當時來往歐洲與澳門之間的洋船，大部分都以香港水域為安全航線。洋船經大嶼山鯉魚門出洋，經急水門而赴澳門，坪洲是這條水路上往來必經的一個小島。

由於坪洲可以避風，洋船經過該處時若遇颱風可以駛進灣內暫避，且島上有淡水可以補充食水。更主要的是，有些洋貨可以在此上岸，由不法商人購買，然後用漁船經青山灣運入內地。換句話說，坪洲在當時是一個走私洋貨的基地。是以它雖然只是一個小島，但發展得很快。

張保仔在香港一帶海面活躍的時候，是 1806 年至 1810 年間。坪洲天后宮建於 1798 年，距張保仔最活躍的 1804 年只不過六年。當時張保仔已將大嶼山東涌炮台的清兵擊潰，亦常常在附近海面與滿清水師發生海戰，威脅着來往的洋船。坪洲位於這些海域的要衝，可以說張保仔的海盜船一定常常停泊在坪洲的海灣內。

坪洲島在太平洋戰爭之前，是一個夜不閉戶、治安極良好的離島。該島雖然從 1898 年列入香港版圖，但香港警察直到戰後才在坪洲設警署，派警員駐守。戰前，島上永安街的商戶和住戶組織更練和救火隊，負責維持治安及撲滅火災，成績一直是十分好的。

到了日軍攻佔香港之後，坪洲的治安才轉壞，當時常有海盜到坪洲來掠劫。有些海盜屬於日軍特務課的別動隊。那是一些不法之徒，取得日軍的許可四出活動，偵查游擊隊的蹤跡，而他們沒有經費，收入來源全靠劫掠。

因此在戰後，香港政府才在坪洲建警署和消防局。警署和消防局都建在坪洲的海灣碼頭旁邊。自警署設立後，島上治安一直良好。

坪洲永安街上，有一間馳名東南亞各地的火柴廠。這間火柴廠於三十年代設立，生產先進的火柴，銷往中國內地並東南亞各國。

當時中國國內也有火柴廠，但所生產的火柴缺點很多。第一是火柴枝容易斷，在擦火柴時，不堪一擦之力，火柴枝斷了，點不到火，甚至常生意外。第二，火柴頭的火藥不合規格，擦亮後易熄滅。第三，火柴盒上的擦火紙不耐用，一盒火柴擦不到二十支，擦火紙已經滑了，不能擦亮火柴。而坪洲的火柴廠採用當時世界各國製造火柴的先進方法，製成一擦即亮的火柴，是以大受歡迎。本港的火柴市場幾乎全由該廠的產品獨佔，而內地和東南亞買家更多。

原來生產火柴的秘訣在於使用較堅硬的火柴枝，同時要在火柴枝上過一層火水蠟。當火柴頭擦着時，火藥將火柴枝上的火水蠟燃着，便容易點火。這雖是很簡單的道理，但在三十年代，國內的火柴廠設備落後，沒有刨火柴枝和過火水蠟的機器，是以生產的火柴不實用，便被坪洲的火柴取得優勢，行銷國內外。

全盛時期，這間火柴廠有千餘人工作，為坪洲居民帶來就業機會，同時也吸引很多人到坪洲去居住。

戰後，由於各國都改進了火柴廠的設備，生產合標準的火柴。新中國成立後，也改善了從前火柴生產落後的情況，坪洲火柴廠的生產量已不如全盛時期那樣了。

火柴的銷路亦因打火機的通行而受到影響，因此火柴廠近年已有多元化的趨勢。如果你到坪洲去旅行，會發現火柴廠的若干廠房已變成家具工場，裏邊有很多電動的機器，製造各種柚木家具。

離火柴廠不遠，有一間鋼鐵廠，這間鋼鐵廠是專門生產鋼管的工廠，有很多台巨型機器，將鐵塊捲起來製成鋼管，軋得圓圓的，長短都有。原來這間鋼鐵廠所軋的鋼管是供應本港的。本港水務局所需的水管也交由這間鋼鐵廠製造。它是坪洲近年新建的工廠之一。

坪洲雖然四面都是海，但海灣只有兩個：一個叫東灣，在東面；一個在西，但不叫西灣，而叫坪洲灣，也是永安街對開的海灣。由於有兩個海灣，因此坪洲近年又多了兩處海鮮養殖場，分別在這兩個海灣中飼養海鮮。

海鮮養殖場是利用木筏將巨型的魚籠沉在水裏，在籠內飼養海鮮。初時養海鮮的魚籠是用鐵線網製成的。後來發現鐵線網常被蠔殼侵蝕，容易折斷，漏走了海鮮，所以現在全部改用尼龍網：先製一個鐵架，將網綁在架內，然後沉下水去。

坪洲永安街上，還有一些陶瓷加工廠，是近十年發展起來的手工藝。陶瓷加工廠是在白胎陶瓷上用各種瓷釉繪製各種圖畫，然後入窰再燒成彩瓷的工藝。

坪洲陶瓷加工廠有好幾間，約分為兩類：一類製造實用器皿的彩瓷；另一類是製造陳列品的藝術彩瓷。前者為一些酒樓茶室特別繪製茶壺、茶杯、碗、碟、湯匙等器皿。本港很多大酒樓都喜歡使用獨特設計的瓷器用具。因為瓷器時常會損壞，若購買特別花款的瓷器，又怕損壞時難以補充。而交由這些加工廠特別繪製彩色瓷器，遇有損壞，立即可以補充。製造此類瓷器的加工廠，通常用鋼印的方法，將釉彩印在印水紙上，然後將印水紙貼在白胎瓷器上面再加工燒製。因此圖案與花紋能夠劃一，補充容易，大酒樓茶室都樂於使用。第二種屬於藝術加工，例如在花瓶上繪圖畫、在掛碟上繪圖畫，乃至繪製福祿壽三星等等。這些藝術性的彩瓷，全用人工以毛筆蘸釉繪畫，製成品多運往外國去，是以出口為主的藝術品。

這兩種加工廠，為坪洲居民提供了就業機會，並且訓練了一批製彩陶的年青工人。坪洲近年來開設了不少小型工廠，例如塑膠廠、手襪廠、牛皮廠和針織廠等，這些小型工廠都開設在永安街上，使這條古老的小街更加熱鬧起來。

從前坪洲沒有自來水供應，全島的食水都依靠井水，遇大旱天時，井水乾涸，就要用船到大嶼山的山坑去取水。不過，島上有一口井是從來不曾乾涸過的，這井名叫龍口井。

龍口井是一口全年滿溢的涼水井，它位於豐隆公司門前左邊，據說大旱時，井水仍是源源不絕。只因取水的人多，不敷應用，故要到大嶼山取水。但現在不必了，因為島上已有自來水供應，即使大旱也不愁沒水用。

坪洲除永安街上民居集中之外，另有兩條古村：一名大龍村，位於北面；一名圍仔村，位於南郊。圍仔村在永安街尾，村前右邊也有一口井，名叫圍仔井。戰後香港居住問題嚴重，很多人從港島移居坪洲，在圍仔井附近聚居，自成一村落，名圍仔井新村。

1959 年 8 月，商業電台成立時，為了使電波能廣泛傳播，工程師曾在港九各地尋找理想的地點建發射站，終於發現坪洲是最理想的地點。因此人們在坪洲北面的山頂上建了發射塔和發射站。可見坪洲的地理環境較其他離島更為適宜。發射塔發出的電波，不僅使全港九都可收到商業電台的廣播，連澳門也收聽得很清楚。

坪洲從前沒有戲院，而自前年（編者按：即 1978 年）開始，人們在島上建了一座戲院。於是這座小島如今什麼都有，儼然一個小城市。近年地產商在島上建了不少住宅，分層出售。

長洲和張保仔

　　根據工務司署地政測量處編印《香港街道與地區》上冊"地方"一欄所載，香港境內有兩個"張保仔洞"，一在南丫島，一在長洲。關於南丫島張保仔洞，在談南丫島時已談過，現在談談長洲的張保仔洞。

　　長洲張保仔洞在長洲西灣的山坡上，山下海邊有天后廟。岩洞的入口處很窄，但洞內則非常闊大而陰涼，裏邊可容數十人。這洞相傳是張保仔藏金之所，但是沒有人在該處找到過半件值錢的東西，顯見這是傳說。

　　為什麼這個洞會傳說到張保仔身上呢？筆者在解釋南丫島張保仔洞的時候指出過，這是由於張保仔曾在附近地區活動的緣故，一如黃巢活動過的地方，都有黃巢坑和黃巢試劍石的傳說。這都是人們懷念這些人物的結果。

　　有一點是很容易了解的，就是這些英雄人物在世的時候，曾在所有活動過的地區給當地人民留下良好的印象。不然的話，絕不會有這麼多的附會與傳說。

　　張保仔在本港海域活動時，從不殺掠當地的居民，並且常給予人們一些好處，因此才會有這許多附會。長洲和南丫島都是他的活動範圍，兩島的居民得過他的好處，因而把他視為英雄。筆者曾翻閱所有關於張保仔的歷史書籍，未發現張保仔有劫掠本港各島嶼的記載，他只深入內地去行劫。

《新安縣志》雖然有不少張保仔劫掠鄉村的記載，但那些鄉村都離港島和長洲甚遠，其中還記有張保仔在大嶼山海面和水師激戰的情形，卻未說過張保仔掠劫大嶼山。可見張保仔善於利用港島和各離島偵察官兵和洋船的動態，因此要和各島嶼的居民友善相處。

《香港法例彙編‧防禦海盜事略》有如下的敍述：

> 相傳在 1806 年至 1810 年，即遜清嘉慶年間，港島為大盜張保仔之巢穴。當時張保仔稱霸於珠江口一帶，統率盜舟數百艘，聚眾數千人，四出劫掠，為患商旅。其勢力遠至華南沿岸，近及新安、東莞等縣。凡商舶漁船往來，經過其範圍之內者，須按時繳納行水，倘有違抗則殺人越貨。島上高峰即今域多利亞山巔，高出海平線一千七百七十四英呎，為當日盜黨瞭望偵察之要地。遇有船舶往來經過，則通訊於山下營寨，派隊出海兜截，商旅鮮有倖免。後由兩廣總督遣使招安。

這文字強調張保仔以港島為巢穴。其實張保仔既有賊船數百艘，沒有理由集中在港島一邊，他的賊船分佈在港海各離島的海灣內。扯旗山和赤柱山頂不過是眾多瞭望台之一而已。南丫島、長洲、坪洲、大嶼山等地都有張保仔的瞭望台，各島的海灣也都有他的賊船灣舶。而長洲則可能是停泊船隻最多的島嶼，因為長洲有一條長長的沙灘，可供修船之用。

長洲的地理位置是在港島與大嶼山之間，又位於南丫島與大嶼山的中心點。因此當時張保仔在本港地區活動的時候，不可能以香港的扯旗山下為結集船隻的主要港口，而應以長洲作為海盜船結集之地。大嶼山和扯旗山只是瞭望站而已，南丫島亦不過是一個小小的哨站。

本港中西人士研究張保仔的歷史，都有過於誇張或不相信的毛病。例如胡潔榆的《西營盤與張保仔禍亂之平定》就是過於誇張的代表。文中認為西營盤是張保仔紮營之地，又謂扯旗山是張保仔扯旗的山，兩地都是由於張保仔的活動而得名。作者忽略了張保仔的海盜性質，以為張保仔一夥有如梁山泊，要在香港建立山寨，因而有營盤和扯旗之山。其實海盜不同於山賊：海盜的大本營在船上，有如艦隊，在海面活動劫掠，偶然才會在海灣聚集船隻，以便修理及汲水購糧，不可能長期設立山寨。海盜船的聚集點亦必然在海島旁邊，便於一旦遇到敵船來襲就能迅速應戰。

葉林豐先生在《張保仔的傳說和真相》中又否定了張保仔在本港地區長期活動的能力，認為海盜既以船為家，自當到處漂泊，不會盤踞在港海一帶。他忽略了船艦必須維修的特點。既要維修，就得有一處基地。因為古時用的是木船，每隔若干時候，就要清理船底上的寄生生物。

筆者認為，長洲就是當時張保仔維修船隻的地方。就地理環境而言，長洲位於大嶼山與香港島之間，只要派遣足夠的船艦守住這兩處地方的水域，再派人在山上瞭望，就可以監視海面各方船隻的活動，不怕被敵人偷襲。正因這個原故，本港各處才有很多張保仔事蹟的傳說。

查廣東的海盜，自乾隆到嘉慶，遠不止張保仔一股。但別的海盜沒有一個被人傳說和附會到港海的地名上來，主要原因是這些海盜沒有在本港範圍內修理船隻。正因他們沒有在香港修船，就不可能和當地居民友善，所以被當地居民視為敵人。據袁永綸《靖海氛記》所載，當時廣東海盜的情形始下：

粵東海寇，由來久矣，然皆隨起隨滅，未至猖獗。迨嘉慶年間，糾合始眾，漸難撲滅。綜其故，實由於安南。初阮光平，與光義、光國兄弟三人起義，乾隆五十六年奪安南。其國王黎維琪奔廣西。當事聞於朝，授以都司職。嘉慶六年，其弟福影，起暹羅龍賴兵返國，與光平大戰，殺光平。其子景盛，偕其臣麥有金逃出洋。其時洋賊則有鄭七、東海伯等。麥有金附合之。景盛以其國官號封鄭七為大司馬。鄭七有洋艘二百號，其徒皆雄勇善戰。景盛勸鄭七興兵助己返國。鄭七從之。十二月率舟夜襲安南港，據焉。福影與戰，屢為所敗。鄭七頻年海面，乍據安南港，頗驕矜自得，取眾漸無紀律。其眾遂恃勢凌弱居民，分住民房，據其妻女。居民怒，潛約福影。期某日王令元帥以舟師從外擊其背；自以陸師擊其前……鄭七大敗，幾盡殲焉。鄭七為巨炮擊死。其從弟鄭一⋯⋯遂領其軍，與其黨日在洋面肆劫，由是海氛日熾。是時幸有王標為帥提督水師，屢敗強寇⋯⋯王標沒後，則有紅、黃、青、藍、黑、白旗之夥，蜂起海面。曰鄭一、吳知青、麥有金、郭婆帶、梁寶、李尚青，共六大夥。其餘又有小夥以分附各旗焉。吳知青混名東海伯，統黃旗，李宗潮附之；麥有金，烏石人，因號為烏石二，統藍旗，其兄麥有貴、弟有吉附之⋯⋯

當時廣東沿海有六股海盜，分紅、黃、青、藍、黑、白六種旗號。這六種旗號的海賊，沒有一人被附會到本港地名的傳說上，可知他們對本港各地居民不友善，不及張保仔聰明。

《靖海氛記》是嘉慶年間出版的書，是當時官方招撫張保仔之後，由兩總督百齡命他的幕客袁永綸編寫的。照這本書所述，張保仔是後起的一股海盜，在他未崛起之前，六種旗號的海盜具體情形如下：

紅旗，首領是鄭一，他是鄭七的從弟。鄭七有賊船二百艘，賊眾數千。當時安南內亂，國王被阮光平驅逐，後來王子借暹羅兵力打回去，殺了阮光平。阮光平的兒子隨謀臣麥有金乘船逃出。麥有金就借鄭七的海盜，打回安南去。可是鄭七賊性不改，登陸安南後仍到處劫掠，結果被安南人殺死。鄭七死後，他的海盜就推舉鄭一為首領，駕船退出安南，在海面活動。他的賊船全部懸紅色旗號，稱紅旗鄭一。

黃旗，首領名吳知青，綽號東海伯，手下主要頭目名李宗潮。在鄭七攻入安南時，他的海盜船也入夥。鄭七被殺後，他也退到海面活動。

　　藍旗，首領是麥有金。麥有金就是當時保護阮光平之子逃出安南的謀臣，大抵在安南時是位水師提督之類的官，擁有兵船數十艘，反攻安南失敗後就作了海盜。麥有金初時在海面行劫，不敢用真姓名，化名為烏石二。他手下主要的頭目是其兄弟麥有貴和麥有吉，還有一位軍師黃鶴。

　　青旗，首領是李尚青，綽號蝦蟆養，擁有賊船百餘艘，是當時六支海盜中較弱的一股。

　　黑旗，首領名郭學顯，綽號郭婆帶。主要頭目有馮用發、張日高、郭就喜三人。相傳郭婆帶能文能武，喜讀詩書，他的賊船的船樓上藏有不少書籍，是六股海盜中知識水平最高的一個。

　　白旗，首領叫梁寶，綽號總兵寶，約有賊眾千餘人，實力與青旗的李尚青差不多。

　　當時這六股海盜中，有三股是和攻掠安南之役有關的，即麥有金的藍旗、鄭一的紅旗、吳知青的黃旗。他們經常聯絡，互通消息，有時合夥共同行劫，有時則各自為政，可以稱為"安南幫"海盜。而郭婆帶、蝦蟆養、總兵寶這三股海盜，一向在閩粵沿海劫掠，可以稱為"閩粵幫"。當時六股海盜各自劃出勢力範圍：廣東南部海面直到越南海面一帶是紅、藍、黃三股海盜活動範圍；廣東北部的海面，從潮汕到福建省沿海是黑、白、青三股海盜的勢力範圍。各股海盜不會越界劫掠，但是如遇官兵進攻，則可以越界逃避，各方會都盡量幫助對方應付官兵追擊。由於勢力如此劃分，香港附近海面就成為兩幫勢力的中間地帶。

照《靖海氛記》所載，張保仔一開始只是紅旗鄭一旗下的一名小頭目。該書記云：

> 張保，新會江門漁人子，其父業眾，日取魚於海外。十五歲，隨父在舟中取魚，遇鄭一遊船至江門劫掠。保遂為所擄，鄭一見之，甚悅，令給事左右。保聰慧、有口辯，且年少色美，鄭一嬖之，未幾升為頭目。及嘉慶十二年十月十七，鄭一為颶風所沉。其妻石氏遂分一軍以委保，而自統其全部。世所稱鄭一嫂者是也。保既得眾，日事劫掠，由是夥黨漸眾，船隻日多……凡鄉民貪利者，接濟酒米貨物，皆計其利而倍之，有強取絲毫者立殺。以故火藥米糧，皆資用不匱。是能以賞罰權力制服群下者也。然事鄭一嫂甚謹，每事必稟命而後行……洋舶鵬發，商船之大而善戰者也，自安南東京載貨還，張保……奪其舟以為賊首座船，自是所向無前。

張保仔是在鄭一死後，因和鄭一的妻子石氏相好而崛起的。書中說張保仔能夠經常有糧食火藥補充，是靠着對鄉人友善，除了禁止部眾強取之外，還加倍給予貨值。這就說明了本港很多地名都附會到張保仔身上的原因。

　　長洲的張保仔洞，可能就是當時長洲居民用來收藏火藥等物，以便賣給張保仔的地方。從洞內的廣闊及洞口的隱蔽，可見此洞是一座倉庫，但這不是張保仔的倉庫，而是鄉人的倉庫。鄉民或許為了圖利，又怕官兵查出，故利用這個洞收藏軍火。雖然只是推測，但也極有可能是事實。

　　張保仔因為奪得了一艘武裝商船"鵬發"號而大大增強了實力。這艘"鵬發"號改裝商船是當時廣州十三行建造的戰艦式貨船，用以維持廣州與南洋間的貿易。

　　"鵬發"號武裝商船落在張保仔手上，就被改作張保仔的旗艦。這艘"鵬發"號武裝商船，由十三行商人合資十萬元建造，以西式兵船和中國商船混合形式建成，船上使用西洋的紅衣大炮，本以為可禦海盜，誰知反被張保仔擄去，增強了張保仔的實力。

　　張保仔自從擄了"鵬發"號之後，便在海上稱雄。其餘旗號的五股海賊無形中奉之為海上霸王，一遇到官兵追剿，便逃到張保仔的勢力範圍內，求救於張保仔。當時海盜之間仍有所謂江湖義氣：遇到官兵追擊時互相支持；官兵退後，仍各在勢力範圍內各不侵犯。張保仔利用這不成文的盟約，常常助各股海賊擊敗官兵，這也是他提防被官兵各個擊破的辦法。

　　張保仔既控制了這一帶的制海權，澳門的商船和東印度公司的商船經常被他截劫，便不敢繼續派船來往貿易。但當時沿海的鹽船要運鹽北上，每一出海即被張保仔的紅旗海盜所劫。他們劫了鹽船，即私運往江浙沿岸售給人民，獲利甚豐。因此，當百齡來廣州任兩廣總督時，覺得對付張保仔這股海盜實在不容易，應該試行封港政策，改由陸運運鹽。當洋船不載貨來澳門，他無船可劫，自然就無法維持下去。百齡來任兩廣總督，其實並非為了對付張保仔，而是為了對付藉口保護澳門而來的英國艦隊。

原來英國東印度公司的商船經常被劫，他們認為澳門的葡人兵力不足，不足以維持海上安全，甚至連保護澳門也沒有能力，因此派了一支艦隊到澳門來，登陸澳門，據守東望洋炮台和伽思欄炮台。澳葡大為恐懼，向中國求助，因此嘉慶皇帝派一欽差大臣來廣州解決這件事。當時嘉慶皇帝並沒有派百齡來，而是派雲南巡撫永保前來，主要目的是解決英兵佔據澳門事件，而不是對付張保仔。

當時是嘉慶十三年（1808 年），正是張保仔橫行海面的時候。率領英船的英軍統帥名度路利（William O'Bryen Drury），他佔領澳門南灣一帶的炮台後，曾通過十三行商人盧觀恒向當時兩廣總督吳熊光呈上一稟，稟云：

今我國王發此戰船來澳，為幫扶澳門西洋人。今稟知總督大人，本國兵船灣泊澳門，防備法蘭西來澳，以備禦敵。因澳門西洋人微弱，故此着些夷兵上岸，好幫扶西洋人……今此夷兵在澳，並非想奪西洋貿易，實係來防護西洋，恐西洋如有糧食往來，免被法蘭西搶劫。我等謹遵天朝制度，不敢違犯，斷不敢生事。因孟丫剌將軍恐得近來洋匪滋事，情願將此兵船代天朝效力。保佑我國與中華永遠兩國和好。特此稟明，如蒙賞見，就十分歡喜。

度路利一方面說怕法蘭西搶劫澳門，故來澳門駐守；另方面又說"洋匪滋事"，願協助中國。所謂"洋匪"，即張保仔這股海盜。

1808 年是英法"半島戰爭"開始之時。英國怕法國截斷他們的遠東貿易，又要應付張保仔等海盜的掠劫，便派了三百英軍、軍艦多艘佔領澳門，準備以澳門為基地，與印度方面的基地相呼應，在外洋可應付法國的進攻，在內洋則可對付張保仔等海盜。但是英國此舉令澳門葡人恐懼起來，急向中國求助。

當時兩廣總督吳熊光竟然默許英軍佔領澳門，對葡人的求助反而不理。他大抵認為英兵駐守澳門有助於對付張保仔。但是後來這件事被嘉慶皇帝知道，皇帝大怒，派永保來粵查辦此事。永保是滿洲大臣，他來到廣州，立即經香山石岐赴澳。誰知他到了石岐，竟然中風而死，就死在石岐行轅之內。

嘉慶皇帝因此派百齡到廣東接印。百齡來到廣州，立即就赴石岐接了印信，隨即赴澳門辦理此事。

他到澳門的時候是 1809 年 5 月 6 日，即嘉慶十四年農曆三月二十二日。他到澳門之時，英兵統帥度路利已知道不能再佔領澳門，率領軍艦離去。故百齡實在不費吹灰之力便解決了這件事。

香港不少研究張保仔事蹟的學人以為百齡來廣東是為了招撫張保仔而來，其實百齡是為英兵佔領澳門而來的。他處理完澳門事件之後，因聽到洋商的報告，才知道張保仔劫掠商船之事，然後設法應付。

百齡辦妥澳門事件後，向嘉慶皇帝稟奏辦案經過。當時嘉慶帝認為英人不可信任，仍不許英國商船入內港貿易。嘉慶帝的御旨云：

上年該夷兵來澳時，吳熊光等不立行查辦，既失之於寬，此時自應濟之以猛。着傳諭百齡，於本年該國貨船到時，先期留心偵探，如再敢多帶夷兵欲圖進口，即行調集官兵，相機堵剿。倘止係貿易船隻，並投遞謝罪哀懇稟件，亦應飭令停泊港外。該督一面奏聞，候朕降旨遵行。

這些文件都說明百齡到廣東並非為了招撫張保仔，而是來辦理英軍佔領澳門事件的。但英軍知難而退，他到澳門時，實際上英艦已經開走，他沒費多大力量就完成了任務。想不到嘉慶皇帝卻認真起來，下旨着百齡不許英國商船入黃埔內港停泊。這麼一來就給了張保仔掠劫洋船的機會。

其實英國明知法國不會佔領澳門，即使法國真的來澳門，也會遭到中國的驅逐。後人研究歷史者，多不知張保仔當時在洋面的勢力，故屬意度路利在稟詞上的說法。事實上英軍見澳門葡人無力維持洋面治安，特派兵到澳門準備建立基地，用以對付張保仔。想不到因此觸怒了嘉慶帝，基地建不成，又不許入內港停泊，於是東印度公司的船隻經常被張保仔截劫，損失重大。東印度公司的大班異常着急。

當時東印度公司大班名利佛，他急向百齡請求准許英國商船入內港停泊，以免被張保仔所劫。百齡來到廣東之後，已知道張保仔這股海盜為患洋面，不僅劫洋船，也劫運鹽船，甚至劫運糧北上的官船，因此向嘉慶皇帝求情。下面這一張奏稿，是百齡第一次向嘉慶皇帝提及張保仔為患的文件，他奏道：

仰懇天恩，俯念該夷涉險遠貿，悔罪乞憐之下恫，允准該國祖家貨船到時，將護貨兵船留泊雞頸外洋，其貨船照常帶進虎門，進泊黃埔開艙貿易。

又提到：

現在中路各海口洋面，盜匪張保仔等幫連綜遊奕。若令該國貨船在外洋久泊候旨，設有疏虞，亦關係天朝體制。

嘉慶皇帝見了這奏章，才知道張保仔的勢力已大到能控制中路各海口洋面，因此一面准許英商船泊黃埔港的貿易，一面令百齡認真對付張保仔。

中英貿易糾紛解決之後，百齡便全心全力應付張保仔。他首先命令水師提督孫全謀集中所有精銳，和張保仔作一次主力戰，希望一舉瓦解張保仔的勢力。百齡同時又聯合英艦和葡艦，組成海上聯合艦隊，準備用武力解決張保仔。這一役是在大嶼山海面發生的，中英葡三方面的艦隊偵知張保仔的主力船艦在大嶼山附近集結，於是乎從四面八方攻來，主力戰就在赤鱲角海面進行，但被張保仔擊敗。

袁永綸《靖海氛記》一書，十分詳細地記錄下這次主力戰的情形，記云：

> 時有夷舶三隻返西洋國，遇之。一艘擊其一艘，獲焉。殲夷人數十。二船逃回。適香山知縣彭恕率所募眾船一百號西往，與逃回夷舶相遇，遂招合與擊賊。又自雇請夷船六隻，覘一艘舟少，往圍之。是時一艘僅數舟隨護，其餘戰艦盡令張保統入內河，乃偃旗息鼓，寂然不動。即着長龍入，令張保出港打仗。十月初三日，內河之船盡退。保到與戰，大敗夷船，眾船盡逃。夷人憤甚，稟請香山縣，願以夷船出戰，彭恕免其請。初十日，彭恕遂點閱西洋夷舶六隻，配以夷兵，供其糧食，出洋剿捕。是時張保方聚於赤瀝角之大嶼山，夷船往跡之。適提督孫全謀亦率舟師百餘號至，遂會同擊賊。

這一場主力戰從農曆九月到十月分多次接觸而形成。起初九月底，鄭一嫂（即石氏）劫了一隻洋船，同行的兩隻洋船逃返澳門，向香山知縣彭恕報告賊船行蹤。於是清朝水師與英葡船隊追蹤賊船，不料張保仔的主力船隊突出現，將他們擊敗。於是他們知道張保仔的主力在大嶼山附近，便由水師提督盡率所有艦隊進攻張保仔，但這一役並沒有消滅張保仔的主力。

關於這場主力戰的實況，英葡兩國的書籍都有記載。英國方面，因當時被劫的一艘洋船正是英國貨船，船上有兩名水手被張保仔所獲，留在張保仔的船上。這兩人後來獲釋，憶述當時的情形，其回憶錄載於《中國文庫》中，算是第一手的資料，有一述必要。

《中國文庫》是英國人在澳門出版的英文期刊，是向英國人介紹中國當地情況的刊物。其中第三卷第二號有一篇文章，記述被襲英人格拉斯波爾所見在大嶼山海面的主力戰的情形：

在格拉斯波爾等人被擄期間，張保仔的艦隊曾受到中國水師與澳門葡萄牙海軍的聯合攻擊，可是並未收到什麼效果。張保仔知道官方要剿滅他，便下令艦隊集中到大嶼山，修理補充，準備應戰。他們經過伶仃洋面時，曾受到自稱無敵的三隻葡萄牙戰船追擊，可是並未受到什麼損失。

⋯⋯

以下是格拉斯波爾先生敘述他所目睹的這一幕戰況：

"11 月 20 日，我們發現一大隊中國水師船隻駛到港外。他們駛近我們時，便一字排開，依次輪流向我們發炮，發射完了便駛到後面去再行裝藥。他們這樣連續發射了兩小時之久。但其中有一艘最大的葡艦給海盜拋擲火箭燒了起來。此後他們就遠遠駛開，不敢再貼近，可是仍繼續不停地發炮至二日之久，然後才沉靜下來……

在封鎖的第八天，官兵放出八隻火船，兩隻一排，都正在猛烈燃燒中，使它們向海盜的陣中駛來。可是海盜迅速地用撓鉤將它們推開，將火撲滅了之後，將它們拖到岸上劈開來當柴燒。

到了 11 月 20 日，張保仔船隻的修理工作完竣了，他們便起錨揚帆衝了出來，一點也不把封鎖的官兵放在眼裏，反將水師船隻追逐了一陣，然後才列隊向東而去。"

這就是《靖海氛記》中所說：

孫全謀……令諸將所統之船盡集，節餉將士，即令齊赴赤瀝角，遮賊於大嶼山中，杜絕接濟，以斷其糧道，為久困之計。又令遊擊劉良材備辦火攻船……近暝，賊揚帆鼓噪，順風破圍而出……賊遂棄爛船而逃，直出仰船洲外洋。

足見連當時的英國人都認為張保仔的實力很強。同時，從這一記載亦知張保仔在大嶼山一帶海島修船。

當時中外人士對香港範圍內的小島並不盡知其

名，故在敍述的時候統以"大嶼山"為名。《靖海氛記》和《中國文庫》都提到大嶼山，並未提到長洲。原因是古時所稱的大嶼山，是指大嶼山附近所有島嶼而言。因古有"大嶼山三十六嶼"之稱，指的是大嶼山一帶的眾島嶼。

張保仔將賊船拖上長洲修理，而其他的船則守在大嶼山海面，以防備中葡軍艦的進攻。大嶼山既是戰場，又怎可能在戰場旁邊修理船隻？這是很簡單的常識。

根據英國《東印度公司對華貿易編年史》所載，當時張保仔在海面活動的情形，有以下值得注意的敍述：

有一大隊運鹽船從海面水路來到，竟由一隊海盜船隊在護航。據已經證實的消息，每一艘鹽船要繳付二百銀元作為這樣的保護費，保證不受侵擾地通過。海盜們封鎖了水上往來要道，阻止從水上與香山縣的任何交通。

連官方的鹽運也要向張保仔交保護費，可見經過一場大海戰之後，損失重大的不是張保仔，而是官方。這個時候，百齡沒有辦法，只好再施行"封鎖政策"。關於"封鎖政策"的施行，有些書籍形容為禁止所有的船隻出海、停止對外貿易。其實並非如此，百齡的封鎖政策並沒有完全實行，他只是禁止所有漁船出海捕魚，並停止用船運鹽，不向張保仔交保護費。

百齡認為，張保仔的糧食彈藥是從內地運出去補充的，而偷運糧食彈藥的人是漁民，是以禁止漁船出海就能斷絕其接濟之路。這樣的封鎖顯然是不實際的，漁民固然無以維生，而內地的魚類供應亦告緊張，對民生影響極大。清代的官僚政治，常常不經調查研究就妄自施行，結果只會迫使漁民投入張保仔的隊伍中，並且協助張保仔進攻沿海及內陸的鄉村。

這時百齡還未承認自己的封鎖政策失敗。他認為海盜攻入內河、劫掠鄉村，是各鄉防盜措施不夠，且無人領導。他想起一個人來，這人名叫朱爾賡額，是漢軍正紅旗人，曾任潮州知府。在鄭一和張保仔未強大時，他在潮州組織鄉勇對抗海盜，有過很好的成績，後因丁母憂而返家鄉。當時朱爾賡額服喪期已滿，百齡想起他來，請皇帝調他到廣東來，協助對付張保仔。朱爾賡額來到廣東，任高廉道的督糧道，負責在南路治海，並組織鄉勇防盜。他管轄的地區極廣闊，從海南島到湛江一帶的防盜事務都由他負責。

朱爾賡額來到廣東之後，發現當時的情況同他任潮州知府時大不相同。彼時海賊勢弱，現在海賊勢強，加上封鎖政策只能迫漁民去投入海賊隊伍，海賊漂流不定，海岸線又長，實在守無可守。且決戰之後，官方的水師實力薄弱，因此他主張用招撫的方法解決海盜問題，遂向百齡提出招撫的建議。

《清史稿‧朱爾賡額傳》載云：

朱爾賡額，原名友桂，字白泉，漢軍正紅旗人……嘉慶十四年，百齡為兩廣總督，疏請調朱爾賡額廣東，擢高廉道，署督糧道，剿匪事一以倚之。勘海口，炮台舊在山上，發炮輒從桅頂過，悉改建於山麓，屢碎盜艦，挫其鋒……戒並海郡縣，嚴斷水米，如在潮州時。匪勢漸蹙，用舊降人招郭學顯就撫。未幾，鄭一妻與張保仔率眾逾萬泊虎門，要總督親至海口面議。文武嗫莫敢決，朱爾賡額獨進曰："保仔自知罪大，眾多無糧。拂其請，將死鬥。請撤兵衛，單舟往詣，諭以恩威，必可集事。"先遣南海番禺兩令往傳命，使熟籌而志堅。翌晨，從百齡登舟。行四十里，見列艦數百，夾水如衢，舉炮迎，聲震城中，請總督過舟。叱之曰："保仔當泥首乞命，如再驕肆遲疑，無死所矣。"迨晡，保登舟，請留三千人，招西路賊烏石二，不聽則擒之以自贖。許之，給米千石慰遣。保仔乃使餘眾登岸受撫，自起桅出洋。群謂其所散皆罷弱，自留精銳，得米將不可制。笑應之曰："此不必以口舌爭。"至期，保仔果誘烏石二至高州，誅之。海盜悉平。

這一段記載，說明招撫張保仔的策劃人是朱爾賡額，並非出於百齡之意。百齡因聽說朱爾賡額是一位對付海盜的專家，故此請他到廣東幫助自己，對他的獻計自當接納。

招撫張保仔雖由朱爾賡額獻計，但若不為嘉慶皇帝批准，是無法成事的。原來，嘉慶皇帝在英軍攻佔澳門一役時，看到度路利給吳熊光的稟詞中有願為中國效力的字句，曾下旨質問所謂願為中國效力是否指海面不靖時洋人會幫助捉海盜。後來百齡接辦此事，嘉慶皇帝曾再三下旨，要百齡立即肅清匪患。所以他行封鎖政策時，鹽運要改走陸路，嘉慶皇帝當即批准；要調朱爾賡額來廣東又批准；最後提出招撫張保仔，皇帝也批准了。

關於張保仔投降的經過有各種說法。葡人說是由於他們的海軍擊敗張保仔之後，當時的澳門議事亭判事雅廉訪（Ouvidor Arriaga）出面調解，勸張保仔投降，並且指定澳門為投降地。葡人還說當時兩廣總督百齡答應過雅廉訪，說事成之後，就正式將澳門讓給葡人。不料事成之後，百齡食言，張保仔改在香山縣受降，葡人的功勞也被抹殺。

葡人這些記載，以朱薩士（Montalto de Jesus）的《澳門史》（*Historico Macau*）最為詳細。該書第十五章全章記載張保仔與澳門的關係。葉林豐先生曾將整章譯為中文，載於《張保仔的傳說和真相》一書中。但葉林豐先生的譯文有些誤譯的地方，如將"氹仔"譯為"電白"、"東望洋山"譯為"基亞"、"雅廉訪"譯為"阿利阿加"。這是由於他對澳門的地名和人名不熟悉之故，依音直譯，便有此誤。

朱薩士的《澳門史》記載張保仔投降經過如下：

雅廉訪在香山縣城同兩廣總督、欽差大臣及地方官舉行會議。當時決定投降儀式該在澳門舉行，海盜船由葡艦率領，駛進澳門伽思欄炮台前就一律下旗，表示投降。但當時由於澳督的不必要的疑慮，錯過了目睹這光榮盛舉的機會。於是決定受降地點在香山的芙蓉沙……

張保仔率領二百七十艘帆船、一萬六千部下、五千婦孺、七千件刀矛和一千二百門大炮，前來投誠。在討論投降條款的會議上，張保仔極力讚揚雅廉訪，說他是促成此舉的功臣。他還向中國官員表示，自己橫行海上十四年，官兵始終奈何他不得。若不是由於葡人的英勇，他還可以繼續做海上霸王……

張保仔又表示，他有一支由八十艘帆船組成的艦隊，正在長洲海面向來往船隻收保護費，他保證這批人也來投降。但一個月後，不見他們投誠。張保仔願將兩個兒子作人質，率自己的六十艘船去征討。兩廣總督認為不必，派了兩百兵船去進剿，不料被打得狼狽而回。後來兩廣總督又請雅廉訪商量，雅廉訪勸他派張保仔去。

朱薩士這些記載是根據葡人的傳說寫成。文中說一股海盜在長洲未肯投誠，是指烏石二的一股海盜。後來張保仔親自追剿，在高州海面把他殺了，作為投誠後立的第一功。這一股並非張保仔的部下。

澳門葡人一直以來都標榜他們在澳門的地位是由於協助中國剿平海盜有功，因而獲准在此地統治。遠在明朝已有很多此類傳說，很多葡國文學家寫詩歌來歌頌那些葡兵與海盜戰鬥的英勇。朱薩士也是根據這些傳說而下筆的。

所以，他又寫道：

> 張保仔投降後在廣州做了官，而清政府則對葡人失信。照當時雙方圍攻海盜時的協議，清政府答應恢復明朝給澳葡的權利，這時卻食言了。對於海盜的戰利品，本來雙方同意平均分配，此時葡人竟只分得幾門大炮。雅廉訪將大炮運往葡國，獻給國王。同時，清政府又拒絕負擔澳門的軍費。計自 1804 年以來，澳門共用去四十八萬零五十三兩白銀，而這筆錢是向中國市民借來的，竟未得到償還。

朱薩士這本《澳門史》成書於帝國主義向中國瘋狂進攻的時代，是以書中的敍述的所謂"史實"，宗旨是盡量詆毀中國官員失信於葡人，並鼓勵葡人對中國的不滿情緒。像上述的立論，全書處處皆見。他說清政府答應恢復葡人在明朝的權利，這是一句非常空洞的話。葡人在明朝時並無什麼權利。明朝時葡人曾在澳門築城，被明朝政府下令拆毀，明朝還一度準備將他們驅逐出澳。恢復明朝給他們的權利云云，不知何所指。但至今葡人仍相信他的話，因此視雅廉訪為英雄。澳門有條馬路以雅廉訪命名，還有畫家為他繪了幅油畫作紀念。

張保仔之所以投降，並非由於葡人之力，更不是由於雅廉坊的斡旋。因為嘉慶皇帝曾不止一次頒佈御旨，指示不能借用外力來平靖海面。當年度路利只提到一句"願意協助中國辦事"，嘉慶皇帝即查問百齡是否有海盜猖獗。試想在這種情形之下，百齡怎敢答應給葡人什麼條件，以換取協助對付張保仔呢？當時只是十三行的一些商人認為葡人的艦船較為堅固，而且澳門有鑄炮廠，所鑄的炮輕便而射程遠，不妨利用他們的堅船利炮。況且張保仔經常威脅澳門的安全，葡人亦有責任對付海盜，才有了一次聯合行動。但這次聯合行動已證明失敗，百齡才接納朱爾賡額的建議招降張保仔。

朱爾賡額在潮州時就有對付海盜的經驗。他首先招攬了郭婆帶的一股海盜，作為招撫政策的樣板，讓張保仔看到百齡是一位守信用的總督。這政策果然生效，因此鄭一嫂和張保仔都願意投降。至於是誰拉線說服張保仔投降的呢？是一位住在澳門的中醫師，他的名字叫周飛熊。相傳這位周飛熊醫生住在澳門沙梨頭土地廟附近。這地區在張保仔活動的時代仍屬於香山縣地界，不歸葡人管治。張保仔與周飛熊是好朋友，他的部下生病，常常潛回沙梨頭請周飛熊醫治。因此官方找他勸張保仔投降。關於周飛熊促成張保仔投降的事，陳伯陶的《東莞縣志》記載甚詳，可供參考。

《東莞縣志》記載張保仔投降經過如下：

嘉慶十五年二月，海賊張保降。先是，石氏（即鄭一嫂）見郭婆帶降而得官，乃揚言曰紅旗亦願降。紫泥司巡檢章予之命周飛熊往問之。周飛熊者，業醫於澳門，知賊情。既見張保，使艤舟虎門外沙角以聽命，保許之。予之報總督，總督命予之往探虛實。石氏設酒食相待，予之留賊船一宿歸，言賊誠心歸命。

制軍再令偕彭恕往議投降事宜，張保請留船數十，殺賊自贖。予之覆命。總督曰：「彼懼我誘降以執之也，吾當親往諭之。」使周飛熊先告之，乃駕一舟，偕彭恕、章予之直至賊所。賊列船樹旗鳴炮以迎。左右皆失色，總督夷然自若。張保與石氏、鄭邦昌、梁皮保、蕭步鼇等駕長龍出，制軍命之見。保等匍匐登舟乞命。總督限三日條列船艦器械，盡數交割，保等唯唯而退。適番舶揚帆入虎門，賊大驚，謂官軍陰合夷船襲己，遂遁。已而知其誤，石氏欲到省為質，訴誤遁之故，然後舉眾降。予之、飛熊以招降不成，懼獲譴，亦往勸之。石氏偕予之到省，見制軍。總督乃至香山芙蓉沙受降，令願留者分隸諸將，出海捕盜，不願留者散歸。未幾，餘賊盡平，海氛遂靖。

這就是張保仔投降的真相，與澳門葡人無關。相反，因葡人突然駕船入虎門，幾乎破壞了招降大計，阻延了受降的日期。

外國人不知道當時海盜分為各種旗號，以為這些旗號是隊號，所有海盜都統屬於張保仔。故有關嘉慶年間中國海盜的專書，都說張保仔投降後所有的海盜隨即跟着投降，故而南中國海平靖了。朱薩士的《澳門史》更把郭婆帶的投降說成是背叛張保仔。其實張保仔投誠之後，曾親自率軍將其他各旗號海盜剿平。

《東華全錄》說得很詳細，下面的一段值得參考：

> 張保、鄭石氏投誠時，共幫船二百七八十號，夥黨一萬五六千人。保請留船二三十號，隨官兵下洋緝捕。是年夏，提督童鎮陞等剿西路巨寇。保認定烏石二坐船，奮勇逼攏，首先跳過，將烏逆生擒。其烏石大、烏石三等並被官弁擒獲伏誅。東海霸恐懼乞降，全省洋面一律蕩平。百齡賞加太子少保銜，賞戴雙眼花翎，給予二等輕車都尉世職。張保亦賞戴花翎，以守備起升，後官至閩安協副將。

從這一段記載，可知招降張保仔是嘉慶皇帝同意而且極為欣賞的。他賞百齡雙眼花翎，賞張保仔戴花翎，用現代的語言去說明，就是給他們頒授勳章，其中百齡所得的更多。同時又說明嘉慶皇帝重視用自己的力量平靖洋面，不借重外力。他從一開始注意南海的海盜時，就貫徹這一宗旨，故聽聞張保仔剿平各海盜之後特別開心，賞以勳章式的"花翎"。這種花翎是鑲在官帽後的一種功勳標誌。

張保仔後來做了閩安協副將，到福建去巡守海道。福建是林則徐的故鄉，林則徐當時還年輕，他在張保仔投降時中進士，後來當了御史。他對張保仔在自己家鄉當上副將很看不過眼，認為張保仔這個海盜居然做了官，在自己家鄉也文也武。那一年，張保仔在福建海面蕩平了幾股小海盜，嘉慶皇帝極欣賞他，準備升他為總兵，林則徐上疏反對。《清史稿·林則徐傳》載云：

> 林則徐，字少穆，福建侯官人……嘉慶十六年進士，選庶吉士，授編修，歷典江西雲南鄉試，分校會試，遷御史。疏論福建閩安協參將張寶以海盜投誠，宜示裁抑，以防驕蹇。被嘉納。

正是因林則徐的反對，張保仔才不能升為總兵。張保仔做官之後易名張寶。他在道光二年，即 1832 年，死於閩安協任內。林則徐對張保仔一向沒有好感，故此當道光年間他來廣東禁煙時，遇到張保仔的遺孀鄭一嫂及張保仔的兒子被人欺負，不問情由，反而首先上書道光皇帝，把張保仔的誥封革除了。可見他是一位嫉盜如仇的人物，也就是說他不管張保仔蕩平海面的功勞，只因他是賊，就連他的後人也仇視。後來太平天國起義時，清帝立即起用林則徐去平亂。林則徐走馬上任之際，中途病死。

《林則徐集》中收有一篇奏稿，題為 "追封張保繼室石氏誥封" 摺，其中一段云：

臣查張石氏自閩回粵，十有六年……

至張石氏前夫鄭一，乃從前廣東洋盜之渠魁，黨夥蔓延，橫行海上，幸逃顯戮，自伏冥誅。張保即張保仔，本係蜑戶，幼嗣鄭一為子，並受安南國偽封。鄭一斃後，接管幫船。所聚大小匪艇數百隻，盜夥數萬人，劫掠商民，戕傷兵士，其罪逆更有甚於鄭一。粵省濱海村莊，受其荼毒之慘，至今閭巷傳聞，痛心切骨。即嘉慶十五年間，悔罪乞誠，其中反覆情形亦非一次，均有舊案可稽。當時在事諸臣，捨剿言撫，亦係為民甦困，事出權宜。現在遞呈之張石氏，即鄭一之妻，改適張保，以疊作萑苻之眷屬，竟濫邀翟茀之光榮。是其名節俱虧，實恐玷污章服。查命婦夫亡再嫁，按律尚應擬罪追奪，所以勵貞操而重名器也。今張石氏係再嫁後請封，尤為冒混。現尚恃係命婦，平空捏詐，纏訟不休，自應奪其原請誥軸，送部察收，仍將該氏飭族約束稽查，庶足以儆奸邪而維風化……

再，查張保之子張玉麟，曾蔭千總，現年二十七歲，並未投營，亦有被控聚賭之案，並飭審明虛實，另行核辦，合併陳明。謹奏。

道光二十年五月十五日

這是張保仔死後十多年的事，想不到他死後連鄭一嫂命婦的誥封也被褫奪。

鄭一嫂於道光二十年（1840 年），因為向一位叫伍耀南的商人追討一筆二萬八千兩銀的欠款而告到總督衙門去，因而撞到林則徐手上。林則徐指她是捏詐，並且說她再嫁，不應成為命婦，甚至連張保仔的兒子張玉麟也不放過。於是張保仔的孤兒寡婦，便落得如此下場。

再說長洲的張保仔洞，它之所以成為名勝，除了民間傳說使它聞名之外，也得力於本港一位英籍作家丁格氏的推波助瀾。丁格氏寫了一本童話式的小說，名為《張保仔洞》，內容以長洲的張保仔洞為背景，寫主角到長洲去發掘張保仔的寶藏。由於書中有插圖，又有一幅張保仔藏寶圖，把張保仔洞神秘化起來，因此不少外國人都知道長洲有個張保仔洞。長洲其實是一個很早就有人居住的小島，近年來政府在長洲建設運動場，清理土地的時候，掘出了不少新石器時代的文物，足以說明遠在三四千年前長洲已有居民。這一點回應了很多傳說，例如說長洲是由張保仔開發，或說長洲原是張保仔的基地等。其實長洲早就是一個漁港，島上的漁民有造船設備，在島上製造漁船。當時張保仔的海盜船常到長洲來修理，同時以高價收買糧食和火藥，籠絡島上的漁民，故看起來好像以長洲為基地罷了。張保仔投降後，長洲更加向前發展。

從長洲的古廟亦可知道當地的發展與張保仔無關。著名的玉虛宮建於乾隆年間，足見該島在很早的時候已有相當多的居民，而且也有相當規模的商場和墟市。

長洲和張保仔

現在長洲的主要街道是新興街和北社街。北社街以北帝廟即玉虛宮命名，新興街則是因火災之後重建而命名。

新興街原名長洲大街，是一條古老的街道。由於漁民常在長洲泊船，而長洲本地又有兩條村落——龍仔村和高山村，因此商人便從鄰近地區販運日用品及漁具到長洲出售，長洲大街漸漸形成墟市。據說在同治年間，一場風災吹倒了幾間屋，屋內恰有人生火煮飯，風火交襲，燒了不少屋宇，後來重建時改名新興街。每年農曆四月，長洲舉行太平清醮，全島停屠並齋戒三日，且有會景巡遊，就是為紀念這一次災難。據說自從舉行太平清醮之後，長洲便保得水陸平安，因此每年都舉行一次。此事雖屬迷信，但也是一種風俗。

早在 1915 年間，長洲已有 "小金山" 之稱。因為香港人口漸多，魚蝦需求量大增，各地的漁民都來長洲灣泊，在近海捕魚，運港推銷。很多有頭腦的商人到長洲經商，都發達了。這是因為漁民的入息增加了，購買力亦增加，特別是造船業和漁具業，生意更好做。故這些行業的商人形容該島為 "小金山"。

西人很早就欣賞這個小島，因為島的東面有一個海灣，海灣的海沙極幼，宜於游泳。他們在 1910 年前後已來到長洲度假，並在東灣的山上興建別墅，稱為長洲山頂區，且規定不許華人在該區建屋，形成類似當時太平山頂的規模。長洲的這個山頂區，土名南蛇塘。

據不完全統計，1930 年時，長洲已有九千多居民。因此有人投資設一小電力廠，供應電燈所需的電力。到太平洋戰爭時，電力中斷，長洲處於黑暗時代。戰後，商人再投資，成立了長洲電燈公司。此時的電力供應不限於電燈，亦可供應造船廠和其他手工業的工業用電。

戰後長洲山頂區也對所有人開放。現在（編者按：即 1980 年代）南蛇塘山上建了很多新洋樓，大部分都是華人居住。其中一部分建成學校區，整條街道都是學校。全島居民已經接近十萬人了。

由於港九市區地皮太貴，租金又高，很多人都到長洲來居住，因此島上人口日增，需要更多的屋宇以容納人口。從前很多的磚屋都已改建為三層高的三合土洋樓。建築商在長洲興建樓宇，以分層出售的方法推銷，使長洲的面貌逐漸改變。但是由於種種限制，新建的洋樓雖多，卻還未有樓高十幾層的大廈出現。相信不久的將來，當局改變現行的土地政策，並大力發展長洲，高層大廈是不難出現的。十年八年之後，長洲必會又換了新的面貌。

· **香港文庫**

　執行編輯：梁偉基

· **新界及離島街道故事**

　責任編輯：江其信

　書籍設計：吳冠曼

　封面設計：曦成製本

　照片提供：張順光　陳照明

書　　名	新界及離島街道故事
著　　者	魯　金
出　　版	三聯書店（香港）有限公司 香港北角英皇道 499 號北角工業大廈 20 樓 Joint Publishing (H.K.) Co., Ltd. 20/F., North Point Industrial Building, 499 King's Road, North Point, Hong Kong
香港發行	香港聯合書刊物流有限公司 香港新界荃灣德士古道 220-248 號 16 樓
印　　刷	美雅印刷製本有限公司 香港九龍觀塘榮業街 6 號 4 樓 A 室
版　　次	2022 年 2 月香港第一版第一次印刷
規　　格	大 32 開（140 × 210 mm） 320 面
國際書號	ISBN 978–962–04–4806–5